中华优秀文化融入外语教育研究

刘玲妍　王雁　黄敏 ◎ 著

吉林出版集团股份有限公司

图书在版编目（CIP）数据

中华优秀文化融入外语教育研究 / 刘玲妍，王雁，黄敏著 . — 长春：吉林出版集团股份有限公司，2023.7

ISBN 978-7-5731-3792-0

Ⅰ．①中… Ⅱ．①刘… ②王… ③黄… Ⅲ．①外语教学—教学研究—高等学校 Ⅳ．①H09

中国国家版本馆 CIP 数据核字（2023）第 117019 号

中华优秀文化融入外语教育研究

ZHONGHUA YOUXIU WENHUA RONG RU WAIYU JIAOYU YANJIU

著　　者	刘玲妍　王　雁　黄　敏
出版策划	崔文辉
责任编辑	王　媛
封面设计	文　一
出　　版	吉林出版集团股份有限公司
	（长春市福祉大路 5788 号，邮政编码：130118）
发　　行	吉林出版集团译文图书经营有限公司
	（http：//shop34896900.taobao.com）
电　　话	总编办：0431-81629909　营销部：0431-81629880/81629900
印　　刷	廊坊市广阳区九洲印刷厂
开　　本	787mm×1092mm　　1/16
字　　数	248 千字
印　　张	11.75
版　　次	2023 年 7 月第 1 版
印　　次	2024 年 1 月第 1 次印刷
书　　号	ISBN 978-7-5731-3792-0
定　　价	78.00 元

如发现印装质量问题，影响阅读，请与印刷厂联系调换。电话：0316-2803040

前　言

随着全球经济向一体化方向发展，世界各国无论是在经济还是政治、文化方面，都有了更多密切的交流与合作。大学阶段的学生思想尚未成熟，没有完整的人生观和价值观。高校应加大对大学生的引导和教育力度，让他们对中华优秀传统文化有更深刻的了解和认识，增强他们对先进思想文化的判断能力。

在高校外语教育中，外语教师应将纯粹的外语教学逐渐转变为具有中国特色的外语教学，并将中华优秀传统文化融入其中。将中华优秀传统文化融入外语教学，是高校外语教师的主要任务，也是时代发展的需要。

本书从文化概念出发，简单介绍了外语教学的影响因素、外语学习和文化认同，然后系统地分析了现代外语教学的现状、外语教学和文化交融，之后重点探讨了大学外语文化教学构建、现代外语教学的基本模式，最后在中华优秀文化融入外语教学方面，提出将中华优秀传统文化融入高校外语教学的策略，以更好地提升外语教学质量，促进中华优秀传统文化的传播。

本书在撰写时参阅了一些学者的成果，在此一并向各位学者表示衷心感谢。鉴于作者经验、水平有限，加之时间仓促，书中难免存在疏漏或不妥之处，恳请读者不吝赐教，以使本书更趋于完美。

目　录

第一章 概论

第一节 文化的基本概念

一、文化的定义

"文化"一词含义及其广泛、复杂。不同时代的国家、民族、地区对文化有不同的界定。不同的研究者从不同的角度出发，得出的结论也千差万别。

中国最早使用"文化"源于西汉时期，人们开始将"文"和"化"两个字合并成为一个词语并使用。当时，"文化"是指文治教化，是古代统治者治理国家的一种手段。后来"文化"运用的领域增多，含义也不断丰富，延伸出更多含义。《辞海》（2010）里从广义和狭义两种角度对文化进行定义："广义的文化是指人类在社会发展过程中创造的物质财富和精神财富的总和；狭义的文化是指一种社会意识形态，以及与之相适应的制度和组织机构。"胡文仲、高一虹对文化做了较为完整的概括，文化是特定人群的整个生活方式。文化既复杂又多样，是完整性和可行性的统一，他们认为"知识文化"和"交际文化"同样重要，并将知识文化贯穿在交际文化的使用之中。

泰勒（Edward Burnett Tylor）发表了《原始文化》，在西方最早提出文化定义，他将文化与文明融合为一体，认为文化是一个复杂整体，其中包括法律、习俗、信仰、道德、知识等。萨丕尔（Sapir）对文化是这样界定的："在人类社会中，文化是行为和思想的统一。"他后来继续对文化进行补充和修改，增加了实物文化。莫兰（Moran）发表了《文化教学》，他认为文化是一种生活方式，可以帮助人类群体不断演进，这种生活方式包含了一套共有的生活实践体系，这种体系以群体中共有的世界观念为基础，和文化产品有关，存在于特定的社会情境中。

综上所述，文化是一个复杂的概念，很难给文化下一个严格并精确的定义，因此本研究中的文化，主要采用新英语课程标准中的对文化的定义："在外语教学中，文化是指所学语言国家的历史地理、风土人情、传统习俗、生活方式、文学艺术、行为规范、价值观念等。"

二、文化的分类

（一）广义文化和狭义文化

目前对于人类文化的认识和理解中，最基本的对文化定义和分类的方法就是将人类的文化分为广义的文化和狭义的文化。"广义的文化指的是人类所创造的物质财富和精神财富的总和，而狭义文化一般只包括人类所创造的精神财富。"1871年英国人类学家泰勒第一次去掉文化当中物质文化的部分，提出了狭义文化的概念。在泰勒对文化概念的阐释之后，研究者们渐渐深入地研究了文化的狭义概念，美国社会学家戴维·波普诺（David Popenoe）将文化定义为"文化是一个社会群体所共同具有的价值观和意义体系"，他曾在他的书中对文化的概念进行了狭义定义。

（二）物质、精神、社会、行为、观念文化

根据文化概念的侧重点不同，学者们从不同的文化分类标准出发来分类文化。从文化的性质出发，著名学者牛新生根据文化三类法的划分将文化分为五类，在三类法的基础上再扩充了文化的类型，即将观念、行为与社会三种文化与物质和精神文化进行合并，划分为五类文化。牛新生以文化的构成为依托，根据文化的组成要素对五种文化进行定义并得出它们的概念："第一，物质文化，指人类通过加工和改造所制造出来的一切可用的物品；第二，精神文化，指能够表现出的与人类文明相关的一切文化因素；第三，社会文化，指一切涉及社会关系与社会结构如政治、经济、教育等方面有关的文化因素；第四，行为文化，指一切涉及人类个性与行为表现的文化因素；第五，观念文化，指一切与人类的思想意识及观念相关的文化因素，如世界观、人生观、价值观"。牛新生的文化分类方式被很多研究者引用，因为这种分类方式将文化分类得更趋于完善和合理，文化分类的依据标准也比较明确。

（三）高雅文化、通俗文化和深沉文化

我国著名学者胡文仲认为："文化可以分为三种文化，即高雅的文化、通俗的文化和深层文化。"高雅的文化所指的主要是各种艺术、心理、宗教、文学、音乐等。通俗的文化主要是指与人们的日常生活相关的包括行为方式、风俗习惯、行为举止、节日庆贺等。而最后一个深层的文化，涉及人们的行为规范准则、宗教传统、价值观、道德标准、思维表达方式等。

（四）物态文化、行为文化、制度文化和精神文化

著名学者陈华文在自己的研究中将文化分为四个不同层次，第一个层次是物态文化，

主要是指人们的物质生产活动和其产物，具有可感性，是具体的物化知识力量；第二个层次是行为文化，主要是指人们在生活世界中所形成的各种行为文化，包括了婚姻、生产、节日、交往等；第三个层次是制度文化，这是人们在社会当中所逐渐探索建立的各种规范，主要包括了政治、法律、经济、家庭、民族、国家、教育、艺术等多种形式；第四个层次是精神文化，主要是在社会生活中形成的区别于动物的特殊文化形态，是人在意识、心理、信仰、价值观等方面的表现，包括宗教、信仰、娱乐、文学、艺术和语言差异等文化。学术界还对文化进行了具体的分类，将其分为三个层次。第一个层次是表层文化，通常是指那些以物质形态存在的非抽象的可见的文化产品，包括了食品与服饰等，因此也被称为器物文化。第二个层次是中层文化，主要是指人们长期以来所形成的行为规范与社会风俗等相关的内容。第三个层次是深层文化，是指人们在精神层面的文化，主要包括了社会心理、思维方式和价值观念等，又称为观念文化。但这种文化三层次划分理论与上面陈华文学者对文化的划分理论在本质上其实是一样的，只是把中层文化细分为行为文化和制度文化。

（五）知识文化与交际文化

根据我国著名学者张占一提出的文化分类，他将文化划分为两类，分别为知识文化和交际文化，知识文化指的是不直接影响交际者准确传递信息的语言和非语言文化因素；交际文化是指的是不同文化背景造成的，影响交际者正确交际的语言和非语言文化因素。就这种文化分类的观点而言，学者胡文仲和高一虹在他们的研究中指出，对于培养学生的跨文化意识，交际文化相比知识文化更为重要，交际文化可以影响交际者之间准确的沟通和交流，所以更有利于培养学生的跨文化交际能力，因此，在我们教师的教学过程当中，应更关注交际文化对学生的作用。这种观点对指导此篇研究具有独特的和重要的意义。

Allen 和 Valette 依据文化的结构，将现有的文化分为大 C 文化和小 c 文化。前者具体包括了艺术、文学、科技、哲学、建筑等；后者则具体包括了人类的风俗习惯、社会信息、组织方式等。吉尔特•霍夫斯塔德将文化分为"第一文化"和"第二文化"。他认为在狭义上，文化就是教育、文明，尤其与文学、艺术、教育有关，是"第一文化"。而广义文化是"第二文化"。有些学者将"第一文化"定义为"大 C 文化"。而"第二文化"则是"小 c 文化"。H.H.Stem 在对文化进行分类时，将其具体区分为大 C 文化和小 c 文化两种。这与 Allen 和 Valette 的分类方法如出一辙。关于这种文化分类，Chastain 在他的研究中表明，尽管大 C（知识文化）文化对教师和学生都有着很强的吸引力，但是这种文化相比小 c 文化而言，对学习者社会文化能力以及跨文化交际能力而言，帮助性更小，也就是说小 c 文化（交际文化）能增强学生的跨文化意识，更有利于培养学生的跨文化交际能力。关于文化的这类观点为本研究提供了理论指导。

（六）本族语文化、目的语文化、国际文化

最常见的一种文化分类是根据国外学者克塔兹和金（Cortazzi&Jin）提出的文化分类，他们将文化分为三类，包括"本族语文化（sourceculture）""目的语文化（targetculture）"和"国际文化（internationalculture）"，本族语文化指的就是学习者自己国家的文化，也被称为母语文化；目的语文化是指世界范围内以英语为母语的国家的文化；国际文化就是指世界范围内以非英语为母语的外国国家的文化。在这种文化分类基础上，有的学者还补充了对比文化和其他文化，对比文化指的是将两种或两种以上的文化进行对比的文化。

三、文化的特征

（一）传承性

文化是社会遗产，不是生理遗产。文化演变的历史告诉我们，一切文化创造之蓝本和灵感，都来自既有文化积淀的借鉴与启发。没有文化成果代代相承的保存与延续，一切创造都将是无米之炊，一切创造灵感都无法进行。失去传承特征的文化，势将如沙漠中的河流，随现随逝、塞滞断续、生机孱弱，永难化育为渐宏渐厚的汤汤巨流。

（二）民族性

一般说来，民族具有四大特征：共同的语言、共同的地域、共同的经济生活以及表现于共同的文化特点上的共同的心理素质。因此，民族文化是民族的表现形式之一，是各民族在长期的历史发展过程中自己创造和发展起来的，是具有本民族特色的文化。而文化的民族性主要通过其"世界观"来反映，人类观察事物的角度、思维方式和价值观念因民族而异。

（三）多样性与普遍性

文化都是具体的、特殊的，无论从纵向历史的角度看，还是从横向空间的角度看世界各个时期、各个地域和民族的文化都是不同的。人类学家和社会学家记载了大量世界各地的特殊文化，充分说明文化的多样性。不承认文化的多样性，就会走向种族中心主义，并总用自己民族的价值标准判断别的民族中发生的事件和现象。种族中心主义发展到极端就会产生民族沙文主义，认为自己的民族是优等民族，鄙视和仇恨别的民族。

为了避免种族中心主义的错误，人类学采取了一种客观的态度，对人的行为的判断不是根据某种外部的标准，而是根据人们所在社会或群体的内部标准来判断是非，这就

是所谓的"文化相对论"观点，它避免了种族中心主义的主观性，因此成了现代人类学和社会学的主导思想。但是文化相对论发展到极端，就会放弃任何共同的是非标准，此亦是非，彼亦是非。文化相对论走到极端就否定了人类文化的共同性，而文化的共同性是寓于特殊性和多样性之中的，是客观存在的。美国学者默达克在《社会结构》一书中归纳了不同民族的 70 余种共同点，它们是存在于各种文化之中的。

（四）动态性与渗透性

文化就其本质而言是不断变化的，是动态的而非静态的。研究进化论的学者认为，人类文化是由低级向高级、由简单向复杂不断进化的。也就是说，我们进行文化研究要注意文化的历时性和共时性，要用历史的、动态的、发展的眼光去看待它。例如，电子计算机的发明和研制得到了社会的普遍认同和广泛利用，从而开创了 20 世纪下半叶的新局面，成为新时代的标志。此外，文化是相互影响、相互渗透的，人际交流的过程其实也是文化交流的过程。

四、文化理论

（一）Hofstede 的文化价值维度理论

文化维度理论是荷兰心理学家 Hofstede 提出的用于衡量不同国家文化差异的框架。通过调查研究，他将不同文化之间的差异总结为六个价值观维度，下面分别对这六个维度进行介绍。

1. 个体主义与集体主义

个体主义与集体主义是指在一个社会群体中人们更加关注个人利益还是集体利益。"个体主义"指的是在一种相对松散的社会组织结构中，每个人都更加重视自身的价值与需求，依靠个人的努力来为自己谋取利益。与此相反，"集体主义"则指一种结合紧密的社会组织，其中的人往往以"在群体之内"和"在群体之外"来区分，他们期望得到"群体之内"的人员的照顾，但同时也以对该群体保持绝对的忠诚作为回报。值得注意的是，个体主义与集体主义是区分不同价值观和文化维度最重要的文化维度。可以通过表 1-1 来描述两者的主要特征。

表 1-1 个体主义和集体主义的特征

个体主义特征	集体主义特征
关注自身的体验	以集体利益为中心
注重个人的目标	强调集体目标高于一切
以"我"为主的思考方式	以"我们"为主的思考方式
对所有人一致对待	区分"团体内"和"团体外"
展现自己的才能	不突出自己，保持与集体的一致

个体主义特征	集体主义特征
受教育的目的是提高自身的能力	受教育的目的是得到社会的认同

2. 权力距离

权力距离是指在一个组织当中，权力的集中程度和领导的独裁程度，以及在一个社会团体中，权力距离低的人在多大的程度上可以接受组织当中这种权力分配的不平等。在一种文化中权力距离的大小必然会从该社会内权力大小不等的成员的价值观中反映出来。所以研究社会成员的价值观，就能够判定一个社会对权力差距的接受程度。在权力距离大的社会中，社会成员将权力不平等认为是一种既定的社会现实，其中，权力距离较大的一方认为自身与权力距离较小的一方存在差异，并且会刻意将这种差异放大。与此相反，在权力距离大的社会中，虽然也会存在权力不平等现象，但是社会成员通常会弱化这种不平等，他们强调法律规范，权力距离低的人认为自己和权力距离高的人处于平等的地位。通过表 1-2 可以清晰地看出两者的不同。

表 1-2　权力距离的特征

权力距离大特征	权力距离小特征
强调权力的大小	注重人与人的平等
重视个人的能力	重视社会地位、等级尊卑
上级发出指令，下级执行指令	上级咨询下级意见
教育上强调对老师的尊重	老师与学生地位平等
家庭中家长教育子女	父母听从子女意见

3. 男性化与女性化

男性化是指在社会中人们具有竞争意识，自信与野心，重视财富和社会资源的积累。与之相反，女性化社会则更加关注生活本身，注重人们之间的关系和生活的质量。在男性化的社会中对于性别的区分较为明显，大多数家庭保持着传统的"男主外、女主内"的角色分工。而在女性化的社会中性别的区分度并不明显，女性可以自由从事任何职业。在家庭中也没有明显的分工。可以通过表 1-3 来分别表示男性化和女性化的特点。

表 1-3　男性化与女性化的特征

男性化社会特征	女性化社会特征
追求事业成功	追求生活质量
重视个人的成就和发展	重视人与人的关系
好学生是标准	普通学生是标准
考试不及格是场灾难	考试不及格无伤大雅
生活是为了工作	工作是为了生活

4. 不确定性规避指数

不确定性规避指数指社会能在多大程度上容忍不确定性。不确定性规避指数高的社会往往设有很多规章制度，人们往往倾向于按照规章制度行事，对于模糊不清的事情会感到紧张和焦虑，有时甚至难以忍受。而不确定性规避指数低的国家对于模糊不清的事情的接受程度较高，对于一些出乎意料的事件也持宽容态度。人们做事随意性较高，不喜欢被规则约束。不确定性规避指数特征如表1-4所示。

表1-4　不确定性规避指数的特征

不确定性规避指数低特征	不确定性规避指数高特征
容易接受不确定性事件	极力避免不确定性事件
鼓励冒险	害怕未知的风险
敢于创新	保持现状
学生开放性思维能力强	学生期待标准答案
不同的东西是有趣的	不同的东西是危险的

5. 长期导向和短期导向

长期导向和短期导向是指一个社会中人们对于当前和未来以及对于过去的重视程度。长期导向型社会的人们目光较为长远，比较关注未来的发展，因此常常强调节俭和储蓄，通常有着坚持不懈的品质。短期导向型社会的人们则把目光集中于当下的事情，看重利益，强调尊重传统和履行社会义务。由于该理论所体现的许多价值观与儒家思想高度契合，因此又称为"儒家动力"。Hofstcde认为长期导向型国家主要是亚洲新兴的工业化国家，同时也是"儒家文化圈"国家。通过表1-5能更清晰地发现长期导向和短期导向国家的不同。

表1-5　长期导向与短期导向的特征

长期导向型特征	短期导向型特征
持久努力以期长远回报	付出努力后希望迅速见成效
以集体利益为重	以个人利益为重
善于拟定长期计划	倾向于短期或中期计划
注重节约资源	倾向于消费
休闲时间不重要	休闲时间很重要

6. 自身放纵与约束

自身放纵与约束是指一个社会中人们对基本需求和享受生活的欲望的允许程度。放纵型社会允许相对自由地享受生活和娱乐，人们可以随心所欲地进行消费和休闲。相反，约束型社会则通常用严格的社会规范限制和约束用于满足欲望的行为，人们享受休闲活动的放纵行为在一定程度上被认为是错误的。调查显示，自身放纵与约束指数较高的国家通常对未来有着更加乐观的态度。在放纵型社会中外向型性格的人居多，焦虑现象较少。可以通过表1-6来表示自身放纵与约束的指数的特征。

表1-6　自身放纵与约束的指数的特征

放纵型社会特征	约束型社会特征
认为生活掌握在自己手中	常常感觉身不由己
休闲交友很重要	休闲交友不重要
松散的社会	紧密的社会
性格外向活泼	容易产生焦虑
重视言论自由	不看重言论是否自由

（二）Hall 的高低语境理论

1. 语境概述

（1）语境的概念

语境在语言学领域中非常重要，它对语言的研究和语言的应用颇有价值，但由于语境的复杂性以及研究角度，研究层面的差异，对语境的定义未能统一一致，仍在不断完善发展。近年来具有标志性的语境定义是学者王建华提出的"语境是语用交际系统中的三大要素之一，它是与具体的语用行为密切联系的、同语用过程相始终的、对语用活动有重要影响的条件和背景；它是诸多因素构成的、相对独立的客观存在，又同语用主体和话语实体互相渗透；它既是确定的，又是动态的，以语境场的方式在语用活动中发挥作用"。

（2）语境分类

马林诺夫斯基（Malinowski）在进行调查研究的过程中，认为对于目标语的理解，不能仅仅理解话语意义还要结合当时的情景，话语双方的处境以及相关文化背景。他将语境分为情景语境和文化语境。成利军表明"马氏将语境理论应用到人类学研究和翻译研究中，并构建了初步的语境理论，他因此被称为现代语境论的鼻祖"。弗斯（Filth）深入细化了马氏的语境研究，将语境分为两类，即上下文语境和情景语境。这样的分类既考虑了对语言内部进行解释的意义也考虑了语言外部的影响因素。他丰富了情景语境的内涵，提出了语境的选择对语言形式、意义和功能的重要影响。韩礼德（Halliday）进一步发展了语境理论，从实用性的角度他将语境划分为语言语境和非语言语境。语言语境包含篇内语境和篇际语境，非语言语境包含情景语境和文化语境。韩礼德细致分析构成情景语境的因素后提出了"语域"，认为情景语境与词汇和语法存在着一些关联。对话双方根据当时的场景、氛围来选择不同的合适的词汇或语法形式表达自己的意思。

由此可见，对语言意义的理解离不开语境以及语境对语义有重要的影响作用。国内学者胡壮麟提出"现今对语境分析的方法呈现多元化趋势"。他对语境的分类大体概括为三种，主要反映语篇上下文的语言语境，文本产生时的周围环境即情景语境；对话双方共有的文化背景、习俗和常识知识等即文化语境。语境的分类越来越完善了，本研究将在以前研究的基础上，依照胡壮麟先生对语境的分类并结合实际教学进行基于语境理论的外语教学。

（3）语境功能

学者王希杰认为语境有六个功能。第一，匹配功能是指语言环境和语言形式相符合。第二，定位功能是指特定语言环境下使用的明确的不造成歧义的语言形式。第三，定向功能类似于制约功能，王希杰表明"特定的语言环境可以将语言世界与客观的物理世界联系起来，从而使话语获得某种谓语特定的语言环境能够把语言世界同客观的物理世界联系起来，使得话语取得某种述谓性"。在交际活动中，抽象的话语和语言形式因在情境中和话语双方的交流中具有了现实意义和特定感情。第四，填补功能是指语境能补充未表达完整的话语的意义。在语境下，才能理解所表达的意义。第五，生成功能是指结合语境，词句话语能够产生新的意义，双方都能意会。第六，预测功能是在语境中交际的双方能够推测之后的话语内容和意义，使得交际活动顺利进行。

学者陈治安、文旭提出语境的功能可以概括为两大基本功能：制约功能和解释功能。制约功能是指语境对语言表达的制约。不同的语境下，要选择不同的语言形式进行交流才能正确清楚地表达意义达到效果。陈治安、文旭表明"解释功能是指语境对于言语活动中的某些语言现象的解释和说明能力。它可以从语音、句法、语义、语用、修辞等方面对语言现象进行解释"。

2. 高、低语境文化的概念的提出

美国文化人类学家爱德华·T. 霍尔（Edward T.Hall）在《超越文化》一书中，提出文化是具有语境性的，他对语境的界定是：包蕴在事件以外的信息，而这些信息与事件又有着不可分割的复杂联系。因而他认为语境文化就像一道天然的屏障，分隔了事件和事件以外的信息。在特定条件下，语境文化可以指出人们在事件内所注意到某些东西，但同时也指出了人们忽略了一些东西。把这些被注意的部分及被忽略的部分进行归纳和总结后，霍尔将语境划分为"高语境"和"低语境"两种类型，在这两种类型下，人们所注意和忽略的东西是不同的。

3. 高、低语境文化的概念

霍尔曾在《超越文化》中提出了文化是具有语境性的。而各地因历史形成和发展等各种不同的原因，均有各自不同的文化背景，那么在此不同文化背景下，其所表现的语境性也是完全不同的。

于是，霍尔将文化语境分为高语境文化和低语境文化两类，他认为，任何事件都是可以用高、低语境文化的特征来解释的。所谓的"高语境文化"指的是处在此文化中的人们，在交际过程中，将大部分其想要表达的信息包含于个人或者环境之中，而只有小部分想要表达的内容直接包含于这个信息传递的文本中。这大部分信息可能通过人物背景，时间空间背景等因素来含蓄地表达。从传播学的角度来说，即高语境事物在传播时，其大部分信息已经预先编排在了接收者身上或环境之中，而只有极少数信息储存于传播的信息之中。也就是说高语境文化中信息的传播十分依赖传播的语境，大部分信息都在语境之中，不用再详细地去表达说明了。例如，中国的许多古语古训，都是高语境的模式。

"低语境文化"则正好与之相反，它指的是在低语境文化中的人们，在交际过程中会将大部分想要表达的信息直接包含于信息传递的文本之中，尽可能通过文本信息完整地表达自己的意思，而极少将信息隐含于传递信息的环境之中。从传播学的角度来说，低语境事物在传播时，其大部分信息都存储于传递的信息之中，只有很少一部分存在于接收者身上或环境之中。也就是说低语境文化中信息的传播对语境的依赖较小，大部分信息都在传播语言之中，需要明确详细地去表达。例如，我们平时买电子产品的说明书就是低语境的模式。

高、低语境文化并不是绝对的，而是相对的。随着时代的发展，人们的生活水平不断提高，国际的交流也在不断加深，各国文化间的互相学习融合也在不断推动着高低语境文化的融合，但这种融合中更多的是高语境向低语境转化。有一些国家同时具有高低两种语境的特点，如法国、英国、意大利等。这些国家在 18 世纪中期，经过一系列的文化思潮而逐渐形成了高、低语境文化的融合。

第二节　外语教学的影响因素

本节将外语教学的影响因素分为外部环境、时代背景及其他影响因素，这些因素不同程度地影响着不同时期我国的外语教学。

一、外部环境

外语教学研究和实践不能不考虑它的外部环境，这一方面是因为外语教学的根本目的是满足社会发展的需要，外语教学的目标、内容和方法必须适应时代的发展，因此我们必须进行需求分析；另一方面，教育体制、语言环境、经济和技术的发展等因素直接影响着外语教学的过程和效果。我们在制订教学计划，确定教学目的和内容，选择教学手段时就应该全面了解这些环境因素。

外语教学的外部环境由学校、家庭、地区、国内和国际形势构成。学校是进行外语教学，尤其是外语教学的主要场所，学校的语言环境、教学管理、教材使用、教学方法以及师资建设都直接影响外语教学的过程和结果。

正因为如此，无论是在国内还是在国外，众多的家长和学生为了选择一个好学校，不惜支付高额的教育费，花费更多的时间和精力。家庭及生活小区对外语学习的影响主要表现在学习者的家庭背景、经济能力和所处生活区的文化氛围可能对学生的学习态度和动机起到一定的作用。无论学校还是家庭都处于某个地区或城市范围之内，而该地区或城市的经济、文化和语言环境也是影响学习者外语学习的重要因素之一。相比较而言，上海学生学习外语的积极性要高于偏僻地区的学生，而且他们的学习条件也普遍较好，这一方面是因为上海迅速发展成为一个国际大都市的现实促使学生要更快、更好地学习外语，另一方面，上海蓬勃发展的经济吸引着越来越多的外国人来上海投资、工作和观光，从而为外语学习提供了丰富多彩的语言环境。

与以上提到的学校、家庭和地区等外部环境因素相比，不断变化的国际、国内形势对外语教学的影响显得更加重要。人们学习外语通常出于两种动机：一种是受学习、工作或生存等客观需要的推动，被称为工具型动机（instrumental motivation）；另一种是因为对该语言或使用该语言的国家、民族及其文化充满好奇心，或者对语言学习有浓厚的兴趣，属综合型动机（integrative motivation）。

两种动机，哪一种更能促进外语学习并无定论，但是如果学习者兼有两种动机，那么他的外语学习积极性必然最高，这一点应该是毋庸置疑的。通常人们对在国际社会享有较高地位，使用范围广，实用性强的语言趋之若鹜，其中的缘由不仅涉及工具型动机，同时也有综合型动机的作用。英语在中国受到学生、老师、家长和社会高度的重视既是因为各种英语测试（如中国的中考、高考，大学英语四、六级考试，英语专业四、八级以及外国的 TOEFL、GRE、GMAT、1ELTS 等）的驱使，也是因为说英语的国家遍及世界各个地区，掌握了英语就能获取更多的信息，了解更多的文化，与更多的人进行交流。正是这两方面的作用使得人们学习英语的热情不断高涨。

二、时代背景

外语教学的研究和实践往往处于一个纷繁复杂、不断发展变化的社会政治、经济和文化环境之中，受很多主客观因素的影响。

纵观外语教学的历史，我们不难发现任何一个时期外语教学的目标、内容和方法都受制于两方面的发展：其一，语言学、心理学、教育学等与外语教学相关的学科的理论发展；其二，当时社会发展的需要和政治、经济及文化环境。

前者有助于外语教学研究者和教师了解语言和外语教学的本质以及语言学习的过程，是外语教学的理论基础；后者在很大程度上决定外语教学的目的和意义，构成外语教学的外部环境。例如，20 世纪五六十年代流行于美国（后传遍世界其他很多地区）的听说法，以听说领先，口语能力培养为主，这一外语教学思想一方面是结构主义语言学和行为主义心理学的发展对外语教学的影响所致，另一方面也反映了当时美国海外驻军和外交人员培训、商务往来和出国旅游等社会政治、经济和文化发展对外语教学的需要。

比如时代不同，所学习的第一外语不同。由于任何语言都与使用这一语言的国家和民族群体密不可分，所以与其说一种语言受人青睐，不如说是使用该语言的国家和民族的强大受到人们的重视。对此，Stern 指出"人们之所以推崇或轻视某些语言同与之相关的经济、政治和文化价值观有密切的关系"。

三、其他因素

外语教学还会受到包括教育、历史政治、社会文化、地理、语言和经济技术等因素的影响。

首先，一个国家和地区的整体教育体制和规划往往对外语教学的地位、学生开始学习外语的时间、课时的分配和测试的内容有明确的规定，因此探讨外语教学必须仔细分析相关国家和地区的教育体制和规划。历史背景和国际、国内政治形势对于外语教学的影响在前面已有论述，它主要表现在对外语种类的选择和不同外语之间的相对重视度。

其次，不同社会群体（如不同职业、社会阶层、教育背景、政治信仰等）对外语教学和某一语种或方言持不同态度，外语学习者通常在外语学习开始前就对所学语言抱有一种肯定或否定的态度，这样的态度带入外语学习中必然影响他们的学习动机和积极性，这就是社会文化因素对外语教学的影响。

再次，地理因素对外语教学的影响体现在相距较近的不同语言群体，为了边境贸易和交流的方便彼此选择对方语言作为外语的可能性较大，如在中国东北，学习俄语或朝鲜语的人数明显多于南方地区。在这些地区开展外语教学的最大优势在于良好的语言环境支持为学习者提供大量接触目的语的机会，使语言学习与语言使用有机结合，这在一定意义上也可看作是社会文化环境在起作用。

此外，一个国家和地区的语言环境对外语教学也具有一定的影响。概括起来，语言环境分为两类：相对单一的语言环境和相对复杂的语言环境。日本、泰国、德国、法国等地区，语言的使用较为单一，对于这些地区的外语学习者来说，除非有很强的外界压力（如考试、出国等），一般情况下外语学习积极性不高，甚至会有抵触情绪。而且，除学校课堂教学以外，学习者接触目的语的机会较少，缺乏环境支持，所以学习起来困难较大。相对来说，处于复杂语言环境的人们，如美国、加拿大等移民国家，接触多种不同语言的机会较多，学习外语的动机通常较强，而良好的环境支持使得他们学习外语的条件也优于处于单一语言环境的人们。

　　不仅如此，语言因素对外语教学的影响还表现在学习者自己的母语与所学外语之间的关系。它们的关系既包括两种语言在国际社会的相对重要性，也包括两者之间在语言形式和文化内涵上的距离。就前者而言，目的语的社会功能越强、国际地位越高，学习者的学习动机就越强；相反，如果目的语的社会功能和国际地位比不上母语，那么学习者的学习积极性就会受影响。

　　例如，美国虽然是一个语言环境极为复杂的移民国家，语言学习资源丰富，但是根据调查，美国中学和大学外语学习学生的流失率极高，学生往往在外语学习开始后不久就放弃了，究其原因，英语在国际社会的广泛使用影响了他们学习其他语言的积极性。正因为如此，美国教育部对此忧心忡忡，在最近一二十年来，采取多种强制和激励措施保证学生将外语学习继续下去。另一方面，母语与目的语的相似程度也会影响外语学习。中国人学习英语比欧洲人学习英语更加困难，一个重要原因就是因为汉语与英语属于两个完全不同的语系，而英语与德语、法语等欧洲语言有很多相同之处，同属印欧语系。当然，母语和目的语之间的距离对外语教学的影响还有待进一步研究论证。

　　最后，经济和技术的发展也是影响外语教学的因素之一。Stern从两方面来分析经济和技术发展对外语教学的作用。一方面，外语教学的目的是促进经济发展和技术进步，只有掌握一种世界通用的语言，才能通过这门语言来获取相关知识和信息，提高自己的科技水平。正因为如此，在欠发达的第三世界国家中，英语成为学校教育的核心课程，而掌握英语是成为社会英才的前提。另一方面，外语教学需要大量的经济投入和教育技术的支持。教师培训、教材编写、视听设备的购置等都需要资金，如果一个国家和地区经济发展水平较高，而且对外语教学又相当重视，那么该地区的外语教学水平通常比经济欠发达，或对外语教学重视程度低的地区要高，这就是上海的英语教学水平明显高于许多偏僻地区的重要原因之一。

　　值得一提的是，科学技术的发展，尤其是计算机多媒体技术和网络技术的发展，对外语教学的作用越来越突出。多媒体教学软件和课件的开发不仅丰富了外语学习的资源，而且使外语教学摆脱了传统课堂教学的束缚，使学习者自主学习和远距离学习成为可能。近年来，风靡上海的华尔街、韦博和环亚西文等英语培训机构就是依靠多媒体教学光盘进行英语教学的典范。

　　与此同时，网络外语教学也在世界各地如火如荼地开展起来，这主要得益于功能齐全、渗透力强、信息量大的因特网。不仅各种语言所承载的信息丰富了外语学习者的语言输入，而且众多的外语教学网站为外语学习者设计了丰富多彩的学习内容和手段，扩大了外语教学的渠道。目前，传统的课堂教学与多媒体课件和网上学习有机结合，相得益彰，使外语教学焕发出从未有过的生机，外语教学呈现多元化发展趋势，除了传统的学校教育机构之外，来自国内外的各种社会办学机构、软件制作公司、网络公司都纷纷投身于外语培训，从而使外语教学成为一种欣欣向荣的产业。

综上所述，学校、家庭、地区、国内和国际环境以及教育体制、历史 / 政治背景、社会文化、语言形势、地理特征和经济、技术发展水平等都是影响外语教学的环境因素。必须注意的是这些因素对于外语教学并非起着同等重要的作用，在不同历史时期，不同地区，各个因素的作用都各不相同。

一般来说，政治因素对外语教学的作用在国际、国内社会发生巨大变革的时候表现尤为突出，而科学技术发展在最近 20 年对外语教学的影响远远大于其他任何因素对外语教学的影响。所以，我们在分析外语教学的外部环境时，不仅应该全面细致，而且还应该突出重点，只有这样，才能透彻了解外语教学的环境，并针对这些环境特点设计外语教学，满足社会发展对外语教学的需求。

第三节　外语学习和文化认同

跨文化交流互动的频繁使学习外语的人逐渐增多，在各种文化与我国民族文化的碰撞中，目的语文化在外语学习者中认同程度普遍较高，这是因为语言本身是文化的载体，同时也是文化的一部分，随着外语学习的深入，学习者潜移默化地修改了自己原有的文化图式，甚至调整了思维模式，从而带来行为方式与气质类型的重新建构这一现象是学习外语无法避免的，但在跨文化交流今天，需要引起我们的反思，学习者不仅要学习好外语，更要对本族语言和文化建立应有的文化自觉，始终具有民族的归属感，以文化批判精神来对待异文化和本民族文化，不丧失本民族的文化身份。

一、外语学习修改了文化图式

人类在具体的文化环境生活过程中在人脑中形成的隐性形式，文化先于人们存在，在人们出生的时候就注定隶属于一种文化，塑造孩子的头脑中先天就会有文化图式的空白形式，这是我们人类的属性，这些空白的图式在之后的社会化生活中受到具体文化的刺激而逐渐成形，最终定型为某种文化具体的文化图式。不同的民族生活在不同的自然地理环境和人文社会环境中，不同生活方式和文化刺激形成了不同的文化图式，但文化图式并不是固定不变的，是可以修改的。在皮亚杰的认知发展理论中，图式的修改可以通过两种途径：同化和异化。符合一个人已存图式的新信息将会被同化或纳入他的世界观，而且越接近某人已有图式的刺激源越容易被同化。也就是说原有的文化图式很难改变，人们通常喜欢维持原有的文化习惯，保持自己原本的价值观。然而，实际的情况是人脑中的图式每时每刻都在发生变化，当新的文化刺激引起关注，相关的图式就会发生变化来适应新的刺激。

外语学习的过程就是不断输入外国文化的过程，这是因为语言和文化从来就是水乳交融的关系，即使受结构主义等单纯语言理论研究影响，只注重语法、词汇等语言形式的学习时代，语言和文化的密切关系也决定着外语的学习仍然会有意无意的触碰文化，对于外语学习者来说原有的文化图式不断受到冲击，随着学习的深入，新鲜内容的加入，文化图式的架构开始松动，最终得到调整、增加，甚至是再创造开始与异文化图式互相作用，以求得彼此兼容，文化差距越大，图式的社会变量差异也就越大，新图式的吸引力也越高，当两种文化图式在斗争后达成妥协，互相融合，新的文化图式慢慢建立起来，文化冲突带来的不适感逐渐消失，个体也倾向于使用刚刚适应的新文化来评判本民族的文化现象，从"习焉不察"的局内人，转向局外人来反思本民族文化的优劣，此时本民族的文化被暂时搁置、被陌生化，学习者会重新对异文化和本族文化做出选择和认同。

二、外语学习调整了思维方式

思维方式与语言密切相关，是语言生成和发展的深层机制，语言又促使思维得以形成和发展，语言既是思维的工具，又是思维的产品，思维以一定的形式表现在语言之中，思维的差异是造成了语言差异的重要因素之一。语言的学习不仅是文化的学习，也体现了思维的解码、选择和创造。最具有代表性的学者萨丕尔认为"语言是工具，思维是产品，离开语言，思维就无法进行"。语言是思维的工具，人们往往认为思维不用语言就可以进行，人在思维的时候觉察不到语言的存在，但是人们忽略了一个事实，就是当人们在思维中做比较的时候就会不知不觉地使用词汇，就需要借助语言这一工具语言。可以说是思维的结构，它的词汇和表达框架住了人的思维，语言的结构差别会导致语言使用者看待世界角度的不同，比如，因纽特人有关雪的词汇以及美国人有关汽车的词汇就比其他文化要丰富，因纽特人的思维中对雪的观察更细致，美国人对汽车的观察比其他文化更深入有趣的是，人们会有意突出自己语言中的信息，认为自己使用的语言所反映的对事物的看法是最正确的看法，不同的语言结构影响着人们的思维模式，不同的语言使用者对世界的看法不同。

对于已经社会化了的成年人思维模式和认知模式已经认同于自身文化的核心精神，对已经掌握的母语系统，形成了固定的语言习惯，并有一套基于自己母语的思维与认知模式外语为学习者打开了一扇通向异文化思维模式的大门，洪堡特提出了"语言是一种世界观"的思想，他指出，"每一种语言都包含着一种独特的世界观，……人从自身中造出语言，而通过同一行为，他也把自己束缚在语言之中……"意思是说，语言不仅是通向思维的道路，也是思维的篱笆，它在使用它的民族文化周围驻扎，使用者只有跨越母语的篱笆才有可能进入另一种文化，也只有超越另一种语言的障碍才有可能深入了解其代表的文化，摆脱自身语言的迁移。所以说一种外语就意味着在已经形成的世界观领域去开拓一个新的基点，因为语言代表的是其使用群体的世界观的完整体系。外语学习者的文化图式修正是逐渐进行的，思维模式的调试也是潜移默化的，最明显的由中国的环形思维、直觉思维向英语的直线思维、逻辑思维转变。

三、外语学习者应有的文化自觉

在舒曼（schumann）的文化适应模式中，包含"同化"与"适应"在"同化"过程中，学习者原有的母语和母语文化归属被目的语和目的语文化所取代，即在学习过程中学习者的母语文化归属受到威胁，学习者放弃母语文化而认同目的语文化，这是"同化理论"所涉及的最佳外语学习者，这种取代式的、替换式的转化成为"削减性学习模式"。此种模式使学习者产生文化身份丧失感及疏离感，越是精通一门语言，越感到与本民族文化群体的疏离感，并感到懊恼或者遗憾英语教学承担着语言和文化传播的工作，可我们英语教学的目的一直是要培养精通国外语言文化和政治制度的、能说能写的地道英语人才。中国文化在教学中的缺失，造成了跨文化交流中不对等的地位。

对最佳外语学习者进行长期研究后，高一虹提出了二语学习者身份变化的理想状态——生产性双语现象，即学习者的原有身份与二语身份不仅和平共处并且积极配合，母语与目地语水平以及对两者文化理解、互相促进，具有生产性双语现象的学习者不仅有更好的语言学习能力，同时能获得认知、情感、审美等能力的提高，从而有利于自我人格的成长和自我实现。因为我们每一个人都无法摆脱自身文化的先行结构，无法绝对自由地存在于这个世界，先于我们而存在的价值原则、道德规范、知识结构和语言是我们不能否定的制约，也是我们之所以为"我们"的积淀和系统化，同时也是我们认识和阐释现实的前提，没有群体的归属的人，成为离散的游民，他们没有任何群体赋予的权利，不被理解，也无法被识别。

第二章 现代外语教学的现状

第一节 外语教学改革综述

21 世纪伊始，我国确立的科教兴国战略开始逐步实施。教育部提出的《面向 21 世纪教育振兴行动计划》标志着我国高等教育在未来短期内将有快速发展。在高等教育为如何适应 21 世纪知识经济发展和社会需求而加快改革步伐之际，大学外语教学改革也面临着新的机遇和挑战。教育部启动"高等学校教学质量与教学改革工程精品课程建设工作"，将大学英语教学改革列为"质量工程"四项工作之一。从此之后，整个大学外语各个语种的教学改革工作如火如荼地开展起来。

一、高校外语教学改革的宏观政策

2003 年 4 月，教育部正式启动"高等学校教学质量与教学改革工程精品课程建设工作"。涉及大学外语教学改革的主要内容有：广泛采用先进的信息技术，推动基于计算机的英语教学改革；改革单一的大学英语教学大纲，由过去的以阅读为主向以综合实用能力为主转变，研究并制定适应各学科门类的大学英语最低教学要求；进一步改革大学英语四、六级考试，充分发挥其引导高校教学改革的作用。

2004 年 2 月，时任教育部副部长的吴启迪在大学英语教学改革试点工作视频会议上做出了重要指示。她指出，推进大学英语教学改革是我国经济、社会发展的需要；是高等教育发展的需要；是大学英语教学自身改革与发展的需要。提出了从三个方面改革大学英语教学的总体思路：第一是修改现有的教学大纲，制定新的《大学英语课程教学要求》，将原来的以阅读理解为主转变为以听说为主，全面提高综合应用能力上来；第二是改革现在的教学模式，将教师、课本、粉笔、黑板与学生，老师讲、学生听的模式转变到以计算机（网络）、教学软件、课堂综合运用的个性化、主动式学习模式上来；第三是改革大学英语四、六级考试等大学英语教学评价系统，从原来的以评价语法、阅读、理解为主转变到以评价学生的听说能力及英语综合应用能力上来，从原来单一测评教学结果逐步转向教学全过程整体监控和评价上来。这三个方面的改革都是围绕着一个总目标，即全面提高大学生的英语综合应用能力，使我国的大学生在大学毕业时达到能基本听懂英语广播、能进行简单的英语交流和具备一定程度的写作与翻译能力。并对今后的工作提出了几点意见和建议，分别是：各级领导要充分认识这项改革的重要性，加强指导和管理；学校应提出明确的教学改革目标和思路；充分发挥广大英语教师在教学改革中的重要作用。

2006 年 7 月，教育部下达了《教育部办公厅关于进一步提高质量全面实施大学英语教学改革的通知》，指出大学英语教学改革是一个系统工程，涉及我国高等教育体系的各个层面，其改革成效是评价和衡量高等学校教学工作的一项重要指标。今后，教育部将考虑把大学英语教学改革纳入高等学校教学水平评估体系。对于大学英语教学改革工作，各级教育行政部门和高等学校的领导要高度重视，制定具体落实措施，争取经过五年的努力，使我国大学生的英语综合应用能力有较大提高。在该通知中转发了《关于大学英语教学改革进展情况的调查报告》，鉴于其内容十分重要，我们将在本章第二节中专门进行说明。

2007 年 2 月，教育部下达了《教育部关于进一步深化本科教学改革全面提高教学质量的若干意见》，其中的第 10 条明确指出，要"进一步推进和实施大学英语教学改革"。具体内容如下："要全面推广大学英语教学改革成果，充分运用优质教学软件和教学资源，深化大学英语教学内容和教学方法改革，推动高校建立网络环境下的英语教学新模式，切实促进大学生英语综合应用能力，尤其是听说能力的提高。加强大学英语师资培训，造就一批大学英语教学改革的骨干教师。推进大学英语四、六级考试改革，研究建立四、六级网络考试系统。鼓励开展双语教学工作，有条件的高等学校要积极聘请国外学者和专家来华从事专业课程的双语教学工作，鼓励和支持留学回国人员用英语讲授专业课程，提高大学生的专业英语水平和能力。"

二、高校外语教学改革的宏观措施

（一）设立教学改革试点单位

2005 年 9 月，教育部高等教育司下发了《关于申报大学英语教学改革示范点项目的通知》（教高司函〔2005〕184 号）。2006 年 2 月，组织专家对各校开展大学英语教学改革工作的实际情况进行了严格评审。根据专家评审意见，经研究，决定批准北京大学等 31 所高校为大学英语教学改革示范点项目学校。高等教育司希望各高等学校以示范点建设工作为契机，积极完善并大力推进基于网络和多媒体的大学英语新教学模式，不断提高我国大学英语教学质量，努力开创大学英语教学改革工作新局面。2007年6月，为全面实施大学英语教学改革，在第一批31所大学英语教学改革示范点项目建设的基础上，启动了第二批示范点建设项目。第二批示范点项目备选学校为第一批示范点项目评审入围学校，没有示范点的省市由教育厅推荐学校。根据专家组入校考察意见，经研究，决定批准北京科技大学等34所高校为大学英语教学改革第二批示范点项目学校。2011年2月，为贯彻落实全国教育工作会议精神和教育规划纲要，进一步深化高等教育教学改革，启动了教育部第三批大学英语教学改革示范点建设项目申报、评审工作。经网上评审、会议评审和网上公示，批准北京林业大学等35所高校为教育部第三批大学英语教学改革示范点项目学校。

（二）设立专门的资助项目

2004年7月，为深化大学英语教学改革，调动广大一线教师进行大学英语教学研究和实践的积极性，积累更多的教学改革经验，探索如何更好地提高学生英语综合应用能力的理论和方法，高等教育司决定实施大学英语教学改革扩展项目。该项目是大学英语教学改革的扩展项目。主要目的是通过进行大学英语教学思想、内容、方法改革，改进教学手段，完善教学评价体系，建立适应21世纪人才培养要求的大学英语教学体系；通过充分利用现代教育技术，建立以培养学生自主学习能力为中心的立体化、多样化、个性化的教学模式。各校应结合自身实际情况，针对大学英语教学改革实践开展研究，探索并总结教学改革中的成效和特色，确定申报选题。本项目原则上限于大学英语教学改革试点高等学校申报。大学外语其他语种（俄语、日语、德语、法语等）的教学改革项目，亦可根据上述原则进行申报。该项目由教育部高等教育司负责组织实施。原则上每校申报的项目数不得超过三个。项目实施实行组长负责制，学校要对项目的落实进行指导和监督。对于正式批准的项目，学校应按项目要求投入必要的经费；教育部将给予每个项目1万元左右的经费支持。该项目的设立，调动了广大教师参与大学英语教学改革的积极性。为进一步深化大学英语教学改革，不断提高人才培养质量，2005年6月，高等教育司决定设立第二批大学英语教学改革扩展项目。主要目的是通过进行大学英语教学思想、内容、方法改革，改进教学手段，完善教学评价体系，建立适应21世纪人才培养要求的大学英语教学体系，通过充分利用现代教育技术，建立以培养学生自主学习能力为中心的立体化、多样化、个性化的教学模式。

（三）开展大学英语教学改革巡讲活动

大学英语教学改革作为一项具有重要战略意义的教育教学改革，几年来，在各级教育行政部门、高等学校和广大教师的共同努力下，取得了重大进展。2006年7月，教育部办公厅下发了《教育部办公厅关于进一步提高质量全面实施大学英语教学改革的通知》（教高厅〔2006〕4 号），全面总结了大学英语教学改革进展情况，对今后的大学英语教学改革工作提出了明确要求。根据《通知》精神，为了加强师资队伍建设，全面推广基于计算机和网络的大学英语新教学模式，高等教育司决定从 2006 年 9 月起组织英语专家巡讲组，分期分批深入到高校，开展大学英语教学改革巡讲活动。巡讲活动的培训重点是：①大学英语教学改革的指导思想、根本任务、必要性及紧迫性；②全国大学英语教学改革的进展情况及成效；③大学英语新教学模式的组织与实施；④现代教育技术在新教学模式中的应用；⑤大学英语教学改革管理等。

（四）修订《大学英语课程教学要求》

2007 年 7 月，《教育部办公厅关于印发〈大学英语课程教学要求〉的通知》指出，《大学英语课程教学要求（试行）》发布三年以来，推动了大学英语教学改革，提高了大学英语教学质量。为全面实施大学英语教学改革，满足新时期国家和社会对人才培养的需要，教育部组织有关专家，根据大学英语教学改革目标要求，结合大学英语教学改革实践，对《大学英语课程教学要求（试行）》进行了修订和完善。修订后的《大学英语课程教学要求》对大学英语的教学性质和目标、教学要求、课程设置、教学模式、教学评估和教学管理都做出了明确规定，并提出了基于计算机和课堂的英语教学模式等。《大学英语课程教学要求》较之 2004 年的《大学英语课程教学要求（试行）》改动较大，又新增加、删减或重新表述了很多内容。通读修订版全文（附录不计），对比试行版，可以发现 2007 年版比 2004 年版结构更加合理，论述更充分，语言和数字更精确，重点更突出。例如，新的教学要求特别强调听说能力的培养；更注重专业英语的学习；着重强调培养并增强学生的自主学习能力；明确提出充分利用现代信息技术，采用基于计算机和课堂的英语教学模式；在教学管理方面也有较大的突破，又注重对教师的人文关怀。我们相信，随着《大学英语课程教学要求》的实施，大学外语教学会得到进一步的发展。

（五）举行大学外语教学改革研讨会

为进一步推进大学英语教学改革，切实提高大学生英语综合应用能力，教育部高等教育司于 2009 年 7 月 10 日在北京召开了大学英语教学改革研讨会。会议总结了自2002 年以来大学英语教学改革工作取得的成效，并就如何进一步提高认识、扎实推进大学英语教学改革，全面提高大学英语教学质量进行了研讨。会议由高等教育司副司长杨志坚主持，高等教育司原司长、国务院学位委员会办公室主任张尧学院士出席会议，部分教育行政部门和高校领导、外语教育专家、出版社和学生代表共 30 余人参加了会议。与会代表围绕张尧学司长的讲话，就大学英语教学改革中采取的措施和取得的成效进行了交流和研讨，形成了以下共识：

1.大学英语教学改革从满足我国经济社会发展的需求出发，具有重要的战略意义

大学英语教学改革是"高等学校本科教学质量与教学改革工程"的重要组成部分，是高等教育人才培养和教学改革的突破口，直接关系着我国国际化人才的培养和国际竞争力的提升。大学英语教学改革实施八年来，在提高大学生英语综合应用能力、引领和推动中国高等教育教学改革、全面提高人才培养质量方面，做出了积极的贡献。

2.大学英语教学改革得到高度重视，大学英语的教学地位和学科地位显著提升

各级教育行政部门和高等学校都高度重视大学英语教学改革，不断加大政策和资金的支持力度，积极推进和深化大学英语教学改革。大部分高校都专门成立了大学英语教学改革工作小组，组织协调大学英语教学改革的相关工作，并出台了大学英语教学改革系列文件，明确工作方向，加强组织管理，改善教学环境，加强师资培训，大学英语的教学地位和学科地位得到显著提升。

3.大学生英语自主学习能力和综合应用能力明显增强，教学质量全面提高

通过八年的改革，大学英语在教学理念、内容、方法、手段和环境等方面都发生了显著改变。大学生的英语学习有了更多的语言操练机会，学习积极性和主动性大大提高，以听说为主的应用能力明显增强。高校还积极开展第二课堂活动，如英语角、外教讲座、英语竞赛、虚拟国际会议等，不断促进学生英语综合应用能力尤其是听说能力的提高，受到学生的普遍欢迎。根据大学英语四、六级考试委员会的统计，自2005年以来，高校本科生的四级考试成绩总体呈稳步上升趋势，对比通过率提高了14个百分点。

4.基于计算机和课堂的大学英语教学改革新模式正逐步形成，并得到广泛认可

通过在教学中使用教育部推荐的大学英语教学软件系统，大部分高校建立起了适应社会发展需要、提高学生英语综合应用能力尤其是听说能力、基于计算机和课堂的新教学模式。学生可以随时通过校园网络，利用交互式教学软件系统地进行自主学习。目前，有近千所高等学校的1000多万大学生正通过新教学模式进行英语学习，基于计算机和课堂的新教学模式得到越来越广泛的认可。

5.高校英语教师积极参与改革，教学水平和科研能力显著增强

高校教师抓住大学英语教学改革的机遇，积极参与改革，勇敢迎接挑战，在教学水平和科研能力等方面有了很大的提高，论文发表、教材出版等各类科研成果的数量明显增加。根据大学外语教学指导委员会改革前的调查，311所高校在1998年至2000年期间大学英语教师共在核心期刊发表外语论文736篇，平均每校2.4篇，在其他刊物或论文集发表论文6645篇，平均每校21篇。而在改革后的2005年至2008年中，大学外语

中华优秀文化融入外语教育研究

教学指导委员会对215所学校进行调查，大学英语教师在核心期刊共发表论文1035篇，平均每校4.8篇，在其他刊物或论文集发表论文19558篇，平均每校91篇。可以看到，教师参加改革的积极性明显增强，科研能力有了很大提高。

6. 大学英语四、六级考试改革积极稳步地推进，大学英语教学改革不断深化

2005年，教育部从考试内容、分数报道方式和考试管理体制三个方面对大学英语四、六级考试进行改革；2007年，在"高等学校本科教学质量与教学改革工程"项目支持下，又启动了大学英语四、六级网络考试改革。目前，已顺利组织了两次各5000名考生规模的大学英语四级网络考试试点。教育部正在组织相关专家和网络技术力量，加快试题库建设，完善考试系统，积极地稳步推进大学英语四、六级网络考试。

三、对高校外语教学改革的若干思考

（一）大学外语教学改革的必要性

近年来，我国高等教育迅速发展，现已成为世界上大学生总体规模最大的国家之一。同时，教学水平、学术水平、师资质量、办学条件都有很大进步，国家对教育的投资也在逐年加大。要顺应时代的需要，就要采取超常规的手段，实现跨越式的发展。因此，教育部决定"教学质量与教学改革工程，要把大学英语放在非常重要的位置上"。教育部5年一次的教学评估中，大学英语课程的教学评估是重要的一项。社会已进入政治多极化、经济全球化、文化多元化时代，使用外语尤其是英语交流成了重中之重。从中央领导到教育部的各级领导，都多次发表讲话，要求首先开展大学英语教学改革。时任教育部部长周济多次发表要首先开展大学英语教学改革的讲话。时任教育部高等教育司司长张尧学更是在2002年4月份就专门撰写了《加强实用性英语教学提高大学生英语综合能力》一文，并在全国公开发表。该文在全国上下引起十分热烈的讨论，广大英语教师认真学习后认为这是新一轮大学英语教学改革的信号。司长亲自撰写有关大学英语教学改革的文章，内容如此具体、翔实，说明国家对大学英语教学极为重视，这对大学英语教学乃至整个外语教学的进一步深入和发展、更上一个新台阶，是一个极好的机遇。

大学外语是一门基础必修课程，随着近年来高校纷纷扩招，很多学校因为存在着"教师少，学生多"的现象，大学英语教学不得不大班上课，每个老师带几个大班，近200名学生，很难真正实现"以学生为中心"的教学模式。在精读课程教学中只能是满堂灌，无法有效地组织学生进行协作交流，更无法照顾到每个学生的个性需求。听说课程中教师充当了录音播放员的角色，很难完整判断学生的真实听力水平；口语练习也只能是选取很小一部分学生进行当堂练习，老师很难关注全班每个同学英语会话或讨论的内容，

学生的英语综合应用能力不能得到有效的提高。这些难题一直困扰着大学英语课程的教学，改革势在必行；时代对人才的要求呼唤大学英语课程教学改革；贯彻《大学英语课程教学要求》就必须进行大学英语课程教学模式的改革；坚持以人为本，也应该进行大学英语课程教学模式改革。

（二）大学外语教学改革的理论基础

20世纪50年代以前的外语教学界，教师主宰着教学的主要方面和过程，强调以"教"为中心的学习，严重忽视了学习者的主体性。20世纪70年代兴起的交际法，把教学的中心定位于学生。自20世纪80年代开始，外语界展开了倡导自主学习的学说研究。所有的研究者都强调学习责任从教师到学生的转移，这种转移使培养学生的自主学习能力成为近20年来外语界许多教育工作者的共识，而达成这一共识的理论基础是认知发展论和人本主义学习理论。

认知发展论认为，外语学习的过程就是新、旧语言知识不断结合的过程，也是语言能力从理论知识转化为自动化的过程，而这种结合与转化最终取决于学习者的主观能动性和参与性，即学习者学习语言是一个积极参与的过程。在认知发展论基础上问世的建构主义学习理论进一步指出，学习是学习者主动地建构自身认知结构的过程，学习者不是被动地吸收知识，而是主动地建构知识。

人本主义学习理论强调成人学习过程中自我观念和情感因素的重要性，认为语言教学应注重有意义的交际，尊重和重视学习者，并给予学习者一定的决策权利。当学习者能根据自己的意愿确定适合自己的学习目标、确定学习内容、自主选择其喜欢的学习材料时，其积极性和主动性才能大大增强。

这两种理论都强调，在语言教学中要以学习者为中心，在外语教学领域，要有效提高外语水平，必须依靠学习者广泛地、自主地学习目的语。

根据语言测试和学业评价要求，要注重将形成性评价与终结性评价结合起来，关注学生的成长和进步，利用网络管理平台和系统，将学生平时的学习过程和成效纳入评价范围，使得学生既注意平时的学习过程，又努力做好期末考试。

（三）高校大学外语教学改革应采取的具体对策

1.要切实加强师资队伍建设

在实现21世纪专业人才培养目标的过程中，教师是关键。教师是教学活动的主持人，课程的设计者和提供者，是教学质量的决定因素之一。没有教师的观念变革、积极参与和实际行动，没有教师所应有的知识、能力和素质，一切改革都将很难取得好成绩。因此，大学外语教学改革需要一支相对稳定的高水平、高素质的师资队伍。要使大学外语教师整体达到这一目标，可采取的措施有：一是建立和健全教师进修和培训机制；二是鼓励教师搞科研，以科研促教学；三是充分发挥教研室的作用，教研活动应当有组织性和目的性；四是教师要转变观念，调整角色，不断改进教学方法。对师资队伍建设的问题，无论如何强调都不为过。只有教师全身心地投入到教学改革中，大学外语教学改革才能取得成功。

2. 加强对大学外语教学的科学管理

高校外语教学的领导者的超前意识和正确导向对教学影响是直接的、全方位的，领导者实施科学管理是加强大学外语教学的重要因素之一。一是领导者要重视，并把这项工作作为学校整体教育改革的重要环节来抓，提倡抓好以专业课为主体，以外语、计算机为两翼的加强基础、重视技能的教学思想。正确的教学思想和具体、明确的教学要求会给大学外语教学指明方向。二是注重提高外语教学质量。通过定期召开外语教学研讨会、经验交流会或组织观摩教学，摸索出具有专业特色的大学外语教学思路，切实提高教学质量；建立相应的奖励机制和竞争机制，对优秀教师给予政策倾斜，充分调动教师的积极性。三是积极改善办学条件，提供良好的教学环境，要在经费方面给予应有的投入，制定有效的措施，争取学校各方面的配合与支持。四是建立和完善教学评估体系。这一体系应包括对师资队伍、教学设备、教学内容、教学方法、课堂设置、教学实施和教学研究等情况的检查评估标准。可聘请有经验的老教师，配合专职督导评估人员，定期对教学进行检查评估。五是对大学外语教学实行信息化管理。要将学生各项外语成绩，四、六级统考成绩和教学评估、题库管理和数据积累等全部实现微机化管理。六是要充分利用现代化教学手段，无论是课堂教学还是课外活动，都应大力推广利用计算机、网络技术和多媒体等手段辅助教学，确保为学生创造一个良好的学习环境。

在教育部的领导和重视下，全国各个高校几乎都掀起了大学外语教学改革的高潮。结合本校的实际情况，纷纷出台各项政策。

第二节　外语教学的现状分析

对于全球金融危机的爆发来说，其对中国的影响是比较大的，大学生就业难已引起社会各界的普遍关注，同时也引发笔者对目前大学英语教学的不断思考：国际、国内社会发展需要什么样的英语人才？我国大学英语教学中还存在什么样的问题？如何才能培养出能与社会接轨的、用人单位所要求的英语人才？或者说，如何才能提高大学毕业生的就业竞争能力？这些都是非常值得探讨的问题。

随着改革开放的不断深化，用人单位对大学毕业生的英语水平提出了新的要求，毕业生不仅要翻译英文资料，听懂外国专家的学术报告，还要和外国人进行直接的有关政治、经济、文化和科技等方面话题的口头交流。不仅要听外国人说，也要谈自己的想法。自从我国加入 WTO 以后，与别国的国际交流更加频繁。用人单位，尤其是外贸公司对大学毕业生的英语实际应用能力更加重视，要求应聘者能够以口头、书面形式进行商务洽谈。用人单位在招聘时，他们不再只凭看档案、听介绍来聘用人才，而是通过英语交谈、答辩、翻译、写作等多种方式来考核学生的英语实际应用能力。无疑，这对大学英语教学提出了全新的、更高层次的要求。

对于大学生来说，在进入大学之前，就已经有了相当长时间的英语学习经历，在之前十年到十二年的英语学习过程中，是学生的英语基础学习阶段，主要学习了外语的基础知识以及基础技能。在这个基础学习过程中，学生不仅学习了英语时态和英语语态的相关内容，而且掌握了语气至分词最终到相关强调句式的英语语法，这些语法知识都是比较基础性的。根据我国课程教学标准要求，在初中毕业之前，学生需要学习的英语词汇是比较多的。因此，在进入大学之前，学生往往都已经有基本的英语听说能力、英语读写能力以及英语翻译能力。离开高中进入大学，学生需要学习的知识点不同，学习目标也不同，教师如果仍旧应用以往教学模式和方法的话，是无法满足大学生发展需求的。在大学英语教学过程中，教师要转变以往的教学模式，尽可能让语言本身从学生的视线中消失，换句话来说，就是要改变英语学习在学生心中的位置，英语学习不再是简单化的文字游戏，而是传递信息和交际的主要工具。针对英语教与学来说，都要把中心放到语言这一工具的正确使用上面，只有这样才能最终实现高校英语教学目标。

近年来，为了解决高校英语教学中出现的问题，教育部颁布了《大学英语课程教学要求》，将高等院校的英语拓展系列教程确定为四个类别，分别为：语言技能类、语言文化类、语言应用类和专业英语类。为了培养学生在英语环境下从事专业工作的能力，ESP（专门用途英语）、EAP（学术交流英语）等英语课程应运而生，所有这些改进都是将英语学习的目标从对语言自身的学习引向对语言的使用上面。这些课程的设置有其合理性，它们为大学英语教学增添了内容和活力，但是不得不指出的是，ESP 和 EAP 在课程开设上有其难度，比如课程内容要考虑到学生的不同专业和需求，课程的讲解会受限于任课老师的专业背景和学术能力，甚至在教材的选用方面也颇有难度，很难找到一种同时适合各专业学生学习的教材。因此，如何解决上述难题，最大限度地发挥教师的专业特长，最大限度地提升学生的外语应用能力，已经成为每个大学英语教师需要深思和探索的问题。纵观我国大学外语教学现状可知，在当前的大学外语教学中还存在一系列问题，必须在明确相关问题的基础上，采取有效的解决策略。

一、当前大学外语教学中存在的问题

（一）教学方法落后

教学方法落后，不利于学生听说能力的培养。目前，多数高校在英语教学中仍采取单一的"统一式"授课方式。课堂上，教师操控一切，呈现一种"单向交流""满堂灌"的授课形式，学生"全场听"，教师写，学生抄。以这种方式进行英语教学，大多数学生的英语学习只有消极的知识输入，很少有积极的知识运用和输出。

（二）教学内容陈旧

教学内容陈旧，无法调动学生的英语学习兴趣。通常，多数大学英语教师严格按照学校规定的统一英语教材一课挨一课讲学，也不考虑所学内容是否实用，很少给学生补充新鲜的、与学生密切相关的英语材料，导致学生学而没劲，缺乏学习热情和积极主动性，学习效率大大降低。

（三）应用文写作训练不足

应用文写作训练机会太少，不能切实提高学生实际的英文写作能力。

在大学外语教学过程中，教师很少给学生布置课后作业（包括写作练习），加上学生缺少对写作练习必要性的认识和学习自觉性，学生亲手进行写作练习的次数是非常少的。即使进行写作练习，也是为四、六级考试而进行的模板型训练，而不是为解决实际问题进行的"模拟应用"写作训练。结果，学生虽然花费了时间和精力，但也没有提高实际英语应用能力。

（四）费时低效，投入和产出不成正比

对于我国来说，是比较大的外语教育国家，但在当前的大学外语教学过程中，还普遍存在传统式教学的现象，传统式教学法还在教学中占据一定地位。对于传统式外语教学法来说，只注重语言的准确性，不注重语法的交际作用，不仅存在费时过多的问题，还存在收效低的问题。在传统式教学模式下，学生努力学习外语语法相关知识，花很多钱买参考书籍和练习题等，并参加多个补习班，不仅花费了大量时间，也投入了大量金钱，但最终的交际能力却相当低。显然，传统教学模式下的投入和获取不成正比。传统式教学过于追求语法的准确性，却没有重视学生语言创造能力和自主学习能力的培养，也不重视学生的口语训练和听力训练，无法提升学生的英语听说能力和表达能力。

（五）重笔试，轻口语

大学外语教学仍停留在以"结果"为最终目标的应试教育模式上，师生都围绕着"应试"这个指挥棒。一味强调考试成绩（尤其是大学英语四、六级的过级成绩），而未考虑到社会对外语人才交际能力的需要。虽然新教学大纲强调"说"的重要性，但由于口试并未正式作为考试内容，所以大部分学生并未重视口试，而将英语四、六级的过级分数作为衡量英语水平的唯一标准。在信息产业飞速发展的21世纪，大学外语教学面临着一个新的挑战，即培养交际型的外语人才的挑战。北京举办2008年奥运会将需要大批交际能力极强的外语人才，这次盛会是对大学外语教学水平的一个总阅兵；中国加入WTO，应试型的外语人才不能满足实际需要，必须确立外语学习的主要目标，即培养交际能力。

（六）学生缺乏必要的巩固和内化语言知识的交际环境

除了课堂英语应用之外，学生很少有应用英语知识的机会，教学条件好的学校如此，条件差教学情况更糟，学生依赖的课堂英语交际机会十分有限。再加上学生文化背景知识储备严重不足，他们了解的大多是反映中国社会文化的知识和此背景下的高校生活，这样就造成课堂上教材语言学习内容与实际生活背景知识的交际语境不协调，其结果充分反映在学生的日常主题交际和写作中。在英语口语训练中，学生谈论的范围有限。了解的生活和社会背景知识一方面是自己的专业，很系统，很熟悉，但专业性太强，需要大量的术语和逻辑较强的语篇结构，学生无法表达；另一方面，对每天通过不同的汉语媒体了解的社会和自己熟知的校园生活，无法从"英汉对照"的词汇库中灵活地调用。

（七）大学英语教学模式问题

在当前的一些大学英语教学中，还存在教学模式单一化的问题，在单一化的教学模式下，学生的英语学习兴趣无法提升，学生没有学习英语的动力。长时间以来，以教师为中心的语法翻译法在我国英语教学中占有的地位是比较高的，且到现在为止，该问题也没有得到解决。据束定芳教授的一项调查显示："有70%以上的教师坦承自己课堂教学的方法仍然是'语法翻译法'。他们解释说，他们也知道交际法是目前时髦的教学法，但由于种种原因，如学生的实际水平，教师的语言功底，有限的时间，学生的数量，考试的压力等，教师和学生最终发现还是'语法翻译法'更'贴近实际'。"所以，对于大学英语教学来说，往往是教师的独角戏和个人戏，学生就如同台下的观众，实际交流和表达想法的机会很少。对于这种单一化的教学模式来说，在一定程度上剥夺了学生使用语言的机会和进行创造性思维的习惯，长时间下去的话，不仅会大大降低学生的学习积极性，还会让学生产生强烈的依赖心理，后果是比较严重的。

（八）教师课堂用语问题

教师课堂用语是外语课堂教学研究的主要方面。教师课堂用语不仅是教师执行教学计划的工具，同时也是学生英语学习输入的重要来源，教师课堂用语在英语课堂教学中发挥着重要作用。在英语教师课堂用语中，课堂提问占有相当大的比例。通常情况下，提问模式为：教师提问—指定一个学生回答—学生回答问题—教师反馈。其中，课堂提问的类型、提问后的等候时间、提问技巧等对英语课堂教学都有着较大影响。英语课堂提问主要分为两个类型，具体来说，包括展示性问题（display questions）和参考性问题（referential questions）。展示性问题是指在提问者进行提问时已经知道答案的问题，而参考性问题是指那些提问者在提问时并不知道答案的问题。参考性问题可以增加英语学习者在课堂上的英语输出，从而促进英语习得。但是在目前大学英语教学中，教师提出的展示性问题在英语课堂教学中所占的比例远远大于参考性问题所占的比例。教师提出的大部分展示性问题，学生都可以用"是"或"不是"回答，回答其他展示性问题使用的英语过于简单，不能达到练习目的，对英语听说也没有很大帮助。

英语教师在提问之后等候时间的长短，对英语课堂教学也有很大影响。在英语课堂上，学生需要较长时间对英语提问进行处理，花很长时间才能找到合适答案。但是由于课堂时间有限、教学任务多等原因，英语教师在等待2—3秒时间后，如果学生不能作答，就会给予干预，导致学生不能更好地参与课堂互动。英语教师在课堂上的提问技巧也对学生的英语学习有着不可忽视的影响。教师向学生提出问题后，学生不能回答，教师通常会公布答案或者请另外一个学生重新回答。这种方法非常不可取，被提问的学生因为不能回答问题，可能感到灰心，不利于今后的英语学习。教师公布答案，也不利于其他同学的思考。另外，学生回答完问题，教师给予的评价通常也非常笼统机械，例如"好""非常好"等，不能起到激励学生学习的作用。

（九）师资力量匮乏

该问题是目前我国大学英语教学中存在的一个非常严重的问题。教师教学水平是影响教学效果的直接因素，只有提升高校师资质量，才能提升高校英语教学水平。然而，我国高校大学英语教师的整体质量并不高，专业化的大学英语教师比较少。根据蔡基刚教授在2002年对十所重点大学（北京大学、清华大学、中国人民大学、复旦大学、上海交通大学、浙江大学、南京大学、中国科学技术大学、武汉大学和厦门大学）和其他331所取样学校的对比结果发现，不同大学的大学英语师资力量是极其不平衡的，而且我国大学英语的师资力量总体水平是比较低的。同时由于我国高等教育扩招的数量越来越多，大学英语教师的数量也变得越来越少。

二、改变大学外语教学现状的对策

（一）明确大学英语教学的培养目标，改革课程设置

新的《大学英语课程教学要求》明确提出，大学英语的教学目标是培养学生的英语综合应用能力，特别是听说能力，使他们在今后学习、工作和社会交往中熟练运用英语知识，同时增强学生的自主学习能力，提高学生的综合文化素养，以适应我国社会发展和国际交流的需要。而现行的大学英语课程设置无法从根本上提升学生的外语听说能力，大多数高校的大学英语课程还是以读、写为主，以听力为辅，几乎没有口语课程。另外，我国大部分大学生学习的英语课程是一样的，甚至教材也是统一的。这样是很难实现"因材施教"教学目标的。

（二）采用新的教学模式

大学英语教学改革的一项重要内容是教学模式改革，即实现以教师为中心的教学模式到以学生为中心的教学模式的有效转变，充分发挥教师与学生双方的积极性，注重教与学的互动。《大学英语课程教学要求》提出："采用新的教学模式改进原来的以教师讲授为主的单一课堂教学模式。新的教学模式应以现代信息技术为支撑，特别是网络技术，使英语教学朝着个性化学习、不受时间和地点限制的学习、主动式学习方向发展。"

基于计算机和课堂的英语多媒体教学效率是比较高的，但在具体的英语教学过程中，要注意相关问题：第一，在英语多媒体教学模式下，要实现大班授课和小班操练的有效结合；第二，要实现课堂教学和开放式学习的有效结合；第三，要实现多媒体教学和网络化教学的有效结合。对于这种第一课堂教学和第二课堂活动相结合的教学模式来说，其不仅意味着教学活动和教学方式的改变，更意味着教学理念的有效转变，是实现从以教师为中心、单纯传授语言知识和技能的教学模式向以学生为中心、更加注重培养语言应用能力和自主学习能力的教学模式的转变。

针对大学英语课程教学来说，其要求把模式改革放到一个重要的位置，专门对大学英语多媒体教学方案进行合理化设计，该设计是基于计算机和课堂的，就学生在计算机上学习所获学分的比例做出明确规定，最终促进了外语教学模式的科学化改革。

（三）加强"互动"英语教学

语言学习过程就是学习者学会如何交流的方法的过程，有效交流是语言学习的最终目标。目前，大学生英语的不足之处在于口语、听力和书面表达能力，所以这三方面也是大学英语教学的重点。大学英语课堂采取的"互动"英语教学应当能够激发学生的学

习兴趣。在"互动"教学过程中讲授的新内容要和学生已有的知识和背景相关，帮助学生把新知识和已有知识结合起来，强化记忆，优化学习效果，提升学习效率。

在"互动"教学的指导下，教师在大学英语课堂上可以采用"5-open"的教学方法。"5-open"的教学方法包括"打开你的眼睛""竖起你的耳朵""打开你的心""打开你的思路"和"打开你的嘴巴"。

1.Open your eyes

在大学英语课堂上，要让学生拓宽视野，了解英语的文化内涵和人文精神，重视培养学生的综合文化素养。

2.Open your ears

在大学英语课堂上，结合多媒体，教师应当多播放相关英语视频与听力材料。学生可以借此纠正发音，扩大词汇量，体验英美文化，提高学习兴趣，感受英语学习的乐趣。

3.Open your heart

在大学英语课堂上，教师应引导学生敞开心扉，感受英语和它带来的异域文化，使学生在心智发展的同时陶冶情操，提高学生的人文素养。教师在讲解课文内容时，要深入到文字之中，提炼文章主题，提升学生的鉴赏能力。同时，教师还应当根据课堂教授内容拓展教学内容。

4.Open your mind

大学英语教师应当转变思想，不要把英语教学当作单纯的知识讲授。学生通过课堂学习，不仅能充实自我，还能了解西方文化。在课堂上，教师要围绕主题，结合学生兴趣，多向学生提出开放型问题，引导学生思考，鼓励学生想象，发挥学生的创造性才能，提高学生的英语应用能力。

5.Open your mouth

在大学课堂上，许多学生张不开嘴，不愿意说英语。学生不愿张嘴说英语的原因很多，比如心理素质不足、缺少勇气等。教师应当给予学生足够的鼓励，在提问后给学生足够的时间和空间。在课堂上，鼓励学生进行 pair work 和 group work，提高学生的口语能力。

（四）利用现代教学手段提高教学效率

现代化教学问题比较多，要解决诸如此类的问题，最简单便捷的渠道即进行中国传媒英语的阅读与欣赏。中国媒体英语除报道国际新闻、海外风情之外，主要是反映中国的社会文化、政治经济、风土人情、秀丽河山、历史遗产等。而且不同的媒体具有不同的偏重。有的以介绍中国的政治、经济发展动态为主；有的则以介绍中国民族风情和历史文化为主。以中国社会为背景的媒体英语，从内容和形式上都具有较强的"中国文化"

特色。媒体英语的专栏性特征也同样反映在中国的英文报纸、杂志中。同国外期刊一样，定期发行与社会的发展同步，及时反映变化的社会，适应信息时代的要求。中央电视台英语频道和国际频道充分利用现代媒体技术，形象、生动、真实地传播和宣传发展中的中国，向世界展示中国源远流长的历史文化、自然景观，让世界了解中国的过去、今天和未来，与此同时也为现代多媒体教学提供了方便快捷的声像资料。英语教学中充分利用中国英语媒体的独有特色，系统地、有组织地进行中国媒体英语教学，有助于促进整体英语教学质量和效率的提高。课堂上老师可以利用自己的条件搜集相关的主题式阅读材料，同义词汇链式学习，延续新闻、焦点、热点报道。这样不仅提高了同主题词汇的出现频率，而且有利于引导读者从不同的视角观察和思考问题，不断地了解社会，调整自我，提高自身素质，使学生在兴趣阅读中巩固和内化所学语言知识，提升自身的语言应用技能。

（五）在交际环境中实现英语教学

交际法（Communicative Approach）是以语言功能和意念项目为纲，培养学习者交际能力的一种教学法。根据现代社会对学生的英语语言要求，利用英语进行交流是学习的根本目的之一。交际法强调教学过程交际化，排斥机械操练，让学生在真实或接近真实的交际场景中操练，课堂教学活动应模拟真实或近似真实的生活情景。既注意到各个单词之间的各种系统内关系，又把它置于句子乃至对话、语篇中呈示。如：角色表演法要求学生模仿课文对话表演，让学生轮流到台上表演。根据学生的水平，分层次提出不同的要求。或者进行 pair-work 或 group work。在表演中可以准备实物道具，其中丰富的动作、表情都可以成为活跃课堂气氛的要素。此外，教学要同真实世界（Real work）建立联系，比如利用影视片段、多媒体等。实现单个词汇或词汇系列的输入。对某些动词如 swing，snore 等，还可以运用表情、动作和声音来演示，其效果比单纯以文字讲解要好。利用多媒体直观形象、生动活泼，让学生自然而然地进入英语交际情境。如在课堂上播放英语经典原版片，学生对故事内容已有所了解，加之画面优美，身临其境，收到了出奇效果。不少同学能把影片中的部分英语对话模仿得惟妙惟肖，激发了学习的主动性和积极性，营造了良好的语言学习氛围。另一方面，要注意全面呈现词汇的语用信息。像邮筒（Pillar-box）在中国为绿色，在英国却是红色。必须向学生指出这种信息，Pillar-box 这个词暗含的社会文化信息同该词的概念意义同等重要。此外，不少词还具有一定的文体意义和情感意义，尤其是具有褒义或贬义的词，其情感意义是该呈现给学生的。对于 black 和 nigger 两个词，了解二者的概念意义而不知其情感意义显然会影响交际运用。前者带有褒义，后者却是贬义，这两种不同的情感意义同相应词语的概念意义一样重要。内含意义与情感意义因个体、文化、社会的不同而不同，教学主体亦要留心这一点。

（六）加强大学英语教师师资队伍建设

随着教育部门对大学英语教师教学要求的不断严格化，大学英语教学的难度越来越大，教学任务也越来越多，相应出现了师资短缺的问题。另外，针对当前的大学英语教师来说，学历和教学能力都不同，差异性比较显著，出现了学历结构和教学任务要求严重失调的问题。在严格化的教学管理和考评体制下，由于大学英语教师学历低和科研力度不足，无法得到学校的重视。所以，高校必须严格落实好英语教师专业化培训和能力培养工作，让教师快速适应新的英语教学环境，提升大学英语教学效率。

要想进行大学英语教师师资队伍建设，可以采取以下三大措施：第一，各校要加强对大学英语师资队伍建设的科学性规划，从根本上提升学历层次；第二，鉴于目前全国高校英语语言文学专业硕士生点或外国语言学及应用语言学专业硕士点受学校招生计划等因素制约，培养能力有限，建议国务院学位办增设招收大学英语教师的教育专业硕士学位，高校现有相关专业硕士点均可申请该学位授予权及招生计划；第三，创新和完善大学英语教师在岗轮训制度。对于大学英语教师专业培训目标来说，要和相应的教学改革目标相统一，大学英语教师要主动参与到培训活动开展中，实现和大学英语教学改革进程的同步发展，最终增强学生终身学习的意识，提升学生的终身学习能力。

（七）对大学英语四六级考试的态度

四六级考试作为全国统一的大规模考试，对考生、学校、用人单位往往有重大影响。四六级考试本身要根据形势发展需要不断改革与完善。其具体措施有：采用试题响应理论建设题库；开发计算机辅助量裁式自适应式考试系统；调整考试内容和题型设计，增加直接测量英语应用能力的构成性作答题型，减少选择性作答题型的数量和权重；增加听力测试的权重，听力实施最低分；根据不同层次教学要求设计考试项目，成绩报告形式由百分制改为标准分制；改造六级英语测试，把重点转移到测试学生实际应用英语的能力上来。

以上就是针对大学英语四六级提出的相关要求，对于大学英语教师来说，要对大学英语四六级考试有正确的认识，不能把大学英语教学当作旨在让学生通过大学英语四六级考试的应试教育，应当把大学英语四六级考试当成一种对大学英语教学成果的测试，对教学成果的检验，只有这样才能从根本上发挥出大学英语四六级考试的作用。

（八）需处理好的几个关系

1. 语言基础与综合运用能力

教育部高教司在关于大学英语改革立项文件（〔2002〕291号）中指出，"在打好语言基础的同时，重视培养学生的英语听、说、读、写、译综合应用能力……"此外，从全国的实际情况看，语言基础教学依然是大学英语教学的重要任务，只有在落实好语言基础教学工作的同时，才可能加强对学生英语综合能力的培养。对于基础好的学生和学有余力的学生来说，要大力提升学生的英语知识运用能力和跨文化交流能力；对于那些英语基础较弱的学生，则应该尽快地帮助他们打好语言基础，在打基础的同时进行必要的语言运用技能的训练，促使差生不断进步。

2. 个性化自主学习与课堂教学

由于学生的学习个性不同，以及先进的学习手段的逐步普及，需要重视学习者的自主学习愿望，激发自主学习的积极性，提供自主学习的环境和条件。同时，也应该清醒地认识到，目前学生学习外语的重要途径依然是课堂教学。这就需要将目前的课堂教学与学习者的个性化学习有机地结合起来，以便优化英语学习效果。两者不应该是对立的或相互取代的关系，而应是相互结合、相辅相成的关系。大学英语教学应该体现和适应个性化的教学和学习，应该注重培养学生自主学习的能力，让学生在学习语言的同时掌握科学合理的学习方法和学习策略。

3. 外语文化素质与英语考试

在英语语言教学过程中，不仅要传授目的语文化知识，还要传授本土文化知识，这样才能提升大学生的文化素养，拓展学生的人文知识面。外语是单纯的学习工具，在实际的外语学习过程中，还包括培养学生文化素养的内容。学生要在学习外语知识的基础上了解世界，并大力宣传我国文化。所以，针对大学英语教学来说，不能单纯把重心放到获取英语等级证书上，学生也不能单纯为了应对考试来学习英语。外语文化素质的提高将是大学英语教学的一项长期而又艰巨的任务，这是毋庸置疑的。

4. 四年英语学习不断线与大学英语教学

外语学习及使用需要不间断性，因此在条件允许的情况下，应对学生的英语学习进行4年统筹规划，使学生在校的4年中接触英语和使用英语不断线。语言学习是一个系统工程，大学英语教学需要其他课程的配合。实践已经证明，仅仅依靠大学英语就完全可以改变学习者的英语面貌是不可能的，需要各门课程、相关环节的协助，共同创造一个比较好的外语使用环境。2001年国家教育部4号文件对"双语"授课做出了比较明确的规定。这将有利于学生更加广泛地接触和使用目的语。外语教学及外语学习需要良好的环境，因此，创造英语环境，为学生提供使用英语的条件将是大学英语今后发展的一个重要方向。

5. 立体化教材与现有教材

在原有纸介教材的基础上，多家出版社已经开发和研制出立体化教材，为学习者提供了更好的语言实践的条件。立体化教材基于校园计算机局域网络、光盘以及学习课件，比较适合于个性化的自主学习和语言实践，特别是在口语和听力两个方面的训练。大学英语教学应考虑优化各种教学资源，鼓励校际交流和资源共享，以便提高大学英语教学的效率。同时需要探讨纸介教材和立体化教材的结合。以此为切入点，改革教学模式。

6. 选修课程与基础课程

选修课程将是大学英语发展的另一个主要方向，其不仅有利于改变课程结构，还有利于改变课程内容。对于选修课程来说，还能为学生提供充足的英语能力锻炼机会，从根本上提升学生的英语学习水平。对于基础英语课程来说，其是进入选修课程的基础和前提，应当在加大基础教学力度的基础上开设多样化的英语选修课程，从根本上满足学生对英语学习的需求。另外，院校还要适当聘请一些外籍教师，让外籍教师教选修课，这对提升学生跨文化交流能力是十分有利的。

第三节　外语教学面临的机遇与挑战

一、大学外语教学面临的挑战

（一）《课程要求》给大学外语教学带来的挑战

新《课程要求》对大学外语教学目标、大学外语教学模式以及教学方法等都进行了规定，其也为大学英语教学制度改革带来了机遇，可以从根本上提升学生的英语知识应用能力，让学生把学到的知识有效运用到实际生活中。但与此同时，也带来了一些挑战，以前那些传统式教学模式已经落后了。针对大学外语教学来说，面临的挑战比较多，《课程要求》给大学外语教学带来的挑战是首要挑战。

1. 观念更新问题带来的挑战

新的《课程要求》特别明确了今后大学英语教学的重点是培养学生综合应用英语的能力。这就要求大学英语教师更新观念，改变过去那种以培养学生较强阅读能力为目标的旧观念，树立培养锻炼学生能听、能说、能读、能写、能译的"能说会道"的综合应用英语的能力。现代语言学理论认为，"知识不是通过教师传授得到的，而是学习者在一定的社会文化背景下，借助他人（教师和学习伙伴），利用必要的学习资料，通过意义构建的方式获得的"。因此，教学不是知识的"传递"，而是学生积极主动地"获得"。教师在课堂上不是主要的演讲者，而是组织者、主持人，是师傅、朋友。这就要为学生创造良好的学习条件和环境，激发学生的学习动机，提供合理的学习策略，从而促进学习者的热情。学生有了良好的学习动机和策略，又有适合学习的条件和环境，还有良师挚友来指导，综合应用英语能力的提高就会事半功倍。

2. 知识更新问题带来的挑战

对于大学生英语知识运用能力的培养来说，其属于一项系统化的工程，也是一个循序渐进的过程。要想实现人才培养目标，大学英语教师要参与到专业知识和能力培训中，不断扩展自身的知识面，不断学习和更新知识。针对外语教师来说，不仅要落实基本语言知识教授工作，还要教授该语言所负载的政治、经济、文化、科技等方面的知识。因此，针对大学英语教师来说，其知识范围不能局限在教材上，要涉及多个方面和多个领域。另外，当代大学生经常涉猎网上知识、提出网上问题。因此，大学外语教师不仅要掌握解答教材相关知识问题的方法，还要掌握解答课外相关问题的方法。大学外语教师不仅要学习和掌握基本的语言学理论知识，还要涉猎其他的相关知识和别的学科知识，具体来说有社会科学知识以及自然科学知识等，从根本上拓展自身的业务知识面。另外，教师还要不断创新和完善现代化外语教学方法，从根本上提升外语教学水平和质量。

3. 技术更新问题带来的挑战

新的《课程要求》在教学模式和教学手段上对教师提出了更高的要求。仅会简单的打字录入已经不能满足现代外语教学的需要。教师不但要具备简单的计算机操作技能，而且要具备应用新的计算机技术来设计和制作多媒体以及网络课件的能力。只有这样，才能驾驭现代化课堂，得心应手开展英语教学活动。目前，适合当前形势的大学英语课件还非常缺乏，处于教学一线的大学英语教师应担当起这一重任，与电教技术人员合作，设计和制作出最优化的英语教学课件。

4. 听说能力挑战，大学英语教学中的语言交际障碍

相比于我国对外汉语的教学成果，以"孔子学院"为代表的中国对外汉语教学取得了骄人的成绩，很多操着一口地道普通话的外国人俨然成为一道亮丽风景线。而反过来要审视高校公共英语教学所遭遇的困境，那么高校学生英语交际的语言障碍是最大的"拦路虎"，一般情况下，语言交际障碍表面上只有听力障碍和表达障碍，但从本质上看，这是在高校英语教学中对英语能力培养方面的欠缺所导致的一种现象，其不但是当前大学外语教学面对的挑战，而且还是中国教育典型的反常现象。

5. 读写能力挑战，大学英语教学中的阅读翻译能力不高

高校公共英语教学的目的和初衷都是培养学生的语言学习能力，尽管检验其授课成果的方法有很多，考试仍以其独有的客观性成为评价英语水平的主要途径。所以，熟悉英语四六级或是研究生入学考试的人都知道，在试卷中有决定着最后成绩高低的两大题型，即阅读理解和翻译，也是决定学生能否顺利通过这些考试并最终胜利的关键所在，除了极少数英语基础扎实、词汇量大的考生能拿到高分之外，大部分的高校学生在做这两大题型时都会感到心力交瘁，这是因为有太多的"面熟"单词不能准确地找到在这个语境中的恰当释义，"只知其一而不知其他"局限了英语学习的思维与视野。

（二）全球化给大学外语教学带来的挑战

近年来，在全球化不断发展的形势下，各国家之间的交往越来越密切，各国家之间的文化融合也越来越深，多样化民族语言进入了人们的生活和工作。从这里可以看出外语的作用和价值，也可以看出英语作为唯一一门外语的重要性在降低。站在该角度看的话，大学英语教学遇到了一些挑战。

全球化对大学英语教学的传统内容和目标提出了挑战。大学英语教学是高等教育的一个有机组成部分，大学英语课程是大学生的一门必修的基础课程。大学英语的主要内容是英语语言知识与应用技能、学习策略和跨文化交际的语言技能。随着全球化程度的不断加深，对教育目标要求也不断变化和提升，在新的大学英语教学大纲下，大学英语的教学目标是培养学生的英语综合应用能力，特别是外语听说能力，使他们在今后工作和社会交往中能用英语有效地进行口头和书面的信息交流，同时增强学生自主学习能力，提高学生的综合素质和文化素养，以适应我国社会发展和国际交流的需要。这必然要求我们改变以往的以传授英语语言知识为主的课程体系，不断增加反映社会发展变化的新内容，新知识，使英语教学能贴近学生的实际生活。

经济全球化对大学英语教育的手段和方法提出了挑战。多年来许多老师的授课模式就是靠一本书、一支粉笔在讲台上纵横驰骋，无视学生的主体性、主动性，无视英语的应用性、交际性。这种教学模式在一定程度上影响了英语教学的效果，许多人既听不懂外国人讲，也没法用英语进行交流。全球化把中国人和世界各国人民带到了同一个平台，让各国人民有了更多的交流机会。新的形势迫使我们必须进行英语教学模式的改革，培养学生形成个性化的学习方法，培养学生自主学习能力。借助于现代信息技术特别是网络技术，使大学英语教学朝着个性化全方位、主动学习的方向发展，体现英语教学的实用性、文化性和趣味性相融合的原则，充分调动教师和学生两个方面的积极性，确立学生在英语教学中的主体地位。

（三）多样质量观的挑战

在高校扩招之前，每年的英语专业录取学生都是有限的，英语基础都比较强，成绩都比较优秀，外语专业学生学习动力也比较大，这些英语专业学生往往都处在同一个层面上，大学外语教师教学也不存在层次感，只需遵循教学标准要求即可。在这样的情况下，教师对学生的要求往往都比较严格，考试也往往很严格。但自从高校扩招之后，大众化教育模式代替了精英教育模式，学生量增多的同时，学习质量也大大降低。大学英语专业学生入学要求松了，学生层次多了，学生之间的基础差异性比较明显。在这样的情况下，教师不能再采取之前的教学方式进行教学。外语教师必须改变之前的教学质量观，树立新的教学质量观。但同时也不能降低教学标准和教学质量，而是要以人为本，因材施教，最终实现大众化教育模式下的教学目标。

以往，外语教师们更多地关注学术上的研究和探讨，对于人才的培养质量较少关心。而在现在多样化的质量观下，则要求教师关注学生，外语教学一切活动都要围绕学生展开，必须摈弃以教材为中心、以教学计划为本的固有思想。用不同的标准来衡量不同层次的学生。要合理地选择教材、设计教学方案。要突出学生的核心主体地位，以学生为中心展开教学。对于不同层次的学生，应有不同的质量要求，不能人为地固守原有的教学模式而不顾学生质量结构的变化。要想满足当前外语教学的要求，外语教师必须采取多样化的课堂教学方式，不断创新外语文化教学方法。在教学方法上，要根据学生的实际学习情况教学，不仅要提升优秀生的外语学习能力和思维创新能力，也要提升差生的外语学习能力。教师绝不可以不假思索地在不同的班级，甚至在不同的年级采用同一种教学方法。这样就会导致一部分学生无法跟上而掉队，或者使"好生吃不饱，差生跟不上"的问题出现。因此，外语教师要因材施教，灵活运用教学方法。基础好的学生可以按照原有的教学计划或突破原有的教学计划进行教学，语音不好的补语音，语法不好的补语法，词汇差的补词汇。

针对外语教师来说，基于多样化的质量观，也必须采取多样化的教学管理方法。教师教导的学生水平高低不同，学生基础学习能力也不同，在外语教学课堂上，可能会出现多种问题和突发情况。一部分学生愿意学习，也能学会，而有的学生不愿意学习，也自认为学不会。对于这种情况，外语教师如果不及时处理的话，会很快形成两极分化的现象。要想从根本上处理好该问题，教师必须提升自身教学管理能力和课堂驾驭能力。外语教师对整个课堂的听课状况了然于心，且要根据课堂上学生的各种表现采取相应有效的管理措施和引导措施。在大众化教育模式下，教师不仅要加强对学生的管教，还要加强对学生的管导。如果外语教师不注重课堂管理的话，是无法提升课堂教学效率的，更无法实现最终的人才培养目标。这就要求高校外语教师要学会利用课堂有限时间，加强对学生的心理疏导，缓解学生的学习压力，给予学生必要的学习动力，加强与学生的沟通和交流，改善师生关系，提升学生的英语学习兴趣和积极性，促进学生自主学习。

（四）网络给大学外语教学带来的挑战

1. 对学生自律学习的挑战

网络是一把"双刃剑"，不仅能给我们带来便利，还会产生一系列问题，尤其针对大学生，网络学习更是一个严峻的考验。大学生是有着较强好奇心和求知欲望的，但自制力往往还很差，面对复杂的网络信息，大学生的价值观念很可能出现偏差。在实际的网络学习过程中，大学生很可能偏离学习目标，那么网络学习中学生的自律学习（包括活动、直接目标、行为的自我控制、情感和认知等方面）就摆在非常重要的位置上，这不仅是对学生意志力的一大挑战，也是对学生自我规范意识的一大挑战。在实际的网络知识学习中，外语教师必须引导学生明确学习目标，激发学生的学习兴趣，从根本上强化大学生在网络学习中的意志力和自我规范意识。

2. 对教学方式的挑战

网络环境的多元性和开放性等特点打破了传统英语教学的时空限制，也必然引起学习方式和教学方式的变革单向的知识授受这一教学方式已成为众矢之的。当然，在结构良好知识领域（well-structured knowledge domain）的学习过程中，向学生传授基本概念和原理还是非常必要的。然而实际中，学生多是在结构不良知识领域（ill-structured knowledge domain）进行学习活动，即由于概念本身的复杂性，使得学习主体所期望的答案具有开放性、不稳定性、多样性以及情境性等特点，因此要求学生所进行的学习活动是一种高级学习活动。所以说，理解基本概念和原理是首要的，但更重要的是对基本概念和原理及其变式的运用。由于学生学习方式所发生的变革，这必然要求教师在教学过程中应结合网络环境的多元性和开放性等特点培养学生根据不同的学习情境、运用不同策略解决问题的能力。网络环境下英语教学要求让学生在发现中学习、在探究中学习、在互动中学习，从而促使其逐渐获取学会学习的能力。

3. 对教师自身素质的挑战

网络环境下英语教学信息量剧增自然要求英语教师必须具有广阔的知识视野和丰富的知识构架。作为英语教师，应了解所教语言国家的文化背景如历史、地理、民俗风情、生活方式、文学艺术、行为规范、价值观念等。另外，教师还应该对自然科学有所了解，努力研究学生的年龄特点、兴趣爱好，了解这些兴趣爱好在所学语言中的表达方式。因为学生最易获得的知识总是与他们的兴趣爱好、生活实际紧密联系的，网络环境下的英语教学要求英语教师对网络基本知识有大致了解，掌握这些设备的使用方法；必须懂得教学中各种媒体之间的转换和衔接，了解学生的学习心理，使学生在英语课堂中保持高度的活跃状态；具备利用网络资源开发课程资源和电子备课的能力等。因此，多媒体和网络英语教学要求英语教师具有比传统教学中英语教师更高的素质。

4. 对教学硬件的挑战

从个体化角度来说的话，基于网络环境下的外语教学对教学硬件建设提出了更严格的要求。传统教学中用到的教学硬件已经无法满足当前的教学需求，也无法显示出强大的生命力。在当前的外语教学当中，加强互联网、语言教学系统、多媒体教室和课件以及其他硬件设施建设是十分必要的，也是必不可少的。因此，相关教育部门不仅要重视大学外语教师专业素质等软件的提升，还要加大对大学外语教学硬件设备的资金投入力度。

5. 对教学评价提出了更高的要求

对于传统的教学评价来说，不足之处是非常多的。一方面，教师的评价是以学生的学业成绩作为狭隘的参照体系；另一方面对学生以一考定终身，分数论英雄，过分注重学业成绩。网络环境下的英语教学突破了传统英语教学的时空限制，其评价也打破了传统教学评价狭隘的参照体系，实行一种新型的发展性教学评价，即以学生和教师的最终发展水平为目标，注重学生和教师的发展过程。网络环境下英语教学过程中学生个别化程度高，学习的时间也有很大弹性，教师不可能像在班级教学中一样，通过日常活动中的观察与言语形体提示督促学生学习，且学生也不容易、不方便通过班级里的榜样作用来约束自身的行为。

（五）新媒体给大学外语教学带来的挑战

首先，由于新媒体的广泛应用，学生们在英语教学中的角色也产生了变化。他们不再是英语教学的受动群体，也不再是英语知识的被动接受者，更不是只知道书本知识的书虫，他们利用新媒体获取英语知识、扩充知识面、完善知识体系、搜索英语教学与改革的前沿信息。大学生们的英语学习也不局限于课堂，他们可以选择网络授课。这也就给大学英语教师提出了更高的要求：只有他们的英语知识更全面，才能满足学生们对英语知识的渴求，只有他们不断地提高自己的教学水平，才能吸引大学生们的英语学习兴趣；只有他们不断完善自己的知识结构体系，才能坦然面对现代大学生。

其次，新媒体在英语教学的应用，使学生之间互通消息，通过同学交流来了解老师们的代课情况，这也为他们网络选课奠定了基础。学生可以选择他们喜欢的课程和老师。学生们对任课老师的代课情况各抒己见，使老师可以根据学生的意见来改善教学环节，真正做到教学相长。

最后，新媒体的出现，创新和完善了大学英语考试模式，让外语教师从大量的阅卷工作中解脱出来。对于大学英语考试形式来说，也不再局限于英语听力、英语阅读、英语写作和英语翻译。如今，大学生就业难度逐渐加大，通过培养大学生的英语口语能力，可以从根本上降低大学生就业压力，拓宽大学生的就业面，为大学生提供更多的就业机会。因此，在大学生英语考试中，要加强对学生英语口语能力的测试，在日常教学过程中，教师也要注重对学生口语能力和英语交际能力的培养，为大学生后期就业奠定坚实基础。

二、大学外语教学面临的机遇

（一）《课程要求》给大学外语教学带来的机遇

《课程要求》是新时期、新形势的产物，其实质是改变传统的费时低效的教学模式，采用现代化的教学手段来培养学生的英语交际能力，从而为提高整个民族的国际竞争力打下基础。信息时代给我国的大学英语教学带来了挑战，也带来了机遇。基于计算机技术的英语教学手段的广泛应用，将打破以教为主的授课形式，取而代之的是一种以学为主、开放式的、充满活力的动态的教学模式。我们将改变过去单一的教学模式，把图文并茂的动感演示屏幕呈现在学生面前。教师不必超负荷地大班上课和费力地板书，将腾出时间和精力用于进修提高，用于设计和制作教学课件。教师将不必逐个收取作业本，打开电子邮箱就可以检查所有学生的作业。总之，现代技术的应用将会使大学英语教学从枯燥的密集型劳动转变成轻松的智力型工作。为此，作为高教主管部门和高校领导者，要乘新的《课程要求》之东风，抓住机遇，迎接挑战，共同为提高大学英语教学质量而努力。

具体来说，一方面，要促进大学外语师资队伍建设，加大专业培训力度，培养出一支综合素质较高的大学英语教师队伍。要想从根本上提升高校教学水平，必须培养出一支思想过硬、教学水平较高的教师队伍。《课程要求》的课程设置和教学模式特别强调了计算机和多媒体技术在英语教学中的应用和小班辅导人数的限制，这就需要一支综合教学水平足够高的大学英语教师队伍。所以，必须站在一定的战略高度上，采取有效的措施，促进师资队伍建设。另一方面，教育部门和高校要加大教育资金投入力度，优化教学环境，改善教学条件，保证大学英语教学质量稳步提升。对于高校的总体办学水平来说，往往和经费投入情况有关。如果在高校不断扩招的情况下，政府和相关部门经费投入力度不足的话，就会导致高校教学设施落后，最终阻碍大学外语教学水平的提升。

（二）全球化给大学外语教学带来的机遇

全球化的进程扩大了大学英语教育的思维空间，为大学英语教育注入了新的活力。全球化是一种不可阻挡的趋势，我们必然要参与这一过程，因此就必须学习经济全球化、知识经济和可持续发展方面的知识，这些知识大多是用英语写成的。这样可以丰富大学英语教学的内容，为英语教育提供了新的素材，同时也对英语教学提出了新的更高的要求。全球化给广大的学生提供了新的学习平台，也提供了检验所学知识的机会。

伴随着全球化的进程，从东部沿海到西部内陆，从我国领土最北端的黑龙江省到最南边的海南省，外资合资企业遍地开花，国内企业也把自己的业务扩张到了世界的每一个角落，中国制造走上了世界的舞台。互联网的发展和普及，让国外先进的科学技术知识，先进的文明成果，对大多数中国人来说，一下子变得触手可及。人们要想走向世界和了解世界，就必须首先掌握英语知识。具备相应英语知识的大学生一下子找到了用武之地，他们也可以为那些有外贸业务的各类企业提供智力支持，外语服务。多少有点英语知识的大学生也可以借助于网络了解世界，不断丰富自己的精神世界和文化生活。

全球化给大学英语教学带来了全新的机遇。一方面，随着我们改革开放的不断深入和社会主义市场经济的逐步完善，我国经济的不断发展，人民的生活水平不断提高，大多数家庭有更多的资金投入到高等教育研究中去，从而提高了全民族的受教育程度和文化水平；另一方面，我们也不断接触到新的知识、新的思想，因而我们的思想也在不断解放，观念也在不断更新，不断剔除旧的与市场经济发展不相适应的思想观念和价值观念。这必然会带来大学英语教学观念的不断更新和发展。全球化给大学英语教学提出了新的研究课题，开辟了英语教育的新视野。伴随着全球化的进程，中国进一步融入了世界这个大家庭，外资企业也进入了国内的每一个角落，我们的毕业生不断走上各类企业的工作岗位，对英语的运用及要求也很不相同。如何使英语教学的内容贴近广大毕业学生的工作和生活，更好地服务于社会，必然对大学英语教学提出了新的研究课题，同时也开辟了英语教育的新领域。

（三）网络给大学外语教学带来的机遇

1. 教学媒体多样化

致力于从简单的黑板粉笔向多媒体教育技术的转变是国际外语教学的发展趋势之一，特别是网络技术在外语教学中的开发与有效利用受到了高度重视。网络环境下的英语教学，意味着我们从单一的教学媒体中摆脱出来，进入了一个多元课堂。图文并茂的多媒体课件可以激发学生浓厚的学习兴趣，特别是学生模仿课文中人物语言和动作进行英语课本短剧表演，可以让他们在这多元化的教学活动中有效地提高运用英语的综合能力。

2. 教学环境和过程外延化

对于当前网络环境条件下的大学外语教学来说，往往已经不受以往教学的时空限制和影响，具体表现在教学环境的外延化以及教学过程的外延化上面。学生获取信息和英语知识的场所不再局限于课堂，学生还可以利用网络和同学以及教师交流对话，不仅可以及时获取有效资料和信息，还能促进学生自主学习能力的提升。

3. 教学信息集成化

教学环境和过程的外延化使得英语教学的信息容量剧增以及传播速度进一步加快。在传统的英语教学中，教学的重点是语言知识点的传授。英语新课程标准所强调的重点之一就是培养学生的文化意识，并且在二级、五级和八级等不同学段都对此做了明确的目标描述。由此看出新课程标准下的英语教学不仅是语言知识点的教学，而且更是包括文化知识的传授和跨文化意识的培养的文化教学。所以新课程标准下的英语教学教师除了向学生呈现异国的习俗、典故、历史、风土人情等文化背景知识，更要鼓励并创造机会让学生自己进行探索式、研究性学习，让学生亲身体验异国文化。那么这无疑扩大了英语教学的信息容量。

4. 师生交互多元化

随着大学外语教学条件的外延化和教学过程的外延化，师生交互多元化现象会越来越普遍。教师可以利用电脑，进行相应的输入交流，且可以直接和学生对话，及时解决学生学习中的问题，了解学生的内心想法。在这种直接的对话交流过程中，师生关系会更加融洽，会在不知不觉间建立良好的信赖关系，由于该关系的存在，教学情境会更加轻松，教学难度会大大减小，不仅利于教学有效教学，也利于学生有效学习。

5. 学生自主性增强

在网络环境条件下的英语教学过程中，教师必须注重对学生思维创新能力的培养，注重对学生创造性的发展，网络引入教学，实现现代化设备和外语教学的有效结合。因此，针对大学外语教学来说，其核心主体应当是学生，也必然是学生。在这样的教学环境条件下，教师可以起到"引""导""开"的作用，且能把学生当作教学的核心主体，围绕学生来教学。在外语教学课堂上，学生有提出问题和质疑的权利，教师要组织学生进行小组讨论，根本上摆脱传统的"师讲生听"教学模式的缺憾，让学生成为课堂的主人。

6. 英语课程资源开发的便捷化

从狭义层面来说，英语课程资源主要是指作为英语学习和教学内容的材料，如教科书、课外读物、音像材料、期刊、广播电视节目等。网络环境下的英语课程资源是指以网络为载体的关于英语学习和教学的各种材料。在网络环境下，教师可以利用互联网络便捷地收集到教学所需要的各种材料开发英语课程资源，进行有效英语教学，与学生进行对话。通过有效地开发英语课程资源向学生提供丰富的与英语课程相关的文化背景知识，借以创造一种学习异域语言的文化氛围，培养学生的跨文化外语交流意识，从根本上有效克服学生在英语学习过程中可能会出现的文化震惊现象（Culture Shock）。

（四）新媒体给大学外语教学带来的机遇

在大学外语教学过程中，通过运用英语新媒体，不仅完善了课堂教学模式，还增强了师生之间的课堂互动。大学外语教学不再单纯是简单化的课堂问答。对于大学外语教师来说，能运用多样化的教学手段，比如网络视频教学、网络评教等，在多样化的教学模式下，教师能及时了解学生的学习情况和学习需求，从根本上做到以督促学、以学促教。大学生对新媒体的应用主要体现在利用网络来学习英语、巩固课堂上所学的英语知识、培养自己的英语学习兴趣、提高自己的英语水平上。这也就从某种程度上弥补了传统的大学英语教学材料不足、师资有限、手段单一的缺陷，为大学英语教学带来了更多的契机。由于新媒体强调影音结合，这就给大学英语教学提供了相当有益的平台。传统的英语教学大多数只是以老师为中心、学生为听众的古板模式，缺乏生动性。而在新媒体的作用下，大学英语教学不仅包括语言教学内容，还包括影音教学内容，利用多媒体技术讲解单词和句子的使用，这也使大学英语教学变得更有趣味性，学生的参与度也会越来越高。

三、抓住当前机遇以应对挑战的大学英语教学策略思考

（一）充分重视互联网的作用，培养学生自主学习的积极性

随着网络的普及和完善，各国人民间的交流变得更加频繁和方便。老师要帮助学生学会运用网络查找所需要的知识的方法，要让学生直接收听收看国外的，尤其是英美各国优秀的电影电视节目；引导学生和国外的英语爱好者建立直接的联系，这对提高学生英语学习的目的和兴趣很有帮助，同时让学生更多地接触外部的世界，直接感受世界各国的发展变化，也极大地开阔了学生的视野。

（二）充分重视社会实践的作用，帮助学生树立学以致用的信心

有的学生英语学习兴趣不高，认为学英语就是用来考试，在毕业后的学习生活中没有多大的用处，这不能说完全没有道理。但是，随着全球化的不断发展，这个问题已经

不再是问题了。教师可以适当搜集一些经济法律、文史哲、机械化方面的文章，布置给学生，并作为课外作业，使学生了解到英语在各行各业的广泛应用，以提高学生对文化教学的认识。另外，也要发挥校外实习实训基地的作用，经常把实习单位所需要的英语知识带到课堂上来，这样既提高了学生的学习兴趣，也提高了学生的英语运用能力。

（三）充分利用现代化的教学手段和方法，提高大学英语课堂教学的质量

随着我国经济的不断发展，大学外语教学环境越来越好，教学设备也越来越完善。在大部分高校当中，都已经配备了专门的实验室以及多媒体教室等。对于高校相关领导和教研人员来说，必须充分利用该条件，组织专业教师制作优化课件，提供给各位老师一个比较实用的课件模板，供老师们选择使用，从而保证教学课件制作质量、提升课堂教学质量。

（四）客观看待东西方文化差异，注重语言学习能力培养

从一定程度上讲，透过语言这种特殊的载体，总能够看到一部有关人类浓缩的文化历史。语言拥有着一个国家和民族的风俗礼仪、人文地貌等诸多文化印记。因此，客观看待中西方之间的文化差异，才能让学生站在更高的角度来看待英语学习，为高校公共英语教学开辟一条绿色通道。目前，我国的高校学生接触新文化和思想的综合能力都很强，只有让这些头脑灵活且善于接受新鲜事物的学生，更好地去了解英语国家的衣食住行、价值信仰等，才能使他们充分发挥其自身的效能感，既丰富了学生拥有的背景知识，又加强了他们自主学习英语的能力，使其对一些英语词汇方面所透露出的文化信息变得更加敏感。当越来越多的中文热词进入英语时，我们更应该有足够的耐心去探究英文单词的词源、词义以及应用场合，进而提高学生学习英语的综合能力。

（五）优化英语教学资源，突出教材的实用性和技巧性

纵观我国多个高校的外语教学资源，虽然相关资源一直在推陈出新，但这种资源的存在并不能从根本上提升学生的英语综合应用能力，无法从根本上优化英语教学效果。甚至有些高校英语教学课程资源属于重复或低效建设。所以，只有促进大学英语教学资源的优化和完善，才能从根本上解决大学外语教学问题，促进高校外语教学制度的不断创新和完善。笔者认为，从基础英语教材入手最为关键，在进行教材的整理改编中，首先要突出其实用性和技巧性，特别是要给教材进行"瘦身"，因为现在所用的高校英语教材编写的初衷是提高学生通过四六级考试的成功率，短短两年内学习六册英文课本，且其中篇幅是非常多的，这样不仅会导致教学效率大大降低，还会导致学生无精力消化和吸收所学内容，这样的大学外语教学是不明智的。

（六）落实教学词表制定工作

制定教学词表是一项严肃的科研工作，科学的教学词表是语言教学、教材编写、语言测试的依据，国际上从事语言教学研究的语言学家和心理学家对此都非常重视，早在计算机出现以前他们就用手工操作进行艰苦的词频统计，制定教学词表。在制定我国大学英语教学词表时，我国学者提出了定量分析与定性分析相结合的正确方针，建立了专门的计算机语料库，在词频统计的基础上，根据频率、分布率、覆盖率等定量分析指标确定了词表初稿，再根据语言学标准、语言教学标准和社会语言学标准由一批大学英语教学专家逐条讨论，通过定性分析进行审定和补充，使最后确定的词表具有尽可能大的容量和覆盖率，以提高我国大学英语课程的教学效率。如果没有词表，大家根据自己的理解或爱好各搞一套，必然会带来很多问题。编教材、搞测试都将没有参照标准，小学与中学、中学与大学也无法有效衔接。有人建议多引进国外教材，但国外的教材也多种多样，真正适合中国国情的其实少而又少。多年实践证明，在我国教外语主要还得依靠我们自己编写的教材，因为我们最清楚我们学生学外语的困难所在。应当给学生说清楚，教学词表是语言教学、教材编写、语言测试等的参照依据，不是提供给他们背单词用的。如果有学生以为背会了词表便掌握了英语，那是因为他们不懂语言学习的规律，需要通过教师的教育来加以引导，让他们了解脱离篇章或语境孤立地背单词是学不到地道英语的。但这是如何教学的问题，不能因此否定科学的教学词表的重要性。

（七）借助现代信息技术，提倡英语自然教学模式

现代化的信息技术为先进的英语学习系统奠定了基础，越来越多智能化的英语学习软件为英语教学提供了巨大的帮助，像先进的语音识别、网络在线英语以及每日都更新的教学视频，都打破了人们对学习英语的传统印象，为高校开展公共英语教学的未来教学方式留下了足够发展的空间。

通过创新和完善课堂教学方式，可以解决两大方面的问题：第一，可以解决课堂教学环境差的问题，优化课堂教学环境，为大学英语教学注入活力；第二，学生可以在结合自身情况的基础上选择合适的内容进行学习，让英语学习变得个性化，从根本上解决大班授课相关问题。因此，通过构建"视频教学、互动课程以及手机终端学习工具"为主的自然教学模式，不仅能让学生明确自身的学习需求和学习方法，还能让学生明确自身需要学习的知识，既非强加又非敷衍了事，我国高校公共英语教学的前景必定一片光明。

（八）抓住改革机遇，处理好大学英语与双语教学的衔接

1. 转变观念和认识

2004 年教育部推出新的《大学英语课程教学要求（试行）》给大学英语教学进行重新定位，提出把以培养学生阅读能力为重点转变到提高学生的综合性实用能力上来，并且在对学生的英语能力的要求中提到：在听说上，要求能听懂所学专业外国专家用英语讲授的专业课程和专业讲座，能就专业性话题较为流利、准确地进行对话或讨论，能在国际会议和专业交流中宣读论文并参加讨论；在阅读理解上，要求能读懂工作中常见的应用文体材料，能比较顺利地阅读所学专业的综述性文章；在书面表达上，要求能写所学专业论文的英文摘要，能撰写专业的英语小论文或简短报告；在翻译能力上，要求能摘译所学专业的英语科普文章等。这都体现了加强实用性英语教学的教改精神。因此，处于教学最前线的广大英语教师应以此为指导，积极转变观念，认识到大学英语教学不仅要培养学生通用英语的能力，而且要有意识地培养他们在自己专业领域中运用英语的能力，努力把教学导向提高学生的英语实用性能力上，使他们更好地适应以后学习和工作的需要。同时，教师也要帮助学生加深对英语学习目的的认识。只有当学生认识到学习英语是为了在有意义的、特定的社会场合中顺利地进行交际，而不只是为了考试和升学时，他们的语言学习才是最有成效的，他们对英语学习才能保持持久的兴趣。

2. 优化课程设置

目前，我国各高校的大学英语课程一般都开设 4 个学期，之后开设专业英语课程和英语选修课，双语课程则一般设在这两者之后。这样的课程设置既费时又低效，显然不利于双语教学的开展。因此，要处理好大学英语和双语教学的衔接，就应该对基础阶段的课程设置进行改革。在此笔者认为所在学院为配合专业课双语教学对大学英语的课程设置所做的一些改革措施有值得推广的价值。实践证明，这样的课程设置有助于学生在低年级系统地掌握英语语言知识，迅速地提高英语综合运用能力，特别是听说能力，在专业领域的学习中接近外语族人的语言技能水平，能为后续的专业课双语教学打下良好语言基础。

3. 改革教学模式

教学模式的改革是 2003 年启动的大学英语教学改革的核心。高教司司长张尧学指出"教学模式改革应使英语教学朝着个性化学习、不受时间和地点限制的学习、主动式学习的方向发展，应体现英语教学的实用性、文化性和趣味性融合的原则，应能充分调动教师和学生两个方面的积极性，应以课堂教学与在校园网上的运行的英语教学软件相结合的教学模式为主要发展方向"。各高校应抓住改革的契机，改进传统的以教师讲授

为主的单一课堂教学模式，同时建立以计算机和网络技术为支撑的自主学习教学模式。且在新的课堂教学模式下，教师要组织开展充满趣味性的课堂教学活动，营造良好的课堂教学氛围和语言环境。在自主学习教学模式当中，教师要在结合学生实际学习情况、性格特点以及学习需求的基础上采取教学措施，引导学生自主性学习，掌握适合自己的学习方法，提升学生的自主学习能力。这种课堂教学与自主学习相结合的全新教学模式既发挥课堂教学的优点，又利用计算机和网络的优势，既发挥了教师的主导作用，又突出了学生的核心主体地位，可以最终提升外语课堂教学效率。

4. 修改教学内容

当前，针对大学英语教材来说，其内容还以通用英语为主，往往不涉及相关句法以及相关词汇等。在该阶段，虽然学生掌握了很多英语词汇和语法，但却未遇到真实的科技英语现象。等到了双语教学环节，扑面而来的专业词汇和科技英语结构会让学生感到畏惧。所以要想促进大学外语教学和双语教学的有效衔接，就必须实现相关教学内容的有效衔接。教师可根据学生的专业特征和需求增加相关的内容。如注意讲解一些普通词汇的专业特殊含义，使之增加专业词汇量；适当选用专业倾向的英语阅读材料，使之熟悉专业文章的句法、语篇结构和文体风格；利用多媒体教学软件，增加真实有趣的英语视听材料，使之拓宽专业知识面。只有当学生获得足够的语言输入，并且所学的语言材料与他们的需求相关时，他们的学习才有成效；也只有当学生具备一定的专业语言积累，才更有信心去迎接专业课程的双语教学。

5. 调整教学方法

师生间缺乏交流互动是双语课堂中存在的主要问题之一，一方面是由于学生或授课教师的语言能力有限，另一方面是由于学生没有张口表达的习惯。因此，在基础阶段的大学英语课堂中，教师在传授语言知识的同时，还要培养学生在具体的语境中恰当表达自己观点的语用能力。但是，当前相当一部分英语教师仍采用传统的语法翻译法，重输入，轻输出，学生缺少检验自己学习成果的机会，很难提升自己的语言实际应用能力。要想改变这种现状，英语教师必须调整自己的教学方法，改革传统的教学法，采用语境教学法、交际语用教学法、互动教学法等，通过组织一些接近真实语境的、有专业特点的课堂活动，营造教师与学生之间、学生与学生之间互动交流的课堂学习气氛，锻炼学生的语言实用能力，使他们养成主动表达的习惯，为在双语课堂中做到主动灵活地利用双语学习知识奠定基础。

6. 创设双语校园环境

在大学英语教学过程中，不仅要进行合理化的英语教学和双语教学衔接设计，还要营造丰富的双语校园环境。具体来说，不仅可以设立英语角、建立校园广播，还能举办英语科技节等，让学生在各种英语比赛和英语表演中感悟英语文化，为学生创造语言实践的机会和空间，为学生提供更多的锻炼机会，最终提升学生的语言实际应用能力。

总之，高校英语教学应该贴近现代生活和未来的工作环境，虽然高校英语教学正面临传统与现代、应试教育与素质教育、东方文化和西方文明等多方面的挑战，但仍然需要保持一颗清晰的头脑和一份努力，才能抓住当前的机遇奋起直追，为培养更多高层次人才尽自己的绵薄之力。

第三章 外语教学和文化交融

第一节 英汉文化对比分析

要想对比两种语言的结构，首先要对比两种语言的基本结构单位。基本结构单位是语言的细胞，基本结构单位的不同往往导致语言的结构向不同的方向发展。英语以词为单位，汉语以带义的单音节（我们叫作"字"）为单位。因此，可以看出，英语语法研究是在词本位研究的基础上进行，而汉语语法的研究是在字本位研究的基础上进行的。研究了基本结构单位以后，就要对比两种语言的基本使用单位。讲"基本使用单位"，不论英语或是汉语，一般都会同意是"句"或"句子"。句子的问题非常复杂，从基本结构单位到基本使用单位，可以说包含了句法问题的全部。英语句子是树式结构，属于主语 - 谓语型；而汉语句子是竹式结构，属于话题 - 说明型。本节将在研究汉英基本结构和基本使用单位的基础上全面细致地对比汉英语。

一、汉英基本结构单位的对比

（一）从音韵讲起

萨丕尔强调文学形式的研究离不开音韵，我们想再进一步强调语言结构，也就是语法的研究要从音韵讲起，从一种语言的语音系统，特别是它的动力特点讲起，看看音韵特点对一种语言的整个语言文字系统的影响。对比两种语言的音韵特点，要从它们的"动力特点"着手。所谓"动力特点"，按照萨丕尔的说法，包括语言对音量、音势、音高（汉语中常指声调）等的敏感性，构成音节的不同方法，语音成分组合上的可能性等。他认为："总的来说，这些动力因素对适当地了解一种语言的语音本性是和语音系统本身一样重要的，甚至更为重要。"

根据萨丕尔归纳的几条，我们可以很快地发现汉语和英语在音韵上各自的一些特点：

第一，针对语音除音色外三要素敏感性的特点来说，语音四要素音量、音势、音高、音色中，音色是各种语言都重视的，只是各种语言所选择的具体的音位不同而已。而对其他三要素的敏感程度不同，就造成了各种语言特殊的"动力习惯"，对语言的组织发生了不同的作用。英语是音势敏感的语言，而汉语是音高敏感的语言。因此，英语强调重音，重音可以成为划分各级语言单位的标准；而汉语则成为典型的声调语，声调对字、词、语、句各级单位的组成都有影响。

第二，针对构成音节的具体方法来说，汉语构成音节的方法非常简单：前声后韵，声调则附在整个音节上。就汉语普通话来说，声母由 21 个辅音加上一个"零声母"组成；韵母由介音、主要元音、韵尾组成，共 38 个。声韵相拼的音节，除儿化音和轻声外，部分声调的又有 432 个，分声调的有 1376 个。英语的音节构成相当复杂，本来，英语的元辅音并不很多，据 Oxford Advanced Learner Dictionary 封里的音标表所载，单元音才 12 个，辅音才 24 个，与汉语相去并不远。但由于英语中的辅音在构成音节时大多既可以出现在元音前，又可以出现在元音后，加上有大量的辅音连缀，因此，如果仿照汉语"声母""韵母"的办法来分析，就会得到一个非常大的数字。

第三，针对语音成分组合的可能性来说，具体的语音成分组合可能性对应的是不同音色之间的组合问题：哪些音色可以相互组合，即所谓的构成音节的相应规律。在这个音色组合当中，英语的辅音音丛特别丰富。

以上三条"动力特点"是比较重要的，其可以明确汉英语在音韵系统上的最大差异，差异的主体分别是英语的元辅音系统以及汉语的调韵声系统。对于英语来说，主要选择和应用了元辅音研究，以此替代声韵母研究，导致这一替代现象出现的主要原因是英语"动力特点"的存在决定的，在加强声韵母研究的基础上，肯定会产生复杂的结果，这是比较麻烦的，另外，由于汉语"动力特征"的产生，汉语才能选择和应用调韵声的简便研究方法。

第四，汉语的"零声母"与英语的词首元音。"零声母"分为四类，i 类、u 类、y 类和 a 类。前三类都是以半元音开头的，由于汉语 /i/、/u/ 等的舌位比英语更高，因此更具辅音性，在字头成功地起了与前面的音节隔开的作用，其应该看作声母是毫无疑义的；a 类（a、e、o 等）不是半元音，但在汉语中，前面却有个声门闭塞音，起了与前面的音节隔开的作用。这个特点在汉语中非常明显，例如"库恩"与"昆"、"里昂"与"梁"。德语也有这样的情况，其目的是防止词首元音与前面音节末的辅音连读。英语的情况恰好相反，在实际说话中，如果遇到一个意群内前面一个词以辅音煞尾而后面一个词以元音开头，要求必须"连读"（liason），如 a pear and an apple 读起像 a pea（r）-ran-da-na-pp-le，shall I tell you 读起来就像 shal-litel-1you（中国人初学英语常不容易做到这一点）；而汉语的"延安""恩爱"绝不可能读成"叶南"、"饿奶"（这又是说英语的人学汉语的一个难点）。

第五，在音节拼读的特点上。同样是一个音节，英语和汉语的拼读过程也不相同。英语的元、辅音都很清晰，其音节有明显的拼合过程，如：th-a-n-k、b-r-i（gh）-t等，加之英语的辅音、元音都既可在音节前，又可在音节后，如 bed、ink 等，结果造成音节间乃至单词间界限不清。汉语中元、辅音本身不明显，最清晰的单位是音节。辅音和元音不是慢慢地拼合，而仿佛是一个共生的板块，一团一团地往外扔，与英语做比较，就更加明显：sway 与"岁"、why 与"外"、lie 与"来"等。这两条特点，一条是音节内部的凝聚乃至超浓缩力，一条是音节间的同样明显的离散力，增强了汉语音节的孤立性。从汉语的形态和特征方面入手研究，汉语就是所谓的孤立语，这是比较传统的说法。但如果能从汉语音节特点入手研究的话，更能印证这一结论。与此同时，也和那些应用拼音方式的语言进行了区分，划清了界限。英语和汉语在音韵动力上的这些特点，对两种语言的结构方式至关重要，可以说，这些特点决定了它们以后的发展。

（二）汉英文字的对比

汉语是调韵声体系，英语是元辅音体系；汉语的音节是外松（音节间清晰）内紧（拼合过程模糊），英语的音节是内松（音素和拼合过程明晰）外紧（音节和单词间界限不清）。这两个特点对文字体系的形成有很大的关系。由于英语的音素明晰，拼合过程明晰，因此就适合于使用以字母与音素相对应为基础的字母文字体系；而由于单词间在语音上的界限不明显，就必须采用强制的空格手段把词一个个隔开。汉语的情况正相反，音节明显而音素不明显，就比较适合以一个个孤立的音节为单位的文字，这正好与汉语以图像来反映概念的传统心理合拍；而由于汉语语音系统简单，同一个音节运载的信息太多，为了分化同音字，就不得不采用汉字的形式。

（三）汉英语法基本结构单位的对比

可以说，讲音韵，讲文字，都是为基本结构单位的对比做铺垫。语法研究的第一步是要解决基本结构单位问题，而这是与音韵结构、文字形态联系在一起的：而关于音韵结构和文字形态，我们有太多的西方语言学先入之见，我们必须正本清源。因此，我们认为汉语的基本结构单位是"字"从而与英语根本不同。"本位"这个词有三个意思：它可以指最重要、最根本的单位，作为语法研究出发点的单位；它可以指语法研究的基本单位，这种单位还可以不止一个，譬如英语的语法基本单位就有语素、词、短语、句子等：它指的是语言基本结构单位，语法研究的"基本粒子"。我们交叉使用第一、第三种含义，但以第三种为主。我们把汉语基本单位确定为"字"，以与英语等西方语言的基本单位"词"对立，是出于以下考虑。

1. "字"和"词"分别是汉语和英语的天然语言单位

相比较来说，这是最原始的理由，但同时也是最充分的理由。针对基本结构单位来说，其属于一种语言最天然的单位，不仅需要专门的语言学家，也不用进行相应的专业化训练，人们往往都知道，只要进行些许指点，就能在短时间内掌握辨认的具体单位。在英语当中，"词"属于一种天然单位，而英语句子也属于一种天然的单位，但这种单位并不是"最小的"，所以并不是所谓的"基本单位"。在汉语当中，"字"属于一种比较普遍的天然单位，每个人都知道，对于一个句子或者一个语言片段来说的话，每个人都可以明确其中的字数，不同受教育程度的人都能做到。但要明确一句话当中具体"词"的数量是比较难的，只有那些进行过专业教育和专业训练的人才能了解，且不同人的计算结果都不一样。从这里可以看出，在汉语当中的"词"并不属于天然单位，最多和"短语"一样，属于由"字"到"句"的过渡单位而已。

2. "字"和"词"是不同编码机制的产物

英语和汉语这两种文字记录思想的途径并不相同，英语（以及其他拼音文字）走的是曲径，从意义先到语音再到文字，中间有一个语音的中介；汉语走的是直径，从意义直接到文字，而语音只是伴生的附属性成分。从文字直接联系的对象来讲，英语联系的是语音，而汉语联系的是语义。联系语音，文字首先必须忠实于语音：词是表达概念的，而概念可能是单音节，可能是多音节，音节内又有各种各样的元音、辅音，要忠实地记载语音，就必须把这些都忠实地记下来。加上英语在音韵上的特点（内松外紧等），就使它只能采取以词为基本单位的手段。联系语义，文字忠实的是客观世界的图像。

汉字的构成，传统有六书说。这六书中，除了不易解释的"转注"外，我们认为可以分为三类：一类是以形记义，象形、指事、会意就是；一类是以音记义，假借就是；一类是形音结合来表义，而以形为主，就是形声。依我们的看法，这三类实际上还代表了汉字发展的三个阶段。第一阶段以形为主，第二阶段以音为主，第三阶段形音结合而以形为主。第二阶段大约在殷商时期，从甲骨文中大量使用假借字可以知道。但这一阶段没有发展多久便戛然而止，可见纯表音的道路在汉语中走不通。第一阶段的文字最典型地表现了汉字忠实于客观世界图像的特征，同西方文字"记音表义"的手段相反，汉字采取的是"以形构义"的手段。"记音表义"是线性的，音有多有少，记音使用的字母组也有长有短，只能以强制手段来保持词形的清晰；"以形构义"是两维的，可以而且必须将多种形体浓缩在一个平面（汉字采用了方形），通过彼此间的相对位置等空闲音素来暗示或体现整个图像的意义。汉语之以字（图像）为单位是必然的。

3. "字"和"词"分别是汉语和英语语言组织研究的枢纽，处在承上启下的关键位置

在具体的词法分析以及句法分析过程中，词的分析价值比较大，所处地位也比较高，在词法分析当中，往往进行具体词的构成分析和具体词的功能分析；在句法研究当中，主要研究组词成句的相关问题。如果离开词的话，不仅无法加强词法研究，也无法加强句法研究。只有把字当作本位，才能为汉语建立起正确的字法和句法体系，最终在实现传统文化和现代化文化的有效结合。

4. "字"和"词"是汉语和英语中各种语言现象的交汇点

"字"和"词"作为语言研究的本位，作为结构本位，它应该是语言各个结构层面，包括语音、词汇、语义、语法等的交汇点，是其焦点和枢纽。"字"所代表的语言现象是汉语的语音、词汇、语义、语法的交汇点，隐含着"一个音节、一个概念、一个词"的一对一的结构关联。汉语的句法结构是以此为基础展开的，复音词之类的现象也可以通过这种结构格局得到合理的解释。"词"在英语中也有这样的作用。综上所述：我们认为，正如英语研究必须抓住以词为本位一样，汉语的研究必须抓住以字为本位。只要抓住了本位，就能在纷繁的语言现象中抓住了一条根本的线索和研究的出发点。

二、汉英句子的宏观对比

要想对比两种不同语言的组成和结构，首先要比较两种语言的基本结构单位，然后要比较两种语言的基本交际单位，这里的基本交际单位是所谓的基本使用单位。相对于"基本交际单位"来说，"基本使用单位"是比较好的，对于"基本交际单位"来说，人们往往会说到"篇章"或"话语"，但针对"基本使用单位"来说，不管是英语还是汉语，往往都认为是"句"或"句子"。

（一）对比的前提：什么是句子

对比汉英句子，碰到的第一个问题是：什么是句子？这个问题看似简单，其实相当复杂。在考虑了众多因素之后，叶斯帕森给"句子"下了个定义："句子是人所说的（相对）完整和独立的话语，完整性和独立性表现在它具有单独存在或可以单纯存在的能力上，即它本身可以单独说出来。"我们可以把英语句子定义得更简单一些：表达一个完整意思，在书面上用句号、问号或感叹号结束的语言片段。"句子"可以是简单句，也可以是复合句或复杂句；可以是双部句，也可以是单部句。

但同样的定义用在汉语中就比较困难，所谓的"完整意义"是因人而异的，同一段话，各人的语感不同，可以断成不同的句子。如果联系到古代汉语就更麻烦。子曰："参乎，吾道一以贯之。"曾子曰："唯！"，这个"唯"字，按现在的说法也是一个句子，

按从前的理解是不是一句子呢？这很难说。这样看来，对汉语的句子，我们就无法使用英语句子的定义，而只能下一个似乎很不科学，而且有弹性的定义：口头上有较长停顿的，书面上以句号、问号或感叹号结束的语言片段。由于作者、读者对同一段话的停顿断句不同（句号安放的位置不同），我们应该允许汉语的句子有伸缩性。

从翻译或语际转换的角度看，英译中时如果拘谨一些，我们可以使汉语的句子大致与英语相应，即在原作使用句号的地方使用句号，但也不妨按汉语的习惯重新改造，在汉译英的过程中，恐怕无法实现英译文句子和汉语原文的有效对应。

针对汉语的某个句子来说，往往和英语的某个词、短语、单分句以及复句等相对应。对于那些进行过英汉对比的人来说，往往会在加强英汉翻译之后进行相应对比。英语句子间往往存在一定的界限，且这种界限是比较明显的。所以，针对汉语句子界限来说，也往往是明确的。这是只知其一，不知其二，进行问题研究的出发点往往是比较片面的，如果站在另一个角度分析问题，或者站在汉英转化角度分析问题的话，只要我们明确汉语句子断句弹性的特点，我们了解汉英句子的不对应事实，且在加强宏观比较的同时，更要明确这一点。

（二）树式结构和竹式结构

英语句子是树式结构，而汉语句子是竹式结构。这对比喻最早见于中国香港出版的一本书《英汉句子结构比较》，作者是陈定安。他在书上说："英语中，主干结构突出，即主、谓、宾结构突出，有如一棵树的主干。英语在表达较复杂的思想时，往往开门见山，先把句中的主语和主要动词这两根巨栋竖起来，然后再运用各种关系词把定语从句以及其他短语往这两根巨栋上挂钩。有人把英语长句比作一棵枝叶繁茂的参天大树。其道理就在这里。"

汉语中，动词用得多。在表达一些较复杂的思想时，往往借助动词，按动作发生的顺序或逻辑顺序逐步交代，层层铺开，给人以舒缓明快的感觉。其句子结构，犹如一根竹子，一节一节连下去。以后也有一些学者提到此类内容，例如范仲英："一般来说，英语长句较多，而且结构比较复杂，往往从句里含从句，短语中又有短语。宛如一棵大树，有树干，有枝杈，有树叶。""与此相反，汉语句子一般简洁明快，很少长句。即便是较长的句子也不像英语那样，盘根错节十分复杂。恰似一根春竹，一节之后又生一节，中间掐断无伤大雅。"我们要强调的是，树式结构和竹式结构的比喻不仅仅适用于英语和汉语的长句，实际上，它是英、汉两种语言组织句子的最基本的规律。树式结构的背后是以整驭零的封闭性结构，竹式结构的背后是以零聚整的开放性结构。

1，英语的树式结构

树式结构的第一层意思是：句子有一个基本的主干。这个基本主干就是主谓对待，或者说主谓一致的原则。英语的句子千差万别，但是可以归纳为七种句型：SV，SVO，SVC，SVA，SVOC，SVOA。综观这七种句型，我们发现有个东西是七种句型都有的，即 SV 机制。事实上，SV 相对和一致的原则是英语最基本的原则。

树式结构的第二层意思是：所有的枝丫都是从基干上派生出来的。英语的六大成分有很明显的三个层次：主语、谓语是主要成分，是所有句型不可或缺的；宾语、补语是连带成分，是有的句型不可缺少的；定语、状语是附加成分，一般来说，对句子的基本格局没有影响，凡是名词性的成分都可加上定语，凡是动词或形容词性成分都可加上状语。英语句子的分析也可依照这个顺序：先把句子分析为主谓两个部分，再在谓语部分把动词及其连带成分划分开来，然后进行各种零星挂件的划分。就如一棵大树一样，往往都先出现主干，再分出树枝，只有保证主干足够好，才能保证树枝足够粗，最终才能分出更多的树枝，长出更多的枝叶。对于残缺的枝叶来说，是不会导致大树基本格局改变的。针对树式结构来说，其第三层意思对应的是英语句子的扩展，也可以叫作英语句子的复杂化，这些都是以主干为基础进行的。如果将主谓比喻成树干的话，相关连带和相关附加成分就能比喻为树枝，那么对于句子成分的扩展来说，就是树枝上后期生长并长满的树叶。针对英语句子的扩展来说，其是在句子不变的基础上进行的，具体内容：单词到短语的替换；单词到从句的替换；从句内再套从句的变化方式等。

下面是一首著名的英语童谣：

This is the malt That lay in the house that Jack built.This is the rat，That ate the malt That lay in the house that Jack built.This is the cat，That killed the rat，That ate the malt That lay in the house that Jack built.

第一个句子里套了两个定语句子，但基本的句子格局按传统语法是 SVC。一直到最后一个句子，套了四重定语从句，但基本句子结构仍是 SVC。

2.汉语的竹式结构

针对汉语句子来说，其并不属于树式结构，本质上属于竹式结构，也可以站在以下三个角度上来看。首先对应的意思是：汉语并不存在特定的主干结构，也不存在主干及枝杈之分。在具体的汉语句子当中，可以无主语，主谓句以及非主谓句各有一半。在具体的文言文当中，主谓句往往更少。这样的话，把句子基本形式定为主谓结构就失去了实际意义。

竹式结构的第二个意思是：汉语句子的构造方式就像竹子一样是一节一节拔起来的。

这样的竹节可多可少，是开放性的，正好符合汉语句子"界限不定"的特点。构成句子的"竹节"是语音语义凝在一起的团块。竹式结构说的实质是指汉语的造句法是"积顿以成句"。这个"顿"，可能是词、词组、分句，如：彼，人也；余，人也。

竹式结构的第三层意思：不存在主干的汉语句子，在扩展的时候会引起结构的不断变化。汉语的扩展方向一般是向左的，而英语的扩展方向一般是向右的。刘宓庆曾说："汉语基本句具有句首开放性和句尾收缩性或封闭性。而英语句子则恰恰相反，具有句首封闭性和句尾开放性。"有人想出了另一个比喻：汉语的句子是"狮子型"，而英语的句子是"孔雀型"。

3. 主语 - 谓语型，话题 - 说明型

近年来，人们开始把主语 - 谓语型和话题 - 说明型作为语言学的一个新的分类标准，认为有的语言是偏重主语 - 谓语性质的语言，如英语；有的语言是偏重话题 - 说明性质的语言，如汉语。无可厚非，英语是主语 - 谓语型的语言，而汉语是话题 - 说明型的语言，我们赞同"话题 - 说明"说，因为它确实符合汉语发展的要求。

第一，主语 - 谓语框架采用的是形式标准，主题 - 评论框架采用的是形式、语义双重标准，而话题 - 说明采用的是语义标准。如果我们承认汉语是语义型语言，且认定汉语的语法研究有必要从语义着手的话，这实在是三者中最好的选择。

第二，汉语的主语后有一个潜在的停顿，这正好符合说汉语的人关于"顿"的语感，这就使任何所谓的主语都有可能成为一个话题，同时又使它纳入"积顿以成句"的汉语竹式句子结构的大范畴里去。这里我们先要提出一个前提：凡是句首的语音语义团块后有停顿的都是话题，如：北山愚公者，年且九十，面山而居……英语的主谓间大多数没有停顿，有也是因为主语前有长定语，或有长修饰语而潜在的停顿，因此大多数不是话题。汉语的主语后无例外都有潜在的停顿，因此都是潜在的话题。

第三，现行汉语语法体系的主语说存在着致命的弱点，它的内容已经膨胀得容纳不下自己了。试将现行体系的英汉主语作一比较，就可了解，现行的主语说既不利于解释汉语本身，也不利于汉语与外语间的转换，徒具形式，徒增麻烦。英语的主语从语义上来看只有四种：施事主语，如 We caught a thief；受事主语，如 The thief was caught red-handed；形式主语，如 It rained heavily last night；主题主语，如 The book is very interesting。从主语的条件来看，英语只有一个，即名词性。其他词类要做主语，必须变成名词。比如"幸福不会从天降"，"幸福"不能作主语。

汉语的主语从语义上来看，至少有十种：施事主语，如警察抓住了小偷（The police caught a thief）；受事主语，如三个小偷都被抓住了（All three thieves were caught）；零位主语，

如下雨了（It is raining）；主题主语，如老虎是一种动物（A tiger is an animal）；时间主语，如昨晚抓住了三个小偷（Three thieves were caught last Night）；地点主语，如公共汽车上抓住了三个小偷（Three thieves were caught on the bus）；工具主语，如他拿一把菜刀闹革命（He began his revolutionary career with a chopping knife）；方式主语，如这么快就盖好了一座房子（The house was built at admirable speed）；存现主语，如处处有热心人（There are warm-hearted people everywhere）；关系主语，如这件事请保密（Please keep quiet about this）。

成为汉语主语的并不一定是名词性词语，也可能是其他词语，比如动词性词语和形容词性词语，这是由汉语形态不改变的性质决定的。如：散散步可以帮助人消化。主语和谓语往往不可分离，对于英语谓语来说，往往只对应一种，那就是动词谓语，无论是什么类型句子的谓语，都不能缺少动词。针对汉语句子谓语来说，总的来说有四种：第一种是动词谓语句，比如花儿开得真好；第二种是名词性谓语句，比如明天星期四；第三种是形容词谓语句，如这朵花真美；第四种是主谓谓语句，比如这个孩子头大身子小。实际上，对于判断句以及描写句来说，其对应的主语只能被当作话题。既然在汉语所谓的多种谓语句当中，完全为话题的有三种，另外一种动词谓语句中的大部分为话题，因此，在主谓模式下进行汉语套用是非常不合理的。

第二节　中西文化差异对外语教学的影响

语言和文化的关系密不可分。要真正掌握英语这个交际工具，必须拥有较强的语言交际能力，必须了解中西方国家的文化差异。在英语教学过程中，教师要努力提高学生的文化敏感性，消除文化差异给学生英语学习带来的消极影响。另外，教师在提高学生文化领悟能力的同时，还要提高学生的语言运用能力。

一、中西文化差异的具体体现

语言反映一个民族的特征。不同的民族有着不同的文化、背景和风俗习惯等，各民族的文化和社会风俗都在该民族的语言中表现出来。中西文化的差异在英语的语言形式、词汇内涵、句法层次和语篇等各方面得以体现。例如：莎士比亚的作品对英语语言的影响极其深远，其戏剧中的许多人物已成为具有类似特征的人的代名词：《威尼斯商人》中的人物夏洛克（Shylock）指贪婪、残忍、追求钱财不择手段的守财奴；随着岁月的流逝，人从青年步入中年，最后进入老年，这本是自然规律，但在不同的国家，人们对"老年""老人"这些词会做出不同的反应。我们称呼高龄老先生、老寿星时，时常在他们的姓氏后面添上个"老"字以示恭敬，例如"张老您先请"。但这种尊称在英美人当中却行不通，因为在他们的意识里，old（老）乃是"不中用了"的代名词。Elderly 和 senior 常被用来代替 old，其他比较间接婉转的表达法如 no longer very young（已经不那么年轻了）至少也比 old 更容易接受。有的人（尤其是妇女）甚至对 middle-aged（中年的）这样的词感到敏感，于是，像 of a certain age（按字面意思直译是"已到达某一年龄"）这样含糊其辞的委婉说法也应运而生。在中国人的心目中，"夏日炎炎""夏日可畏""夏天"常常与酷暑炎热紧密联系在一起。而在莎士比亚的一首诗中却有这样的诗句：Shall I compare thee to a summer's day/Thou are more lovely and more temperate.（我能不能拿夏天同你作比？/你啊，比夏天来得可爱、和煦。）

"夏天"在中国文化和英国文化中所表达的意思竟是如此迥异。原因是双方所处的地理位置不同。中国位于亚洲大陆，属于大陆性气候，四季分明，夏天最明显的特征便是骄阳似火，炎热难熬。而英国位于北温带，又受北大西洋暖流的影响，夏天明媚温和、令人惬意。有了这种背景知识，就很容易理解莎翁诗中所表达的情感了。

（一）称呼语

在称呼方面，英语国家一般既不与姓也不与名连用，而是单独使用。在中国，习惯上有"赵同志""黄经理""李老师"等称呼，以示尊重对方，如我们的学生常常把"李老师"称为 Teacher Li，其实这并不符合英语称呼表达习惯，在英语国家除了某些特定工作头衔，如法官、医生、博士、教授、教士等外，一般是直呼其名的。笔者在人民教育出版社初中英语教材第三册 Lesson1 4 中见过有"I'm sorry to trouble you, comrade."的表达，而事实上，"comrade"是社会主义国家所特有的称呼，如果我们和英语国家的人以"comrade"相称，他们会感到莫名其妙，英语教师需要在教学中向学生指出这一点。又如学生们称呼一位工人为"Uncle Wang"，这也是中文称呼习惯套用英语的现象，如果我们对英语国家人称"Uncle Smith""Aimt Bush"，对方听了会觉得不太顺耳，英语文化中只有在关系十分密切的情况下才使用此类亲属称谓，且后面一般不带姓，只带名，如"Uncle Tom"。

（二）致谢和答词

一般来说，中国家庭成员之间很少用"谢谢"，这样听起来会觉得相互关系比较生疏，而在英语国家"thank you"几乎用于一切场合，在所有人之间，即使父母与子女、兄弟姐妹之间也不例外。在英语国家被赞美别人，最普遍的回答是"Thank you"，而中国人常常以自我否定来表示谦虚，如听到别人赞美自己的长相、衣服漂亮时，往往会谦虚一番说："哪里，哪里。"或"过奖了"，此时，英语国家人常常会感到你在质疑他的判断力，会感到十分尴尬。又如别人向你表示感谢时，中国人常回答说"这是我应该做的"（It is my duty.I ought to do that"），西方人听了会认为你的帮助不是出于本心，只是鉴于你的职责而已或不得已而为之，应该说 You are welcome. It is my pleasure. Not at all 等，才是最得体的回答。

（三）介绍

在实际的英语知识教学当中，"What's your name?"出现次数是比较多的，但该句子在英语国家的应用次数是比较少的，在实际的交流过程中，往往会先向对方介绍自己，在介绍完自己之后，无须询问，对方会随之说出自己的名字，这是自然而然的过程。即使在填写表格、面谈等场合需要问及对方姓名时，一般也只说"our name, please?"或"May I know your name"等，如果使用"What's your name"，对方将有一种被审问的感觉。在打电话时，英语国家人一般会先自我介绍，这样能让对方明白有无挂错。

（四）比喻和联想

针对存在文化差异性的人来说，在同样的比喻下，形成的联想是不同的。所以，在这种思维下去理解另一种思维是比较难的，在这种语言基础上掌握另一种语言也是比较难的。人们往往会实现相关品质、特征和相关物体的有效结合，在了解这些品质、特征的基础上，让人产生相应的情绪和态度，即使这种联想不存在任何科学性依据。

如英语中有"像猫头鹰一样聪明"的说法，表明讲英语的人把猫头鹰当作智慧的象征。在漫画中，猫头鹰通常很严肃，很有头脑。在寓言中，动物之间的争斗要由猫头鹰来裁判。然而，中国人对猫头鹰的看法截然不同，有些人认为猫头鹰是不祥之物，碰上它要倒霉。

相反，西方人对蝙蝠（bat）无好感，提到蝙蝠，西方人就会想到丑陋、凶恶、吸血动物的形象。英语中有 as blind as abat（有眼无珠），crazy as a bat（疯得像蝙蝠），he is a bit batty（他有些反常），have bats in the belfry（异想天开）等说法。所以西方人对蝙蝠的感情很像中国人对猫头鹰的感情，认为它可恶又可恨。可是，对中国人来说，蝙蝠是吉祥、健康、幸福的象征。因为"蝠"与"福"同音，正如"8"与"发"同音一样。有些图画把蝙蝠和鹿画在一起，颇受欢迎，因为"蝠鹿"读起来与"福禄"一样，象征吉祥。

（五）禁忌语

由于不同国家的传统文化和风俗习惯都不同，这个国家的词语，也可能会引起那个国家人的反感和怀疑。在具体的语言交流中，要避免应用会让人反感的语言，就是所谓的禁忌语。在公共场合内，如果应用某些词语或者说道某些事的话，可能会引起人们的不满，在这里涉及社会禁忌性问题，一旦有人触犯社会性禁忌，就会受到社会的排斥，受到当地社会人的强烈不满，不被人认可和接受。

对大多数英美人来说，打听陌生人或不熟悉的人的年龄是不得体的。此外，收入多少、是否已婚、政治倾向、宗教信仰等，这些情况都是不宜过问的，否则就是失礼。而在这类问题中，有一些在中国社会是可以谈论的。英语国家很重视 privacy，所以不愿别人过问自己的事。privacy 这个词含有秘密、隐私、私下、隐退、独处、不愿别人干涉等义。在英语中有一句读语：A man's home is his castle. 中文意思：一个人的家就是他的城堡。也就是说：一个人的家是不可侵犯的，未经许可，不得入内。个人的事情也是这样，不必让人知道，更不愿被别人干涉。

（六）思维方式

在送礼物时，中国人常说："Here something little for you，it's not good"。不太了解中国文化的外国人自然不知道这是"谦虚"的说法，他们会很纳闷为什么要送一件自己认为不好的小礼物给别人。对于别人送来的礼物，中国人往往要推辞一番，接受后一般不当面打开，而在西方国家，人们对别人送的礼物，一般都要当面打开称赞一番，并且欣然道谢说"Thank you.l really appreciate it"。

又如中国人同桌吃饭，先吃完者离席时常说"你们慢慢吃"，这是十分得体的情景性语言，但如对同桌的英语国家人说："你吃得太慢"，他会不理解。又如在中国称中年以上的人为"老人"，是尊敬的表示，而西方人都忌讳"老"，也不喜欢别人称自己为老人（elderly people），所以在英语中用"年长的公民"（senior citizens）这一委婉语来指代老人。中国人日常打招呼习惯于问："你吃饭了吗？"（Have you had your dinner?）其含义已超过"吃饭"本身，相当于英语中的 Hello!How are you?"但在英语中，这句话的内涵仅仅限于"吃饭"，所以，当你这样问一个英语国家人时，他会以为你在邀请他吃饭而回答"Thank you，it is very kind of you."

（七）语言表达习惯

在征求对方意见时，汉语多从正面入手，而英语却正好相反。在询问意见的时候，中国学生常说："Do you think so?"而英语习惯表达方式应为："Don't you think so?"英语即使从正面入手也往往在句尾加一反问的尾巴，用反句形式，如：A fine day, isn't it?You like coffee, don't you?It alivelyday, isn't it?"又如英语教学实践中常会遇见这样的病句"The teacher pat the boy' head"，而英语的正确表达方法应是"动词＋人＋介词＋the＋身体部位"。

还有在书写地址时，也表现出了中西文化的差异性，中国人写地址是从大到小，而英语中则恰恰相反是从小到大的。

（八）词汇和习惯语

针对词汇来说，其不仅属于语言的基础单位，也属于语言的主要组成部分。所以，针对语言的文化差异性特点来说，往往会最初体现在不同的词汇当中，对于相同的词来说，如果人所在国家文化背景有差别的话，对应的思维意象以及联想都是不同的。

首先，许多表示颜色的词带有明显的民族文化特色。在中国传统文化中，"红色"往往与庆祝活动或者喜庆日子相关，内涵较单一。而在英语中，red 一词的内涵则呈现出多样化的特点。在英语中，尽管有 red letter day（纪念日，喜庆的日子），the red carpet（红地毯，比喻隆重的接待或欢迎）这样的说法，但在更多场合中，"红色"为不祥之兆。

此外，"红色"还指"负债"或"亏损"。汉语中常带"红"字的词语，翻译成英语不一定对应用"red"，如红茶（black tea；bohea），红豆（Ormosia hosiei；jumby bean；bean tree）。"白色"在中国有凶、丧、恐怖的含义，在西方文化中，white 有"苍白，善良，情感强烈"的含义，常代表好的和正面的意义。如 white lie 指无恶意的谎言，white day 指吉日。

"黑色"在中国常被认为具有"悲哀，不幸，或者恐怖神秘"的含义，而在英语中，"黑色"还有"庄重，严肃"之意，如 a black tied inner（正式的聚餐会）。同时，因为在记账时"黑色"表示"盈利"，因此有 black figure/in the black（盈利／赚钱）这些词汇。green 一词也与汉语意义有差异。green 是"绿色"，但 green-eyed 却是指汉语中的"眼红、妒忌"。此外，由于美元是绿色的，受价值取向的影响，在英语中，green 指金钱，green power（金钱的力量），greenback（美钞）。汉语中的"黑马"是指有潜力的、爆发力强的人，然而 black sheep 在英语中却是"害群之马，败家子"。

其次，还有许多与动物相关的词汇也因中外文化不同而意义不同，最广为人知的就是"狗"了。汉语中与"狗"有关的词汇通常带有贬义，如狗仗人势、狼心狗肺、狗咬吕洞宾等等。然而在英语国家，狗则被看作是人的亲密伙伴，因此习语中多数是褒义。如 a lucky dog（幸运儿），Love me, love my dog.（爱屋及乌）。在中国，龙是一种高贵的动物，象征着如意和吉祥，不仅代表着一种权威，还代表着一种高贵，但在西方某些国家，龙是邪恶的象征，更被认为是恶魔的化身。

另外，对于熊来说，其在中西国家当中的象征意义也不同，在中国，如果有人说到和"熊"有关词汇的话，就会自然而然想到"窝囊，没本事"，但在西方某些国家，

bear 是形容有特殊才能的人的词汇。在象征意义不同的词汇以及习语下，都体现了中外文化的差异性。

还有些词汇的意义因地理环境不同而产生差异。比如：汉语中的"东风"使人想到温暖和煦、草长莺飞，给人以美好的向往，而"西风"往往给人萧条、凄凉之感。晏殊的"昨夜西风凋碧树"，马致远的"古道西风瘦马"便是很好的例证。然而在英国文化 blowing from the east，bode no good for man and beast.Winds blowing from the west，please every one the best（风起东方，人畜遭殃；风从西来，欢乐开怀）。

二、中西文化差异对英语教学的影响

对于文化和语言来说，两者存在比较密切的联系，人们可以通过了解两者的联系来学习相应的文化背景知识，可以从根本上提升人们自身的语言应用能力。但在以往的英语教学模式下，存在只重视知识理论传授、忽视不同国家文化背景知识讲授的问题，没有实现语言和文化的有效结合，而是把语言和文化隔离开，导致英语学习中文化层面上的问题出现，最终形成了所谓的中国式英语。所以，在具体的外语教学当中，教师必须在讲授基础外语知识的基础上，明确语言具备的社会文化因素，让学生了解语言文化背景知识，合理导入国外文化知识。中西文化差异性的存在，在一定程度上影响了英语教学方案的实施，这种影响体现在教学的多个方面，下面以英语精读课程教学为主，明确文化差异对其的影响，且从语音、词汇、写作等多个角度入手，深入分析该影响。

（一）中西文化差异对语音教学的影响

汉语是一个字一个音节，而英语的词有的是一个音节，有的是两个音节、三个音节甚至是更多的音节：汉语词有四个声调，英语则没有；英语词有重音，汉语则没有。此外，中英两种语言音韵和节奏也有较大差异。因此，在英语语音教学中，教师不仅要注意学生各个音素及单个单词的正确发音，还应让学生注意重音、连读、句子节奏等，引导学生模仿英语的正确发音。在教学课堂上，教师要引导学生学唱英文歌曲，朗诵诗歌，念绕口令等，让学生充分了解英语的音韵美及其与汉语的不同之处。例如，电影《窈窕淑女》（My Fair Lady）中反复诵唱的绕口令"The rain in Spa in stays mainly in the plain."就可作为题材，提高对学生 /ei/ 的发音认识，让学生了解英语的音韵。

（二）中西文化差异对词汇教学的影响

中西文化差异性比较明显，表现在多个方面，不仅表现在地理环境差异性上，还表现在人们思想观念的差异性上。越来越多的英语教师已认识到词汇的使用往往与其文化内涵紧密相连。中英两种语言的词汇差异不仅体现在常用词汇上，还体现在习语、成语和典故上。如：freeze 这个词的基本含义是"冰冻""结冰"，在一些英语教材中也只介绍这个含义。而在一个私人拥有枪支的美国社会中，Freeze 却是人人皆知的日常用语，意为"站住""不许动"。教师在教学中应适当导入背景文化知识，加深学生对英语语言的理解。

（三）中西文化差异对篇章教学的影响

在英语能力测试当中，加强英语阅读理解能力测试是比较重要的，只有具备专业化的英语阅读理解能力，才能学好英语，并有效应用英语。在实际的英语教学过程中，往往会出现学生不理解阅读理解题目意思的现象，其中就反映出了中西文化在观念、价值、道德规范和行为准则诸多方面的差异，另外还能反映出人们思维意识、逻辑判断能力以及语言表达能力的差异。在具体的外语阅读过程中，要想正确理解词汇和了解课文大意，必须加强对相应国家文化背景知识的了解，只有这样才能全面掌握其文化内涵。在进行语篇教学之前，教师不仅要掌握学生的英语学习能力，还要了解相应的知识结构，要提前准备好理解语篇所需要的所有背景知识，明确相关背景知识提取的有效方法和途径，以此来扩大学生的英语学习知识面，让学生正确理解所读语篇的大意。

（四）中西文化差异对写作教学的影响

英语写作是英语学习中重要的基本技能之一，也是一项综合技能。通过考核学生的英语写作情况，可以了解学生的基础知识掌握情况和运用情况。因此，在外语学习过程中，掌握英语写作方法和技巧十分重要，但影响学生写作的因素是比较多的，尤其受汉语思维和习惯的影响，学生在句法和修饰方面会出现中国式英语，与标准的英语习惯用法不符。

例如：I spend 2 hours read English every day. 此类的句子在学生的英语写作中出现，这样的表达是属于中国式的英语表达，是逐字翻译，完全不符合标准的英语表达。再如：My English level is not high.（我的英语水平不高。）该句语法虽然正确，但人们往往不这么说，而是 My English is very poor. 可见，学习者要想提升自己的英语写作能力，必须改变中国式的思维模式。因此，在写作教学中，教师应引导学生模仿合适的范文进行写作，并在平时教学中注意常用词汇的用法介绍，注意正确的英文表达。

（五）中西文化差异对于英语语言教学本身的影响

在中西方文化差异因素的影响下，对于中英语言来说，其本身也出现了较大的差异性。对于英语教育人员来说，必须时刻明确这种差别。在具体的英语教学当中，不管是站在词汇本身角度，还是站在语篇教育角度上，教师都要让学生明确中西语言的差异性。教师要帮助学生明确中西语言的实际差别，夯实学生的英语基础。比如在词语文化意义的差异性问题上，站在文化研究的角度上看的话，词语意义不仅包括语言意义，还包括文化意义。

对于词语文化意义的产生来说，不仅基于民族心理以及价值观，还基于民族审美观等。中英词语文化意义的差异主要体现在两大方面，第一大方面是词汇的非对应性，第二大方面是词汇的不同联想。因此，在实际的词汇教学过程中，不但要加强语言教学，还要加强文化教学，不但要让学生明确词汇实际意义以及相应的使用规则，还要让学生明确词汇对应的文化含义，并引导学生在语言交际中合理运用词汇。在文法上也是这样。既然我们从中西文化差异方面明确了中西语言文字在句法和语篇上的差异，就必须体现在实际的英语教学当中，并有所引导。只有让学生明确中英文应用差异性的根本性原因，才能让学生找到最适合自己的学习方法，而不是一味地死记硬背，追寻一些表面的规则。

三、多方入手，提升学生跨文化交际能力

针对中西文化中如此之多的差异，教师在教学过程中应注意：第一，培养学生跨文化意识。

在教学实践中，必须加强语言的文化导入，重视语言文化差异及对语言的影响。教师要适时介绍英语文化背景，引导学生在不同的语境中使用得体的语言，并有意识地展示中西文化的共性和差异。如，将与英语国家人谈话的禁忌归纳为四个词：I，warm，where，meal. 其中 I 代表 income，第二个词中的 W 代表 weight，A 代表 age，R 代表 religion，M 代表 marriage。与英语国家人谈话的禁忌还指"七不问"：不问体重，不问年龄，不问宗教信仰；不问对方收入；不问"吃了吗"；不问"去哪儿"；不问婚姻状况。

第二，教材里还有很多值得挖掘的文化信息。

如：西方节日习俗、中西方对待老人持不同态度、西方人探索自然奥秘的科学精神等，在学习有关课文时，除了运用"对比法"和多媒体手段之外，还可以采取让学生讨论或上网查找资料等方法，逐一让学生了解。同时，通过运用这些方法，也培养了学生有意识地运用文化背景知识的能力。

第三，依托教材，在语言教学中渗透中西方历史及社会发展史，注重中西方文化的差异。

通过对本民族和其他国家历史的了解和学习，学生更能理解和尊重他国的文化现象，如：针对高职高专《英语》第三册（Western Holidays）这一课来说，主要讲述了

圣诞节的起源和庆贺方式。文章涉及圣经故事和与圣诞节有关的风俗习惯，如：基督教徒、圣诞礼物、感恩节等。学生在学这一课时，如果对西方文化了解少的话，会觉得文章苦涩难懂。如果对圣经的故事有所了解的话，就会知道 Jesus，Christ，Chrismas，Thanksgivingday 的历史渊源，会体会西方人在这一天（foil of joy and gaiety，love and laughter，hospitality and goodwild）究竟是一种什么样的心情。同时，学生在学习中把中国的传统节日与之比较，会发现他们的起源和庆贺方式的异同。在了解和比较的过程中，学生掌握了与之相关的词汇和语言使用环境，最终达到学习语言的目的。

第四，鼓励、引导学生多接触英美原版的东西。

如利用报纸、杂志、电影等多种渠道，可以收集一些英语国家的物品和图片，让学生了解外国艺术、历史和风土人情：向学生推荐阅读体现外国文化的简易读本，如：圣经的简易读本，以促进学生对英语文化的了解，使学生直观地了解英语国家的艺术、历史和风土人情、语言习惯，体会中西文化的差异，使学生对英语的实际使用耳濡目染，也可以鼓励学生利用因特网获取更多的英语文化信息。实践证明，学生的文化背景知识越丰富，理解课文内容的能力就越强，学习英语的信心也就越足。总之，只有这样，才能在实际中正确运用语言，才能真正学以致用。

在实际的英语学习过程中，学生应当加强课外文章阅读，通过大量的课外阅读，可以促进学生对语言国家文化背景的全面了解，提升学生的外语知识运用能力。所以，在实际的教学过程中，教师必须引导学生大量阅读。不但要在加强引导的基础上让学生掌握阅读技巧，还要在科学选材的基础上提升学生的外语文章阅读能力。不管是小说、剧本还是散文，都能成为学生阅读的题材。在很多语言学作品当中，不但讲解了社会不同阶层人类的生活状态，且作品语言都丰富有趣，在加强外语文章阅读后，学生不但能全面了解国外文化，还能了解不同国家和地区的风土人情，为长期的外语学习奠定坚实基础。且在学生掌握文化知识的过程中，也可以掌握相应的语言知识，让学生在准确选择语言形式的基础上学习。

比如莎士比亚的作品，其语言风趣幽默，其中有不少是他自己创造的，直到现在还被传说和引用。而有些作品中常用颜色来形象的表达每一种含义。比如：in the red（负债），white lie（善意的谎言），blue-eyed boy（特别得宠之人），green-eyed（嫉妒）等。随着社会的发展，人们生活方式及价值观念的变化，很多语言都被派生出来，它们首先出现在报刊和电视广播里，有的还会成为流行语，比如：On the ball（勤奋），walk onair（非常高兴），cost an armandleg（非常昂贵）等，它们的字面含义和内在的含义相差甚远，但是在语言环境中就不难理解。

第五，浓厚的兴趣是英语学习最好的老师，而学生的学习兴趣能否被激发与教师积极引导和教学艺术是分不开的，教师应采用灵活多样的教学手段和教学方法，把学生的兴趣引向英语学习领域。

比如在教授关于蝴蝶的生长过程的内容时，可以选择英文歌曲《Shoo, fly》作为导入，并鼓励学生用英文对 fly 进行描述，从而拓展到对其他昆虫的描述，最后重点请同学们说说"关于蝴蝶你们都想知道些什么"，引出蝴蝶的生长过程是怎样的，教师就这样在不知不觉中引导出了本课的知识要点，使学生掌握了用英语描述事物的方法。同时，学生们也在自由宽松的情境教学中感受到了学习语言的无穷乐趣，学习英语的兴趣和学好英语的自信心也在这些"似教非教"的课堂活动中被激发了出来。又如讲授形容词、副词比较等级内容的时候，在学生了解其基本用法后，可以叫学生上台来比赛画画，比谁画得快，谁画得好，让其他同学用英语进行评价，诸如"I think Wang Fang's drawing is the best"等，学生在轻松愉快的气氛中掌握并巩固了容词、副词比较级和最高级的用法。

第六，在实际的英语教学过程中，要大力开展课外英语活动，通过开展课外英语活动，可以为学生提供更多的英语交际机会，激发学生的创新思维火花，促进课堂教学活动的不断延伸。

另外，在英语常规教学过程中，课外英语活动开展的作用比较大，属于比较重要的组成部分。比如在具体的英语教学中，教师可以在结合教学教材内容的基础上，组织学生布置英语角（English Corner），结合身边场景学习英语，通过学生自编自演英语小品，创意制作英语小报、英文名片、姓名卡片和地址簿，自制写有英文贺词的圣诞卡或新年贺卡以及设计英文个人主页等活动，提升学生的英语学习兴趣，提升学生的英语知识运用能力。例如在课堂讲授后，教师可以给学生布置编写英文菜单的课外作业，鼓励他们分组完成任务，通过布置这样的作业，不仅能够提升学生的英语知识应用能力，还能从根本上拓展学生的知识面。

第七，教学中，要注意培养学生用英语思维的习惯。

我们在教学中发现许多学生说出或写出中国式的英语，这是因为学生总是用母语思维，然后译成英语，母语的干扰造成了语言的误差。要想培养学生用英语思维的习惯，首先要让学生熟练掌握语法结构和句型，加强词汇学习，否则学生张口或提笔时过多地考虑语法结构和词汇的准确与否，从而阻碍了连贯思维，甚至会减少学英语的兴趣。其次是利用图片、照片、画册来介绍国外的艺术、文化、风俗习惯。充分利用电教手段，组织学生观看英语教学片和电影等。学生遇到听不懂的词，通过画面的提示会猜出他们的含义。在看过电影和录像之后，师生之间、学生之间讨论和交换意见看法。在情景交融的环境中，学生的思维也会跟着情节走，被动的思维变成主动的思维。另外在课余还可组织学生排练英语小话剧或举办英语晚会，让学生在使用英语的过程中体会中西文化的差异。还可让学生做翻译练习，在词汇的选择过程中，学生会意识到中西文化的差别，长期有意识的训练会提高学生的语言能力。

第八，在教学过程中，要多讲解词的文化内涵。

在教学过程中注重词汇的教学，除了讲词的意义、用法、搭配等，还应该多涉及词的文化内涵。有的词在中英文中含义完全不同，只有了解了词的文化内涵，才能在交际中正确运用词汇。

总之，针对语言和文化来说，两者是不可分离的，在语言学习过程中，必须加强对相应文化背景知识的学习，必须提升自身的英语思维学习能力。针对英语教师来说，在实际的英语教学过程中，必须提升学生对文化差异的敏感性，增强学生的跨文化交际意识，学生只有掌握在多样化学习环境下应用语言知识的方法，才真正掌握了英语语言这一交际工具的用法。

第三节　文化教学在外语教学中的作用

一、在教学中介绍文化背景知识，帮助学生理解教学材料

例如《中级英语听力》中有一篇材料"At the Dentist"，其中"Dracula"是指吸血鬼，即"Vampire"。在讲这篇材料前就必须给学生介绍有关吸血鬼的传说，教师应当加强对材料涉及内容的讲解，或者在课前布置相关作业，让学生提前阅读相关资料。这样不但可以提升学生的英语听力理解能力，还能从根本上优化教学课堂，提升课堂教学效果。

二、注意语词的文化内涵和语言文体的作用

英语里很多语词都有丰富的文化内涵，并且相当一些词还有典故出处，只有掌握了它们的文化内涵才能正确理解其意义。在交际中，由于语言领域的变化，产生了不同的语言变体（variety），如科技英语、商业英语、广告英语、美国英语、英国英语等；由于交际关系的语体（tenor）变化，产生了正式英语（formal）、非正式英语（informal）；由于语式（mode）的变化，产生了书面英语和口头英语，这些文体对语言形式都有一定的影响，不了解语言文体的语言形式也会造成交际的失误。就拿美国英语与英国英语

在词汇方面的差异来说，third floor 在英国指第四层，在美国却指第三层；subway 在英国指地下人行道，在美国却指地铁。二者在语法和表达方面也有差异，对学习者来讲，最重要的是掌握正式文体与非正式文体在语言特征上的明显差异，如用词、语法结构，特别是文学修辞手段等。人们的日常会话往往反映了文化的许多层面，比如生活方式、风俗习惯等，也需要引起学习者的留意。

第四节　大学外语教学中文化缺失的应对措施

在现代外语教学中，文化已经成为一个影响语言学习的重要因素。大学英语应该强调让学生了解主要英语国家的地理、历史、政治、社会、经济、教育等文化背景知识，尤其是有关这些国家的发展现况、文化传统、风俗习惯等基本文化事实和文化现象，以扩大学生的知识面，增强学生对英语国家文化的识别力、理解力，培养和提高学生观察、分析和解决问题的能力，使学生能够在学习英语过程中了解英语国家文化，在了解英语国家文化的过程中理解、掌握英语，并用英语进行交际，保证交际成功。

然而，在当前的大学英语教学中，目的语文化认知问题尚未引起广大英语教师的普遍关注。在课堂教学中，教师仍把语言形式的正确性和学生语言技能的形成置于首位，而潜藏在语言背后的文化因素常常被有意或无意地忽略。对于以英语为外语的学习者来说，只有从根本上了解外语文化背景，才能保证后期跨文化交际的成功，保证语言使用的适当性与准确性。掌握目的语文化知识并不是英语学习的目的，而是英语学习过程中伴随始终的重要因素。在当前的大学外语教学过程中，文化缺失问题比较严重，必须在明确文化缺失问题产生原因的基础上，找到外语教学中文化教育的方法，从根本上增强学生的跨文化交际意识。

一、文化认知在目的语学习中的重要意义

（一）目的语文化认知有助于拓宽学生的知识面

外语教学与学习的目的是培养学生运用所学语言在一定范围内进行交际的能力，能正确理解和使用这一语言，可以顺利地加入该语言社会的交往中。外语教学不仅是单纯的语言教学，且应包括文化教育。教师在教学过程中，应结合自己所授的课程有意识地导入相关文化背景知识，引导学生注意具有特定文化内涵的词、句、段落，并由此及彼地给予解释、对照或比较。背景知识的内容相当庞杂，它包括目的语国家的政治、经济、

历史、地理、宗教、新闻、教育、科技、文学、艺术等。在学生学会和掌握该文化知识之后，往往就会进行知识的合理化运用，运用到实际的语言技能学习中，且要在和目的语国家人交际的时候注意某些"文化禁忌"，从根本上拓宽学生的知识面，提升学生学习英语的主动性和积极性。

（二）目的语文化认知有助于提高学生的理解力

不管学习哪门语言，都要在掌握语言知识的基础上了解该语言国家的文化。具体来说，不仅要学习语言词汇和语法相关知识，还要了解语言国家的风俗和风土人情等。对于语言来说，其和文化是相互依存的，也是相互作用和相互影响的，离开其中一方谈另一方都是不切实际的，无论哪种语言，都是由其对应的文化编织成的。在语言的实际应用过程中，必须严格遵循文化的规约。针对文化差异的客观存在来说，会从根本上阻碍学生对语言的深入理解，进而成为外语学习的一大障碍，导致跨文化交际冲突等出现。对于相同的词汇来说，在不同文化中有不同的含义，而学生在阅读理解、听力理解、选词造句上最把握不住的也就是这一点。比如英语中的"drugstore"和"grocery"译成汉语是"药店"和"杂货店"，所以一大部分学生都无法理解这样的句子："Please get me a pack of cigarettes and two bottles of milk when you go to the drugstore"和"I bought some tooth pastes and aspirin in the grocery store just now."因为在中国，顾客是不可能在药店买到香烟和牛奶的，在杂货店也买不到牙膏和阿司匹林。

（三）目的语文化认知有利于培养学生的跨文化交际能力

学习语言的最终目的是为了交际。张占一先生认为："语言教学中的文化背景知识以其功能角度来看，应分为两种，即知识文化和交际文化。"知识文化指的是不同文化背景的人交际时，不直接影响传递信息的文化因素，指一个民族的政治、经济、教育、宗教、法律、文化艺术等文化知识；交际文化指的是不同文化背景的人交际时，直接影响信息准确传递（即引起偏误或误解）的语言和非语言因素。交际文化包括问候、致谢、称呼等习语和委婉语、禁忌语等。

二、大学外语教学中文化缺失应对措施

（一）推进外语教材的改革

在实际的外语教学体制改革当中，有两大重点：教材和教师。根据我国当前的外语教学情况来说，加大教材改革力度是比较重要的。只有不断创新符合中国文化发展特点的外语教材，才能从根本上解决以往外语教学中的文化失语问题，为后期外语教学改革

以及教师培训制度改革奠定坚实基础。所以，加强外语教材改革，不仅是进行当前外语教学模式转型的基础，也是最关键的内容。在新版外语教材的改编过程中，必须秉持科学严谨的态度，必须要选取那些代表性和系统性足够强的中国文化作品，选择和应用的作品必须是我国不同发展阶段的代表作品。对于新版教材涉及的我国文化的篇目安排来说，不但可以设置成主要课文，也可以设置为课后阅读课文。此外，在口语以及听力等辅助教材当中，也要增加能反映我国文化特点的语篇，只有这样，才能从根本上提升我国学生的本土文化外语表达能力。对于新版英语教材编撰形式来说，不仅可以选择和应用汉英对照编撰形式，也能选择和应用全英文式编撰形式，且针对其中的英语译文来说，应该是可以经得起时间考验的典范之作。

专业研究人员认为，当前大学英语教材中的文化选择也同大学英语教材的文化定位处于一种相悖状态，存在英美文化取向突出，本土文化、非英语国家文化边缘化和文化缺失等问题，而灵活设计和配置多元文化、恰当展示和弘扬本土文化、注重培育和发展建构性文化则是改进大学英语教材文化设计的具体措施。大学英语综合教程选取的很多材料是来自欧美的一些国家的优秀文学著作，在教材内容的选编中，也要考虑目的语文化，要尽量反映其民族文化特点，还要保证它们在目的语文化背景知识和社会风俗习惯的实例等方面的典型性和代表性。这样有利于教师在教语言的同时结合文化背景和文化内涵开展教学活动。另外，课文后面的练习仍然是纯粹的词汇训练、句型训练、翻译技巧训练、写作技巧训练等，以后的教材练习应更多地涉及文化因素的考查内容。

（二）推进考试体系的改革

针对大学英语教学中出现的应试教学倾向，《课程要求》提出了将"形成性评估"和"终结性评估"相结合的思想。考试是终结性评估的主要形式，从"个性化"理念出发，各校应朝着建立大学英语教学综合评估体系的方向努力，使教学评估从对学生语言水平单一的终结性考核转为对学生语言应用能力、自主学习能力和跨文化交际能力等培养过程的跟踪、诊断和反馈。综观中国的各类英语考试，几乎都着重考查语言技能，忽略了对学生本土文化知识掌握情况的考查。因此，在学生平时的测验和考试中，应加大对学生文化知识掌握情况的考查力度，设计以"英语文化"为主题的作业，让学生在加强中外文化对比的基础上了解中外文化。测试项目可包括所有书面作业（小测验、考试试卷、论文、调查报告、采访录音和研究项目等）和学生的课堂表现（出勤情况、课堂发言、角色表演等）。也就是说，除了传统的考试手段，教师还可以运用其他手段对学生的整体表现进行测试和评估，这样学生就会意识到语言的学习不仅仅是会做多项选择题，还包含了更多的文化因素的应用。

（三）探索外语教学的新途径

在外语教材改革的基础上，必须推动外语教师教学改革。一方面，传统授课模式剥离了语篇的文化内容，把英语课当作单纯的语言技能训练课，要予以纠正；另一方面，新版外语教材对教师的教学能力提出了更高的要求。与之前相比，教师除了要将语言训练与文化学习结合起来外，还要将中西文化在外语中的不同表达方式和形态通过对照教学放在一个更加重要的地位。具体来说，在讲解有关中国文化的课文时，必须要重视对中国文化的内涵的阐发，在讲解有关西方文学与文化的语篇时，有必要引入中国文学与文化内容，进行中西文学与文化的互证、互释，使学生在对比中对中西文学与文化的各自特点有清晰的认识。当然，要想提升课堂教学效率，英语教师不仅要具备丰富的英美文化知识，还要有比较高的中国文化修养，另外还须懂得一些比较文学的理论知识，这样才能在新版教材的教学中游刃有余，高质量地完成教学任务。

在外语教学当中，课堂是知识讲授的主要渠道，但课堂会受到多种因素的影响和限制，不仅会受到学制的限制，还会受到总学时的限制。在学生的知识学习过程中，存在人文知识有限的问题。针对该问题来说，学生可以在加强文学作品阅读的基础上解决，学生应当在加大文学作品阅读力度的基础上，深入理解各种词语的意思。针对英语教师来说，应当在制订科学性计划方案的基础上，为学生推荐更多的文学作品和电子作品等。在这个过程中，学生不但要在加强文学作品阅读的基础上掌握他国文化，还要及时了解他国科技文化发展的情况，及时掌握现代化语言文化信息。通过学习文学知识，可以从根本上扩大学生的外语知识面，开拓学生的视野。

通过掌握多样化的文学元素，可以激发学生的内心灵感，引发学生内心的美感，让学生在受到文学熏陶的基础上激发内心的英语学习兴趣。在平常的外语教学过程中，需要用到和英美文学相关的内容和知识点。因此，教师必须把教材中的抽象化内容具象化，把"点"的知识转化成"面"的知识。通过趣味性文学因素和外语教学的有效结合，不但可以改善学生的课堂学习状态，还能扩大学生的文化视野，激发学生的学习思维能力，彰显出英语学习的实际价值。

1. 课堂讲解法

教师结合课堂教学融入相关文化知识，可以从根本上提升课堂教学效率。教师可以利用所授教材中出现的英美国家的文化知识，尤其是文化差异方面的知识，给学生充足的时间讨论或辩论中西方文化的差异性问题。比如，在讲解东西方就餐礼仪时，组织学生比较相关饮食习惯，行为举止，就餐礼俗之间的异同。教师在讲解课文时，如果遇到西方文化背景知识内容，首先要提醒学生，引起他们高度重视，然后旁征博引，及时给予解释。如在文中遇到"Babel Tower"（巴贝尔塔）一词时，教师首先告诉学生该词来源于《圣经》，又叫"通天塔"，据《旧约·创世记》第十一章记载，那时口音一样的人在彼此商量做砖，要建造一座城和一座塔。耶和华使他们口音不同，从而分散了人们，他们就停工不造那座塔了。因此巴贝尔塔成为异想天开或痴人说梦的代名词，而 build the Babel Tower（建造巴贝尔塔）就成了西方流行的成语，表示制造混乱或嘈杂不堪。通过运用这种讲授方式，学生不仅学到了知识，也达到了深层次的理解，学生自身的英语文化应用能力也会提升。在课堂教学过程中，教师可结合文章内容要求学生记下有意义的文化细节。

2. 直接解释法

这是大学英语课堂教学中最常用的方法，即教师对教材中容易引起学生理解困难的文化现象，尤其是对那些含有丰富文化意义的词语、课文、典故、习俗等文化知识内容进行直接讲解。如各国外事宴请席位的安排都遵从国际习惯，排桌次以离主桌位置远近而确定地位高低，在同一桌上还要按各人职务高低排列，以便谈话。如果夫人一起出席，英语国家的礼仪是以女主人为主，让主宾坐在女主人的右上方，其夫人应坐在男主人的右上方。中国的礼仪则是主宾坐在男主人的右上方，其夫人坐在女主人的右上方，对于这一类文化知识教学，采用直接讲解的方法效果更佳。

（四）合理的价值取向在新教材中的建构

跨文化交际能力是通过得体和有效的沟通在跨文化语境中完成任务的能力，是一种利用文化差异在具体的语境中进行有效沟通的能力。文化价值取向反映了不同文化背景中的人们对人类共同关注的问题所持的态度、看法以及评价标准。我们可以从某种文化价值取向比较不同文化背景下人们的态度和评价标准的异同，培养学生的批判性思辨能力；也可以结合语言、非语言知识，在不同语境中发展其语言、非语言交际能力和交际策略能力，培养其跨文化交际能力。因此，反映文化价值取向的跨文化的情境应该在教材中得以合理体现。这就要求教材编写者在构建语境时考虑到以下几点：

第一，应考虑到中西方文化价值取向在教材中的比重，即应都有所体现，而不只是体现单一的西方文化价值取向，缺少本族语文化价值取向。

第二，教材可以更系统地把美国文化的一些现象和事实结合价值观念进行阐释，引导学生通过对这些现象和事实的理解体验其中的真实价值观。

第三，教材可适当涉及一些社会问题，使学生体验到完整的西方文化价值取向。此外，对外语语境也要考虑到选材的国别差异，以满足学习者对国外不同文化价值取向的体验。文化是动态发展的，而教材在较长时间内是相对稳定的。因此，文化内容的编写还应当注意引导性和延伸性。引导性指的是教材中的内容、练习应该有助于引导学生课后钻研，激发学生的探索潜能，使其通过自身探索学习发展变化着的各种文化从而逐步获得自主学习的能力。延伸性指的是教材内容的延伸、发展和深入。延伸性可以通过网络学习这一模式实现。网络平台可以充分发挥其易于变更的优势，将其内容经常更新使教材文化内容更加先进、真实、符合实际。因此，新一代的教材应该配备网络学习系统，充分发挥信息技术的作用，帮助学生成为终身学习者。

（五）在大纲的制定和教材的选编方面

在大学英语教学大纲制定过程中，相关影响因素是比较多的，不仅包括语言结构因素和语言功能因素，还包括语言意义等因素。因此，在具体的大学大纲制定过程中，要着重考虑这些影响因素，还要有效结合和目的语相关的一系列文化因素，从根本上明确外语教学过程中各个阶段的目的语文化导入重点，把文化教学融入外语教学中。对于英语教材内容选编来说，也要在考虑目的语文化的基础上进行，要尽最大可能反映民族文化的本质化特点，还应注重它们在目的语文化背景知识和社会风俗习惯的实例等方面的典型性和代表性。这样有利于教师在教语言的同时结合文化背景和文化内涵开展教学活动。

同时，我们还要注意：在目的语社会文化知识的教学中，应该注意遵循适用性、适度性和阶段性原则。适用性原则是指导的文化内容必须和学生所学的语言内容密切相关，这样可以提高学生学习英语和外国文化的兴趣，提高英语学习的效率；适度性原则是指所选材料的适合程度和教学中教学方法的适合程度。选择材料时要注意主要选择那些代表主流文化的内容，同时也要兼顾趣味性。

（六）课堂教学方面

在实际的外语课堂教学过程中，外语教师要在结合材料设计文化背景知识的基础上讲解，还要加强必要文化知识的融入，让学生了解其实际文化意义以及具体应用中的文化规约。比如在外语教学课堂活动组织过程中，教师可以营造良好的社会文化氛围，让学生在这种特定氛围下参与角色扮演活动，要求学生在结合自身角色特点的基础上，融入语言交际环境中，进而科学运用语言。在外语教学过程中，教师还能以中西国家文化差异问题为基准，组织学生开展讨论会和辩论会，让学生在小组讨论和分析中明确不同国家文化的差异性。例如：在学习有关礼仪方面的内容时，组织学生对比中国和西方人在行为举止方面的差异，饮食习惯的差异等。通过开展类似的英语教学活动，能提升学生结合文化背景运用语言知识的能力。另外，针对英语教材中会导致学生理解难度增加的文化知识来说，教师要着重讲解和直接讲解，比如讲解含有多样化文化意义的典故和词语等。

如：fireplace，pudding，sandwich，hotdog，hamburger 等西方文化中特有的概念。再如：课文中遇到"滑铁卢"一词时，教师首先告诉学生这是英国的一个地名，由于拿破仑在著名的滑铁卢战役中全军覆灭，从此一蹶不振，从而赋予"Waterloo"一词以丰富的历史文化含义，指沉痛的打击或致命的失败。如果有人说："I have come to my Waterloo."意思是："我已经彻底失败了。"又如在英语文章中遇到习语"Between Scylla and Charybdis"时，如果不知道有关古希腊和罗马的神话故事，可能就猜不出它的意思。原来 Scylla 指的是位于意大利南方的墨西哥海峡汹涌漩涡中的一块危险的岩石，Charybdis 指的是居于此石的六头妖怪。他们都很危险，所以此句之意为"进退两难，腹背受敌"。对于这一类文化知识教学来说，采用直接讲解的方法效果更佳。通过采取这种讲授方式，学生不仅学到了知识，也提升了自身的英语知识运用能力和思维创新能力。

在大学英语教学中渗透文化十分重要，可以激发学生的学习兴趣，满足学生学习语言的要求。语言本身只是一种符号，其折射出来的文化内容才是语言的灵魂。大学英语课文选材丰富，内容涉及领域广泛。在英语教学过程中，如果教师能够介绍相关背景知识的话，不但可以激发学生的学习动机，而且可以帮助学生理解课文意思，使学生全面深入地理解目的语。同时，在大学公共英语教学过程中，有目的地插入背景文化，扩大文化背景知识面，了解英语国家的语言与文化和中国文化的共性与差异，可以避免文化冲突，增强学生的跨文化交际意识，真正提高学生的英语综合运用水平。

1. 构建互动教学模式，拓宽文化渗透渠道

教学是教与学的双向互动过程，必须充分发挥教师的主导作用和学生的主体作用，进一步拓宽教育渠道。应该做好课前积淀，课上互动，课后延伸。课前积淀就是在学习新课前向学生推介有关资料，或让学生网上查找资料，使学生了解所学内容的文化背景知识，并进行摘录、整理。课前的充分积淀促成了课堂教学的生动活泼，此时课上的最大特点就是实现了互动。当然，这个互动对教师的文化素质培养也提出了更高的要求，因为互动过程需要教师的正确引导、判断和评价，否则，互动就会变成被动。课后延伸是指给学生留下进一步发展的空间，促使学生将课堂所学语言及人文等方面知识内化为个人素养。教师在讲课结束时，应结合所学知识，留下讨论或写作题目，并注意把语言知识、人文理念和学生实际联系起来，提高学生的英语思维表达能力。

2. 利用视听直观教具，激发文化学习兴趣

在外语教学过程中，教师要引导学生利用多种媒体了解外国文化，要让学生在收看相关英文节目的基础上领略外国风情文化及内涵。学生站在多种角度品尝地道英语，进

而了解异国传统文化和风俗习惯，这样能提升自身的英语学习兴趣和学习积极性。在平时的教学过程中，教师要提前收集有关外语文化方面的网络资料和视频等，在依靠多媒体交互功能、应用多媒体课件的基础上，使得学生全面了解西方国家关于生活习惯的文化背景知识，激发出学生想要全面认识英美等国家文化和价值观的兴趣。在文化教育方面，可由外籍教师定期组织学生观看专门介绍英美文化的电视片段，然后组织学生分组讨论，对比分析英汉两种不同的文化特点，注意把视听和直观教具所反映的文化现实和语言内容结合起来，从根本上提升学生的综合文化修养和跨文化交际能力，满足当前国际化交流的根本需求。

教师应引导学生利用电影、电视、广播、网络等多种媒体，有选择地收看、收听各种英文节目，领略异国风情，了解异国文化内涵；从不同角度去品尝"原汁原味"的地道英语，领略异国风情文化，领悟英语学习的乐趣。教师平时应注意收集有关文化方面的既有知识性又富有趣味性的音像制品、报纸或网上图片资料，并利用多媒体强大的交互功能和多媒体课件，让学生立体地、形象生动地了解英美等国家的地理概况、生活习惯。

3. 组织第二课堂活动，加强英语文化选修

开展丰富的第二课堂活动，使学生身临其境感受语言和文化。尽量在校园内营造英语学习的氛围，指导学生编排符合英语国家文化特点、形式活泼的节目。如：英文短剧、讲故事、朗诵、演讲等。通过举办外国影视或音乐欣赏会，结合一些西方重要的节假日举办晚会，组织英语知识竞赛、英语文化周、英语文化广场等多种学生喜闻乐见的形式，把课堂语言学习活动延伸到课外文化活动中。丰富多彩的课外活动可以达到课堂教学达不到的更轻松真实、知识覆盖面更广的效果。可以帮助学生更好地了解文化异同，培养学生的跨文化交际能力，提高人文素质。还要加强英语文化课程选修。文化类课程包括英美概况、西方文学选读、商务英语、报刊阅读、多媒体英语、中外文化导读、影视欣赏等。为达到提高大学生的英语综合应用能力，增强自主学习能力，培养综合文化素养的目的，必须设置英语能力选修课程，为具有较好基础的学生提供综合能力培养的机会和条件，为学生综合素质的培养和个性发展提供广阔的空间。在大学英语教学中开设文化类选修课是与时俱进、顺应外语教学发展方向的必然要求和产物。

（七）课外活动方面

课堂虽然是系统传授知识的主渠道，但由于受学制和总学时的限制，学生的人文知识学习效率很难提升。要想解决该问题，必须让学生阅读大量的文学作品，这样可以促进学生对词语的内在含义的理解。教师有计划地向学生推荐优秀的英文报刊、文学作品、电子读物等，要求学生不仅要通过阅读了解其他国家的历史、传统文化，还要特别关注

这些国家的最新科技文化动态，随时捕捉最新的语言文化信息。学习文学知识可以扩充大学生的知识面，开拓学生的视野。这些文学元素可以把学生心灵深处的美感引发出来，让他们在文学的熏陶中体会英语学习的乐趣和深度。在日常英语教学中，总会遇到与英美文学有关的点滴知识，这就要求教师把书本中抽象的东西变得具体化，把点的东西转化成面的知识。将这些饶有趣味的文学因素融入英语教学和学习中，不仅可以改变枯燥的学习状态，而且能开阔学生的文化视野，让学生体会文化的魅力，发散学习思维，从根本上提升学生的综合学习能力。

要想全面掌握外语知识，单纯依靠课堂教学是不够的。学生必须合理利用课下时间，拓展自身的外语文化知识面。所以，外语教师必须加强对学生的指导，让学生自主参与到相关文学著作和报刊阅读中，让学生在相关书籍阅读中积累文化背景、社会习俗、社会关系等知识，拓展学生的视野。教师还要鼓励学生观看内容健康的外语电影和录像片，直观了解英语国家人的手势、表情等非语言交际方式，最终了解英语国家的传统文化和风土人情等，充分吸收外国文化。学校还要邀请一些专业化外教，举办西方国家图片展等，为学生提供向外教学习知识的机会。另外，还要开展关于西方国家文化知识的专题探讨活动，让学生在活动参与过程中明确目的语文化的特征，促进学生目的语文化的有效学习。

阅读、旅游、音乐、电影、电视、多媒体课件等都是文化沟通的桥梁，它们可以为学习者提供最新、最生动的文化信息，让学习者掌握更多的跨文化交际方法。教师可以在教学中运用电影、电视、幻灯、录像等资料给学生以直观的感受，使学生耳濡目染，进一步增强课堂教学效果，促进学生语言文化知识的积累，向学生推荐、介绍外国文化的阅读材料和书籍，促进学习者对外语文化的全面了解。

（八）提高教师母语文化素质及跨文化能力

外语教师的跨文化交际能力对学生跨文化交际能力的培养影响深远，但是，目前中国外语教师普遍存在跨文化交际能力低和教学水平低的问题。外语教师的跨文化能力包括两个方面，即自身的跨文化交际能力和跨文化外语教学能力。跨文化交际能力强的人应具有正确对待、尊重不同文化和理解不同文化价值的态度；具有丰富的文化知识，熟悉本族文化的历史现状，了解目的语文化的价值观和社会习俗等；能够运用跨文化交际的普遍规律，根据不同的文化语境灵活调整语言方式和交流策略，使自己的语言行为恰当、有效；具有强烈的跨文化意识和敏感性。教师要摆脱传统、过时的教学观念，了解跨文化外语教学的基本思想、原则和方法，能够在实际教学中根据跨文化外语教学的原则制定教学大纲，能依据跨文化外语教学的要求选择教学方法、设计教学活动、选编教学材料以及进行恰当的教学评价。这无疑对外语教师自身文化素质培养和教学提出了更高的要求。所以，外语教育工作者需要在学习和教学过程中不断完善自己，在教授目的语文化的同时，不断充实和完善自己的母语文化知识，提高个人文化素养，努力成为一名兼具跨文化交际能力和跨文化教学能力的教师。

已故语言学家许国璋说："从事语言学研究的人不要把自己圈在只读洋文的狭小天地里，一定要具备良好的国学基础。"课堂上，教师用英语谈论中国和中国文化，既能增强教学的实用性，又能提高学生们学习的兴趣。所以，要提高英语教师的英语语言和汉语言文化修养，增强他们的国家意识。教师作为语言的传授者，应该充分认识到中西方文化的差异，努力提高自身的文化素养，在教学过程中，教师要引导学生在了解本民族文化的基础上审视西方文化的优劣，从而更好地吸收外来文化的精髓，既"拿得进来"，又"送得出去"。这样，在弘扬本族文化的同时，也培养和提升了学生的民族文化自觉意识。

（九）充分运用多媒体等视听手段，吸收和体验外国文化

阅读、旅游、音乐、电影、电视、多媒体课件等都是文化沟通的桥梁，它们可以为学习者提供最新、最生动的文化信息，让学习者掌握更多的跨文化交际方法。教师可以在教学中运用电影、电视、幻灯、录像等资料给学生以直观的感受，使学生耳濡目染，进一步增强课堂教学效果，促进学生语言文化知识的积累，向学生推荐介绍外国文化的阅读材料和书籍，促进学习者对外语文化的全面了解。

（十）重视传授语言文化对比的理论和方法

在语言学习中如何帮助学生获取有关文化背景知识呢？我们可以尝试以下几种方法：

第一，教师在授课过程中就目的语文化的某一现象直接阐释说明。例如讲授Christmas 这一单词时，教师要注意其文化内涵，有意识介绍西方圣诞节的时间、来源、庆祝方式等，使学生了解该节日在西方人眼里的重要性以及它所涵盖的历史、宗教知识。

第二，采用比较的方法，就目的语文化因素与母语文化因素进行对比，比较它们之间的相同和不同点，侧重于两种文化的异处对比。这种文化较为直观、具体，容易被学生接受，授课过程中讲到圣诞节时，可与中国春节进行比较，把中国的婚礼和西方的wedding ceremony 进行比较等，这样不仅可以促进学习者对西方国家文化的了解，还能从根本上保证交际成功。

第三，创造一个良好的跨文化环境，开展英语角，加强发展中国学生与目的语国家人们之间的接触与交往，与外国人进行直接的、真实的文化交流和情景对话，使学生从

中学习到更加地道和全面的外语知识，获得更好的跨文化知识。在与外国人交往的过程中，教师要特别提醒学生以正确的态度对待外国文化，不能把与我国文化不同的别国文化看作是荒唐可笑的东西，反过来也不应该以西方文化为标准贬低自己的文化。

第四，从语言学习的角度出发，把课程教育、常规教育、隐性课程教育结合起来，把背景知识学习渗透到日常的仪式、规范、制度、活动中去，对学生进行潜移默化的教育，这样的教学效率是比较高的。

当然，在实际的外语教学过程中，还是要把课程教学当作核心，要实现显性课程和隐性课程的双向补充，促进显性课程和隐性课程的相互促进，彰显出隐性课程的教育影响价值，从根本上消除相关消极影响因素。针对隐性课程来说，其很多内容都没办法预计，只能在随机出现时因势利导，及时地、巧妙地加以运用。从这里可以看出，在外语知识学习过程中，文化知识学习的重要性很高。对于外语教师来说，也应当扮演着文化背景知识教学的角色，无论在什么情况下，都不能把语言和文化分开。作为一名外语教师，必须及时发现外语教学中的文化冲突问题，并及时解决，还要适量添加相关内容，促进目的语文化国家人和母语文化国家人的有效交流和沟通，从根本上减少因文化知识欠缺而导致的各种文化错误。

（十一）转变教师角色，加强大学英语教学中的文化习得

想要做到适度教学，就必须保证教学形式的实用性和多样性。目前，大多数大学英语教学都采用多媒体教学方式，各种各样的教学资源需要教师量体裁衣，根据不同的教学内容适当地采用不同的教学方法。无论使用音频资料，还是使用视频资料，最终的目的都是让学生融入文化教学氛围中。除此之外，教师还要不拘一格、巧妙地使用除多媒体之外的各种手段，使学生主动地进行文化习得。教师要给予学生必要的指导，不仅要让学生熟练掌握书本知识，还要让学生从书本的内容扩展开来，以小见大，系统地思考文化现象及其内涵。另外，还要适应大学英语教学的改革发展现状，建立个性化和主动式的教学模式，提高大学生的英语综合实用能力和学习兴趣。教师需要转变角色，从单纯的讲解、单向的灌输转变成多角度的启发，和学生展开双向的交流讨论。学生的基本表达技能固然是语言交流功能的一个方面，但是更需要保证学生表达内容的丰富性，这便要求学生主动地寻找跨文化交流的沟通的桥梁，跨越异域文化理解上的鸿沟。老师和学生之间的互动便是对学生思考能力的一种锻炼，通过这种锻炼，可以让学生适应这种融合英语文化的交流方式。无论是语言表达、表情姿势，还是谚语比喻、玩笑，都足以让学生在交流过程中体验无形的文化习得的奥妙。

（十二）开设系统的文化知识选修课

在现阶段的大学英语教学中，可开设一些历史、政治、宗教、人类学以及社会学方面的通识课程。通过这些课程的学习，学生不仅可以了解其他国家文化的实例，而且还能掌握一些与文化有关的概念与指导原则。概念与指导原则往往比实例更为重要，因为它们为学生提供了一个结构，通过了解这个结构，学生可以对本国以及别国文化仔细考察。这样，学生可以获取一种比较灵活的态度来学会尊重文化差异，同时还能减少他们在文化问题上存在的偏见。通过开设西方文化、跨文化交际学、英美概况、英语学习背景知识、英美文化入门等课程，都可以增强学生对文化差异的敏感性，丰富学生的目的语文化知识。在目的语社会文化知识的教学中，应当注意遵循适用性、适度性和阶段性原则，这三大原则在上面已经提及，这里不再一一讲述，只有在严格遵循这些原则的基础上教学，才可以提高学生学习英语和外国文化的兴趣，提高学生学习英语的效率。

在开展语言文化类选修课时，大学英语教师应有意识地将语言学习自然而有效地融合到其他文化知识体系的学习过程中，通过主观情绪的调动帮助学生提升其批判性思维能力；通过客观教学手段和评价手段的设计强化训练其批判性思维技能；使学生能主动地、有意识地调动自身的批判性思维技能，逐步建立起自己个性化的学习策略，稳步提高其英语综合运用能力的同时有效地拓展知识面，提升跨文化交际能力并最终建立稳定的批判性思维体系。

除了上述方法外，在具体教学过程中，我们还要注意：从某种意义上说，不熟悉一种语言的文化特点，就学不好该语言。语言是文化的一种表现形式，不了解英美文化，要想学好英语是不可能的。

相反，如果可以深入和全面了解语言国家的传统文化、风俗习惯和生活习惯，就能提升该语言知识运用的科学性和准确度。因此，基于该认识，教师必须实现外语教学和文化教学的有效结合，在外语教学过程中适当融入文化教学内容，不断创新和完善社会文化教学方法。随着跨文化交际研究力度的不断加大，社会文化教学会最终取得实质性的进展。但在外语教学当中，还必须明确和注意以下问题：

第一，英语社会文化知识的学习要注意系统性。当前大学英语教学中的文化导入，其深度和广度都不及英语专业的学生。由于课时少（每周3—4节课），教材内容多，教师在教学中很少有精力对教材中出现的文化现象进行详尽的阐释和对比分析。很多教师往往根据自己的理解和体会做文化方面的随意介绍。这种零星列举难免挂一漏万，易引起混乱，缺乏系统性。最根本的途径还是吸引学生了解目的语国家人们感知世界的方式。由于文化的不同，即便是对同一事物，有时也会有不同的感知。如果把目的语文化的主要层面，如价值观、交往规则、思维方式等向学生做宏观性的理论性介绍，另外结合理论对于影响交际的词语、句子、篇章的文化内涵做微观分析，把文化的异同提高到理性的高度，久而久之，学生对目的语文化有一个全景式的印象，熟知各种具体的差异，便能学会从目的语文化角度来认识事物，并能对交际行为做出预测。这样，学生的目的语文化认知能力便从表层的感性认识进入深层的文化结构中，从而指导一般的交际行为。

第二，科学看待英语学习和文化学习之间的关系。对于每一个大学英语教师来说，都必须明确实际教学中的语言文化认知问题，这是教师的根本职责。从理论上说的话，最好对外语学习和文化学习一视同仁，但通常相对于文化教学来说，语言教学的重要性更大一些。针对大学英语教师，必须对语言文化认知有清醒和正确的认识，要谨慎从事，不能喧宾夺主，要把提升学生跨文化语言交际能力当作核心目标，围绕该目标进行教学。

第三，正确对待目的语文化与母语文化之间的关系。一个值得我们关注的问题是：在外语界兴起目的语导入的热潮中，学生的母语文化意识却逐渐淡薄，母语文化知识匮乏的现象在学生中绝对不罕见。这是因为交际是一种双向活动，而当代大学生普遍缺乏母语文化知识是不可否认的事实。大部分学生从进校的第一天起就开始主攻外语，其他课程如中国文化、中国文学、古代汉语、现代汉语等基本上被忽视，结果导致学生知识面太窄，适应工作能力差。正确的做法应该是既重视目的语文化，也要重视母语文化，二者互为基础，互相促进，不可偏废。我们必须继承和发扬自己民族的优秀文化，正确、全面地认识自己国家的民族文化，挺直自己的文化脊梁，利用自己所掌握的外语技能，宣传本民族的文化。总之，我们不能对任何一种民族文化厚此薄彼，妄论孰劣孰优。

（十三）在大学外语教学中适当输入中国文化

1. 增加大学英语教材中母语文化的内容

在教材建设上，要大力增加宣传中国文化的材料，增加学生主动运用的、可以反映中国文化的词汇，让学生用地道的英语来宣传中国文化。教材的编写不仅要结合所学外语的文化，尽量反映其典型的文化知识，而且要运用外语来介绍和描绘具有中国民族特色的文化，比如在教材中添加一些中国文化思想、历史人物、中国特有习语及词汇等。这样可以有效地避免由于不知如何用英语描述中国文化而造成的表达上的"失语"，而且还可以有效解决母语文化在英语学习过程中产生的"负迁移"问题。

2. 引导学生田野作业

学生必须到课本以外的地方感受中国文化的博大精深。一方面，教师可以组织学生到多个历史博物馆中学习文化知识，历史博物馆汇集了中华历史文化；另一方面，教师可以组织学生参观我国著名历史景点，且在具体的景点参观过程中，教师要让学生记住历史遗迹的英文名称，锻炼学生的英语表达能力，引导学生用英文介绍历史遗迹，并用英文说自己的所见所想。事实上，对于中国学生来说，知晓的包含中国文化知识的地方是比较多的，通过引导学生田野作业，可以提升学生对中国文化学习的兴趣和积极性，激发学生学习中华文化的积极性。

3.培养学生的素养和母语文化意识

学习外语，出于交流的目的，旨在能够与外国人进行良好的文化交流，了解和学习他们的文化精华部分，从而在实际的文化交流中，能够流畅地用英语传播中华传统文化。然而，很多学生在外语学习过程中都抱有一种错误的观念：学习外语就是学习一切和外语有关的语言和文化知识，和母语关系不大。这种观念不仅是错误的，而且对学生学习外语是极其有害的。事实证明，一个人如果母语不好，就很难真正学好外语。所以，外语学习者首先要从意识上纠正自己的错误观念，意识到母语文化对目的语文化学习的重要性，二者是相互作用相互影响的。另外，中国文化失语现象在广大的外语学习者身上有不同程度的体现，这也体现母语文化学习的紧迫性和必要性。培养学生母语学习意识，也是为了更好地加强对外语文化的了解，对外语学习有加强的作用，相互促进，取长补短。

在实际的外语学习当中，大部分学生都有一种不正确的观念，他们认为在外语学习中，学习的是和外语有关的所有文化知识和所有语言，与母语学习没有什么关系。该观念是错误的，且不利于学生的外语高效学习。大量研究结果表明，对于那些学不好母语的学生来说，往往很难掌握外语知识。因此，针对外语学习者来说，必须首先端正自身的不正确观念，增强自身的母语文化意识和本土文化意识，保证目的语文化学习的正常进行。

针对母语文化学习和目的语文化学习来说，两者是相互作用和相互影响的。因此，加强母语文化学习十分必要和紧迫。

一方面，教师要正确认识母语迁移理论。在高校外语教学中，教师必须正确认识和理解语言迁移理论。在外语教学中，第二语言学习者激发其母语知识去发展或使用其中介语，这一过程被称为"语言迁移"。母语对第二语言习得的影响比较大，母语迁移分为正迁移和负迁移，正迁移有助于促进语言学习者对目的语的快速学习，而负迁移则会干扰和阻碍学习者对目的语知识的掌握。外语教师要注重中西方语言和文化的对比，在关注到两种语言之间的差异时，也不要忽略语言之间的共性，要善于探究利用语言共性促进正迁移产生的方法。在外语教学中适度地引入母语文化，并将其与目的语文化进行比较，不仅不会干扰外语学习，反而会促进外语学习。正如著名学者刘润清所说："学习外语时，完全脱离母语是不可能的。语言之间有些普遍现象，不参考母语，不与母语对比，会造成莫大损失。母语和母语文化对外语学习和外语交际能力的培养也同样存在相当大的正迁移。"

另一方面，要实现母语文化学习和目的语文化学习平衡化。针对外语教师来说，在实际的跨文化交流理解问题上，不能一味强调培养学生用英语来表达外国文化的能力，而是要促进双向资料的有效传递和有效互换。著名学者魏尔伯·施拉姆曾经提出，人类跨文化交流的基本特征是双向性和互动循环性。在实际的跨文化交际过程中，只有保证交际双向性以及互动性，才能促进人类文明的长期稳定发展。所以，在实际的外语人才培养过程中，教师必须实现母语文化学习和目的语文化学习的平衡化，使得两者同时进行。

4. 为学生提供多样性的接触母语文化的渠道

课堂是学习者获得知识的主要来源，然而课堂时间毕竟有限。因此，很多老师为了完成课堂任务就会尽可能地挑重点讲解，久而久之，学生也自然没有了在学习目的语的同时需要关注母语文化这方面的意识。除了课堂时间，学生在课外还有很多时间可以学习和了解母语文化。但是，在没有了教师的有效指导后，学生的自主学习效率自然就会降低，因此，教师要为学生提供多样化的课外接触母语文化的渠道，从根本上拓展学生的文化知识面。在外语教学过程中，教师可以让学生多收集一些有关母语文化方面的资料，如报纸、杂志、图片等，学习不同时期、不同地域和不同文化背景下的知识，引导学生研究不同文化背景下人的服饰、发型等，并在课堂上进行讨论和交流。此外，还可以开展各种关于母语文化方面的英文讲座和专题介绍，组织形式多样的文化节活动，为学生提供展示自主学习成果和交流的平台。

5. 强化学生的本土文化认同感

作为中国教师，应当引导学生了解我国本土文化，正确认识我国几千年沉淀下来的深厚的文化底蕴，强化学生的爱国情感和民族意识，让学生发自内心地热爱中国传统文化，增强他们对本土文化的认同感、自豪感和归属感，从而激发学生学习本土文化的兴趣和积极性，挖掘学生学习英语的内在动力和潜力。

6. 把本土文化加到英语教材中

在我国，加强外语教学的目的是引入西方文化和传播中国文化，现状是：西方文化得以很好地"输入"，而中国文化却没有很好地"输出"。要解决这一问题，在现行的英语教材中增添中国文化内容势在必行，但目前英语教材有关本土文化的内容少之又少。因此，应加强对当前英语教材的创新和完善，在尊重和认可西方文化的基础上，大力加强本土文化相关内容的编写，提高英语学习者本土文化的敏感性，加强语言学习者运用外语表达本土文化的能力，在我国的外语教学过程中，都严格遵循了尊重西方文化的原则，但我们也需要公众，需要西方国家尊重、了解和认可我国文化。要想实现该目标，必须加大对我国外语学习者的能力培养，提升外语学习者的语言表达能力，提升语言学习者用外语表达本民族文化的能力，促进中国文化的广泛传播。在外语教学创新和完善中，必须从教材内容和教学理念等入手，从根本上完善外语教学体系。中学六年的英语学习已使学生基本了解和熟悉英语国家的风俗习惯和生活方式。因此，笔者建议英语教材中纯西方国家的题材内容占 1/3，跨文化交际的内容占 1/3，有关中国题材的内容至少也应占 1/3。另外，各个学校还可以根据自己学校的特点编写中国文化和地方文化相结合的英文读本，以此作为学生的自学或自读教材。

7. 立足本土文化资源，有效开展课堂教学活动

在英语课堂教学中，教师应充分挖掘教材的内容和文化知识内涵，将语言训练和文化学习结合起来，实现西方文化和东方文明的融会贯通。在教学过程中，要对比课本所涉及的文化内容和中国文化内容，加深学生对中国文化知识的理解，提升学生的外语表达能力。例如：在讲西方"圣诞节"相关主题的时候，可以让学生将其与中国的"春节"进行对比；在讲解《圣经》里"创世记"的时候，可让学生将其与中国的"盘古开天地"的故事进行对比学习；在讲到西餐及其文化时，可引出中餐文化及礼仪进行对比。通过对比讲解与学习，不仅能让学习者加深对所学内容的理解，还能让学习者尊重中国文化和理解中国文化。

8. 英语的教学测试题要体现本国或本土文化

在当前的英语教学过程中，考试依然是督促学生学习的主要方式。所以，在英语考试的听、说、读、写四项技能考查中，要设计可以体现中国和中国文化题材方面的试题。本土文化和本国文化意识的纳入，使得我们的学生产生和拥有自信和自豪感。在这样的情况下，英语教学工作难度会提升，针对当前的外语教师来说，不能只注重目的语文化教学，还要在结合我国传统文化的基础上进行教学，促进学生对我国传统文化的学习和了解。在不同的语言文化比较中，教师要引导学生用英语阐释我国优秀文化，在应用外语技能的基础上，大力宣传中国民族文化，为中华民族文化创新做出贡献。

9. 利用文化对比

通过对比中国文化和英语国家文化，学生可以同时掌握两个国家的文化。例如：古希腊古罗马的神话在英语课堂上比比皆是，那么我们中华文化中的神话又有哪些呢？其实《山海经》就是我国古代神话的总汇。通过这样的对比，学生们能够获得很大的动力来阅读大量表现中华文化的资料，去挖掘中华文化的真谛。当学生上西方文艺理论课的

时候，老师也可以要求学生说出中文作品中应用了此项写作方法的文章。

10. 课前课后加强文化阅读

要想更全面地了解和学习中国文化，教师要为学生开设专门的中国传统文化课，让学生学习关于中国文化的文章并加强阅读。每个大学生都有一定的中学学习基础，往往都能读懂古文和文言文。与此同时还要转变学生的学习观念，让学生意识到学习本土传统文化的重要作用，意识到自身肩负着向外国友人介绍中国文化的责任，鼓励学生学习中国文化知识。

第四章　大学外语文化教学构建

第一节　大学外语文化教学的目标和内容

一、大学外语文化教学的目标

近年来，我国大学外语教学研究的重要课题之一是交际性教学原则的研究以及在教学中的应用。与此密切相关的则是对教学中语言与文化关系的探讨。根据教育部制定的《大学英语课程教学要求》，大学英语教育的教学性质和目标的定位是：第一，大学英语教学是高等教育的一个有机组成部分，大学英语课程是大学生的一门必修的基础课程，大学英语是以英语语言知识与应用技能、学习策略和跨文化交际为主要内容，以外语教学理论为指导，并集多种教学模式和教学手段为一体的教学体系。第二，大学英语的教学目标是培养学生的英语综合应用能力，特别是听说能力，使他们在今后工作和社会交往中能用英语有效地进行口头和书面的信息交流，同时增强其自主学习能力，提高综合文化素养，以适应我国社会发展和国际交流的需要。第三，大学阶段的英语教学要求包括英语语言知识、应用技能、学习策略和跨文化交际等方面的内容，并以定性和定量的描述体现大学英语教学目标。

对于外语教学的交际性原则、语言与文化的关系等做了较为明确的规定，同时在整体精神与许多具体部分的表述与教学要求上也体现了交际性原则。比较前大纲而言，这是一个明显的进步，是我国外语教学界在语言的本质和功能等方面认识深化的一种表现。然而，长期以来，大学英语教学中存在着重知识、轻能力的现象，教学指导思想一直以教师为中心，学生只是被动地接受知识。这种单一的以教师为中心的教学模式只是让学生被动地接受知识，不利于调动学生的学习兴趣和积极性，也不能有效地培养学生实际运用语言的能力。如此结局为我国的大学英语教育敲响了警钟：重视英语教育的文化目标刻不容缓。

对于外语教学目标的制定来说，相关受影响因素是比较多的。在明确教学目标之前，外语教师要加强调研，进行大量的相关调查和分析，加强对调研结论的研究和分析，在通盘考虑后明确外语教学目标以及框架的具体范围和特色，最终保证外语教学目标科学合理性。对于外语教学目标的制定来说，应当最后用具体化目标形式呈现出来，只有这样才能用来指导具体化的外语教学。

教师可依拟定的教学目标规划，对规划进行再分类，对分类进行再细分，直到呈现出所有的具体教学目标为止。如，教学目标可以分为五类，即语言知识、语言应用、学习策略、自主学习能力和跨文化交际意识。还要继续细分这五大目标。语言知识、语言应用方面的目标比较好制定，因为相关内容的研究比较多。其他三个方面的教学目标在具体细分时，要遵循以下原则：学生学情调研，用以了解学生在这三方面的不足；相关理论研读，由于我国传统英语教学不太重视这三方面的因素，且目前的研究也不十分成熟，各学校教师应深入研究这三个领域的相关理论，并创造性地把这些领域的理论和学生学情相结合，制定出符合实际的教学目标。有了具体的教学目标后，还要把学习策略、自主学习能力、跨文化交际意识等方面的教学目标尽量渗入语言知识目标体系或语言应用目标体系中去。以语言知识和语言应用目标体系为依托完成其余三个目标体系内的学习任务。

另外，针对外语教学目标的制定来说，主要可以分成三大层次，第一层次为一般要求，第二层次为较高要求，第三层次为更高要求。通过层次划分来应对不同英语学习水平学生的学习。针对各个层次教学目标体系来说，往往都是从容易到困难依次递进的。这样形成的外语学习目标体系才具备可操作性。在明确教学目标之后，还要明确具体化教学目标的实施方式和渠道，要明确在设置的课程中相关课程对应的相关教学目标。具体来说包括课堂教学、课外自主学习、英语选修课学习、英语第二课堂学习及其他学习途径等。不但要明确这些教学目标分散到对应教学渠道内的方法，且要明确相关教学渠道适合的教学目标是什么，这些都是外语教师值得探讨的问题。另外，这些教学目标的具体实施是建立在与学生良好的沟通基础之上的。所以，在具体的教学活动开展之前，外语教师必须让学生全面了解整体外语教学目标体系内容，让学生明确自身的外语学习任务，让学生打有准备之仗。这样，教师不仅能做到心中有数，学生也能做到心中有数。

教育部提出的《大学英语课程要求》指出："大学英语的教学目标是培养学生的英语综合应用能力，特别是听说能力，使他们在今后工作和社会交往中能用英语有效地进行口头和书面的信息交流，同时增强其自主学习能力，提高综合文化素养，以适应我国社会发展和国际交流的需要。"这是国家对大学英语教学提出的教育目标，是大学英语教育教学活动应达到的基本要求，也是制定教学大纲等教学文件的依据和落脚点。具体来说，针对受教育者来说，必须达到两大方面的要求：第一，必须具备一定的英语综合运用能力；第二，必须具备较强的自主学习能力以及较高的文化修养。是否具有这两种能力的质量标准是学生在进入社会后，能利用英语作为交流工具，进行口头和书面的信息交流并适应社会发展和国际交流的根本需要和要求。

根据《国家中长期教育改革和发展规划纲要》，中国高等教育的重要目标之一是"培养具有国际视野、通晓国际规则，能够参与国际事务与国际竞争的国际化人才"，那么，大学英语教学的另一个重要目标就是"培养学生参与国际事务和国际竞争时所需要的英语沟通能力"。在学生英语实用能力的培养中，各大学应该根据各个学校的人才规格定位，根据今后学生工作岗位的实际需要，科学地、实事求是地确定英语教学的目标定位。例如，商务类的学生应该具备商务场合与国际同行的交流能力；金融专业的学生应该具备在金融领域使用英语进行专业活动的能力。因此，这类学校的英语教学目标就是"英语能力＋专业知识＝用英语从事专业活动和国际交流的能力"。根据这样的目标，对大部分高校来说，大学英语教学就应该是在训练学生听说读写能力的同时，特别关注学生专业领域英语使用的能力。英语课程应该与专业课程结合，培养学生在专业领域使用英语的能力。

大学英语教学目标指引着教学活动设计的方向，控制着教学活动的实施过程，并为教学效果的评价提供了标尺，在大学英语教学活动中具有举足轻重的作用。总之，教学目标制定的科学合理性直接影响着教学的成败，直接影响大学英语教学的内容、方法、评价以及效果等各方面。教学目标总是随着社会的发展而不断改进。我国教育部已经颁布了《大学英语教学课程教学要求》试行本。修订后的《大学英语课程教学要求》（以下简称《教学要求》）对大学英语教学的目标描述为："大学英语的教学目标是培养学生的综合应用能力，特别是听说能力，使他们在今后学习、工作和社会交往中能用英语有效地进行交际，同时增强其自主学习能力，提高综合文化素养，以适应我国社会发展和国际交流的需要。"学目标从原来的以"提高学生的阅读理解能力"转变为"培养学生的综合应用能力"。和之前制定的教学目标相比，在一定程度上改变了仅以考试成绩作为评价英语教学效果唯一标尺的现象，它突显出了交际、自主学习能力以及文化意识的重要性，对我国的大学英语教学有一定的宏观指导作用。

文化教学作为大学英语教学中的重要组成部分，有三个教学目标，即文化知识的传授、文化意识和文化能力的培养。文化知识学习是进行跨文化交际的前提，主要让学生在英语教学中掌握母语与目的语国家的价值观念、文化传统、风俗习惯、礼仪常识、生活方式等；文化意识是进行跨文化交际的保证，它能引导学生在外语教学中注重目的语文化和母语文化间的差别，并能在日常的学习、生活中比较和体会，从心理上认可其存在的合理性；文化能力是英语教学的终极目标，它是指在文化知识和文化意识的基础上，培养学生在英语教学中有意识地运用文化知识进行跨文化交际的能力。

对于第二语言学习和文化教学的研究来说，并是从当前开始的，早在 20 世纪 50 年代就已经在美国出现，美国教育界的有识之士很早之前就进行了这方面的研究，国内外语界有关语言与文化的讨论亦时而有之。近年来，我国外语教学人士已经普遍意识到语言文化因素在教学过程中的重要价值。语言教学必须与文化教学相结合，已逐渐成为共识。文化教学指的是，在语言教学中对文化背景知识的导入、对学生跨文化交际能力、文化意识的培养以及增强其对文化差异的敏感性和鉴赏能力。从大学英语文化教学的角度讲，"交际文化的重要性甚于知识文化"（胡文仲，1992：45）。我国大学英语的教育目标旨在培养学生的综合应用能力，其中，着重强调语言的实际交际功能，尤其把语言的社会文化性因素纳入对学生的语言基础和技能的培养内容之中。因此，在大学英语教学中，增强学生的社会文化意识和跨文化交际能力具有重大的现实意义。

二、大学外语文化教学的内容

文化的内容纷繁复杂，让学生在有限的大学英语课时中掌握英语国家全部的文化知识也是不太可能的。要想明确大学外语教学实际内容，要从多个方面、站在多个角度上深入分析从背景文化的导入方面来看，相关人员认为大学英语教学的内容主要包括目的语国家的人们的生活方式、思维方式和行为方式等，结合大学英语教学要求等内容，笔者认为英语教学中的文化教学应包括以下几点内容：背景文化。所谓文化背景，是指某种语言从产生到使用所经历的社会历史文化背景，在大学英语教学过程中，对于背景文化的导入应包括以下五点：第一，地理常识，如英语国家的地理位置、气候特点等；第二，历史背景，主要指英语国家的起源、发展、历史大事件等；第三，政治经济，主要是指英语国家的政治制度、经济制度、法律制度、社会福利等；第四，文学艺术、宗教信仰，主要英语国家的著名文学艺术流派及成就，主要的宗教派别等；第五，风俗习惯，主要指英语国家的家庭观念、饮食文化、生活方式、思维方式等。

针对词汇文化语言以及文化的关系来说，两者是相辅相成的。语言包括的要素是比较多的，不仅包括语音、语法，还包括词汇等，在多个相关要素中，和文化关系最密切的要素是词汇，且该要素对文化的反映更加直接。可以反映人类社会文化生活的工具比较多，词汇就是最主要的一个，词汇不仅属于语言的一大基础材料，也是语言中最活跃的一部分，词汇承载着的文化成分是比较多的。大学英语教学中关于对词汇文化的教学主要集中在如下几类：表示特有的事物与概念的词汇，如语面意义与汉语相同，但文化含义与汉语不同的词汇；体现英语民族的文化传统的习语、成语、典故等，如这两个词与美国早期开发西部地区相关；是美国文化特有的产物，在汉语中也找不到完全对应的词汇。

在每一个单元的教学中，首先要进行词汇教学。课前要求学生对于每个单元的词汇进行分类预习，即该词汇属于哪个文化主题（即文化产品、文化实践、文化社群、文化观念以及文化个体之一）。学生可以使用网络、词典等相关工具进行查询，获得其各个方面的信息，如文化背景、含义以及意义的变化等，以备课堂上的讨论。课堂上，在词汇教学中，词汇的上位概念和下位概念的延伸讲解阶段作为搭建脚手架阶段，学生围绕每一个词汇进行相关的"头脑风暴式"联想，即进行体验，形成五个相关主题的互动，形成以某一个文化主题（即文化产品、文化实践、文化社群，文化观念以及文化个体五个主题之一）为核心的圆周进行互动。在使用英语表达自己观点的过程中，联系自己的经历或者经验（包括自己的预习所了解的），就像维果茨基认为的，人的心理发展既是个体的，又是社会的，个体的知识建构过程是与社会共享的理解过程不可分离的，学生自己的经历或者经验作为一种建构的知识与社会、文化等须臾不可分离。可以认为，新获得的知识与学生本身认知结构中已有的相关概念发生联系，所以学生发生了有效学习，从而形成自己对于相关主题的观念和认识，这种过程即是一种文化体验。围绕某一个文化主题的圆周制教学得以循环进行，其内容、目的和方法均以文化为主。

在加强英语词汇教学之后，还要加强英语课文教学。在实际的英语课文教学过程中，要首先加强语言教学，这里特指的是语句的教学。英语词汇教学为后期英语语句学习奠定了坚实基础，即所谓的词汇内涵以及外延，且词汇涉及的文化元素比较多，这些元素的存在为后期语句教学提供了重要平台。在具体的教学过程中，教师应当对于相关语句的解释以词汇的学习为基础进行，让学生分组进行讨论。在这种讨论学习过程中，学生构建协作社群，成为一个学习的"社会群体"，这种社会群体创造了语言的意义"赖以生存"的语境，同时语言的意义又通过这种社会性群体的相互依赖获得，这样不仅可以拓展学生的个体知识面，还可以最终实现知识建构及发展目标。同时，这种讨论提供了一个环境使体验得以顺畅进行，在"对话"与"协商"中，学生调动自己对于相关词汇的学习以及已有的个体知识背景，学生的主体地位通过积极参与活动表现出来，他们通过心灵进行感受，在亲身的经验和体验中理解知识，提高和发展自己的语言能力。

在词汇和语句的学习基础上，要学习整篇课文的教学，在该过程中，教材的"二次开发"成为关键。首先是教师的脚手架作用，围绕课文相关主题进行改编和开发，以便适合学生进行角色扮演之用。在扮演过程中，学生置词汇和语句于相关的语境中，感受体验其潜在的社会含义。知识的意义和个体的身份是在互动中建构的，而且这种建构具有情境性。情境认知理论认为，知识的意义具有情境性，只有通过运用才能够被理解。它取决于具体的使用场合和社会文化等因素的影响，个体在与周围环境和其他社会个体相互协调和相互活动的过程中逐渐建构和发展起来，体验贯穿在其情景性和互动性中，知识通过实践而获得，即使有一些知识学生在当时并不能意识得到。

在大学英语教学中推行文化教学是十分必要的，其最终目的是培养一大批跨文化交际能力足够强的人才，对于跨文化交际来说，其会涉及人和人之间的具体化接触，所以，英语中诸如问候、告别、称赞、批评、感谢、道歉、祝贺及其应答、邀请、请求、同意、劝说、建议、介绍、参观、约会、宴请、饮食、服饰、电话、交谈、社交书信等社交规约也是社交文化中不可缺少的一部分。针对非语言文化来说，它属于言语范畴之外的一切表现形式，不仅包括手势、身势、触摸，还包括面部表情、身体距离、音量等。要想提高学生的跨文化交际能力，在大学英语的文化教学中传授此类非语言形式的文化背景知识也是必不可少的。

从文化分类方面来看，不同的文化分类往往意味着不同的文化内容。根据文化的国度和民族性，可分为目的语文化、母语文化和其他民族文化。根据文化在跨文化交际中的影响（功能），可分为知识文化和交际文化，包括目的语文化、母语文化、世界其他民族文化、知识文化和交际文化。

目的语文化。就外语教学而言，无论是实现它的工具性还是人文性，都需要学习目的语文化。目的语文化的学习，对提高学生的综合文化素养和语言教学效果以及实现提高跨文化交际能力的教学目标都具有十分重要意义。目的语文化是外语教学的内容之一，"外语学习的过程使人们能够直接体味外语所承载文化的思想观念、价值体系和精神蕴含。它是目的语文化输入过程，同时也是民族价值观念重塑过程中的一个重要环节。"根据文化教学有效性原则，目的语文化教学只能选择那些与教材和日常交际密切相关的内容。杜学增也说过："一个国家或社会的文化是博大精深的。在我们的外语教育中，我们不能要求我们的学生习得外语文化中所有的东西，而只能根据教学的需要，将那些最基本内容传授给他们。"

母语文化。外语教学是内含母语及其文化的互动过程。融入母语文化，一方面可以加强母语文化修养和认知；另一方面，两种文化对比学习有利于增强文化差异意识和文化差异理解力，提高跨文化交际能力。国际视域下推介和传播中国文化精华是外语教学的内在使命，也是广大外语学习者的义不容辞的历史责任。融入中国文化因素，有助于培养学生中国文化意识和用外语表述母语文化的能力。当前，学生用外语表达中国文化的能力普遍较弱，主要原因是母语文化教学严重缺失。"要走出这一困境，只能从外语教学入手，在实践中探索用外语表达中国文化的方式；借助西方的文化框架来揭示中国文化精神，理解和重新构建自己的母语文化，实现母语文化的输出。"上述教学中让学生用英语表述各自地方待客方式就是很好的尝试。"所以，外语教学在实现了文化输入的同时，还有一个很重要的目的是使外语学习者能够有能力将我们的传统文化精髓展示给世界各民族，为我们的文化输出起到现实的作用。"这样才能真正实现跨文化交流的双向互动，对扩大中国文化的国际影响具有十分重要的意义。

世界其他民族文化。在外语教学过程中，及时融入涉及除母语和目的语之外的其他民族文化，也是文化教学的应有内容之一。这也是当下我国外语教学中较为薄弱的环节。例如，当我们在学习一篇英语文章中出现有关伊斯兰教的文化知识，外语教师是否要给学生做一番解释呢？答案是肯定的。只有将文章中这一文化因素解释清楚了，学生才能准确把握文章，有利于外语的教与学。所以，外语教学"培养的应是'多文化人'，对自身文化的体认将赋予他们民族国家使命感，利于增加我们文化的影响力；对多元异文化的了解可使他们心胸开阔，善于汲取先进文明成果。"这样，外语教学的社会价值也才能得以实现。

知识文化和交际文化。根据文化因素在交际过程中实际产生的影响不同，文化可分为知识文化和交际文化。这一文化分类，与外语教学目标密切相关，比较适合文化教学内容的需要。知识文化是指不同文化背景的人在进行交际时不直接影响准确传递信息的语言和非语言的文化因素。所谓交际文化，指的是不同文化背景的人在进行交际时，直接影响准确传递信息的语言和非语言的文化因素。二者具有交叉性和对比性。在外语教学的不同阶段以及对不同的外语学习者，二者又具有可变性。这需要外语教师因地制宜，有针对性开展文化教学。对于异域文化知识比较丰富的学生，影响交际的文化因素相对会少些，这时知识文化教学就可以多一些。教学基础阶段交际文化可以多一些，随着学生语言能力的逐步增强，知识文化就可以多一些，"因为交际文化扎根于知识文化，高年级阶段导入的知识文化可以为基础阶段的交际文化提供理论解释，让学习者知其然又知其所以然，这样才有助于培养学生文化理解力。"上述教学案例中，教师导入的更多的是交际文化，以帮助学生克服畏惧心理和交际障碍。

从文化定义和要素方面来看，美国的 Patrick R.Moran 在《文化教学：实践的观念》一书中，谈到文化教学的内容时指出，文化教学不能只教授文化的某一部分，因为文化的任何一部分都是与其他部分密切关联的。他认为文化的定义包括如下五个要素，即：

文化产品、文化实践、文化观念、文化社群和文化个体。在五个要素中，文化观念大部分是隐性的，少部分是显性的，而文化产品、文化实践、文化社群、文化个体都是显性的。我们在文化教学中要注意到显性的部分，但更要注意到隐性的部分。

针对文化产品来说，主要包括四大要素：第一大要素是物质产品；第二大要素是居所；第三大要素是机制；第四大要素是艺术形态。物质产品主要指人类不同文化群体所共有的物品，比如货币。但也存在一部分物质产品是特定文化群体拥有的，比如日本和服等，以及房屋、村落、城市，政治、法律、经济、教育、宗教、家庭等不同的体制，另外还有音乐、舞蹈、绘画、雕塑、戏剧、电影、建筑、设计、装饰、服装等专门艺术形态与生活艺术形态。

针对文化实践来说，也具备四大要素：运作、行为、场景化活动、生平经历。具体来说，主要是指文化产品的运作方式，比如具体用餐的方式和具体购物的方式等；仪式化的交际实践，例如问候、告别等；一些扩展性的交际实践，在一定的场景下行动的方法；文化成员的生平经历，主要有真实的人物传记、文学作品中虚构人物的生活经历等。

文化观念也包括四大内容：感知、信仰、价值观、态度。具体来说，包括我们感知的内容、忽略的内容、注意到或未注意到的内容；我们相信为真实的或不相信为真实的内容；我们坚信是正确或错误、善或恶、期望与不期望、合宜与不合宜、正常与异常、恰当与不恰当的内容；我们的精神和情感秉性等。

不同国家人属于不同的社会群体，所以，我们在国家以及民族层面上存在着差异。就算是本地人，也会在年龄、性别、性格等很多方面有所不同，即便是师生之间也存在着巨大的群体文化差异，这对我们的文化教学常常形成障碍。文化个体主要指身份归属层面上的文化要素，具体包括国家、教育、性别、宗教、职业、地区、社会阶层、种族、代别等。文化是人的生活的文化，它不仅是民族的、国家的、群体的文化，更是个人的文化。所以，我们在学习时，不要把一个群体的文化呈现为整个社会的文化，要充分把握外国文化中的个人差异。

从第二文化教学方面来看，在第二文化教学的入门阶段，多讲述与表层文化有关词语的文化背景及语义；在基础阶段的语言教学中，应把重点放在与中层文化密切相关的语言现象与文化习俗方面；而在语言教学的提高阶段，除继续进行与中层文化相关的语言文化对比之外，还应加强与深层文化有关的语言现象的理解、分析、对比。上述各种分法应该说都有其可取之处，对教学有一定的指导意义。但是，它们都有各自的不足，因为文化是一种极其复杂的社会现象，分类之间总是不可避免地存在着交叉、重叠或有少许遗漏。但从外语教学的角度看，笔者较赞成从文化知识功能的角度来对外语学习中所涉及的文化背景知识做出划分，即分为知识文化和交际文化两种。所谓知识文化，指的是"那种两个不同文化背景培养出来的人进行交际时，对某词、某句的理解和使用不产生直接影响的文化背景知识"。

无论对于什么词来说，都包含知识文化成分，但对于交际双方来说，是不会因为没有这些知识而产生纠纷的，就算没有相关知识文化，只要采取有效的交际策略，也能维持交际的长期进行。针对交际文化来说，主要指的是直接影响交际的背景知识和普通的文化模式。针对文化背景不同的两个人来说，如果在交际过程中缺乏该文化知识，会从根本上阻碍交际的正常进行，甚至造成交际失败。导致交际不成功的原因比较多，影响因素也比较多，但交际文化知识缺乏是其中的主要原因和主要因素。

从语言教学的角度看，给学生传授交际文化往往比传授知识文化重要。有些学生某些知识文化固然不好，却不会在交际中造成误解，但学生如不懂交际文化就会出问题。因此，在语言教学中，我们应着重向学生介绍交际文化。知识文化是基础，但交际文化是重点。相比较而言，学生较易获得知识文化（如通过听概况课、阅读文学作品、查字典等），而交际文化却往往需要教师的传授才能明白。在上语言实践课时，教师对知识文化的介绍要有节制，应重点传授交际文化。但这并不是说，在语言教学中要侧重或突出交际文化就可以忽略知识文化。其实，从长远的观点来看，这两种文化对学生语言能力的培养都是非常重要的。丰富学生知识文化不仅有利于提高学生的阅读、写作能力，且最终还利于提高学生的听、说能力。越是到了语言学习的高级阶段，知识文化因素的影响力就越大。因为到了中、高级的学习阶段，交际文化因素就具体地更多反映在成语典故、惯用语、缩略语等方面。

可知，语言教学应自始至终地把知识文化和交际文化的教授贯穿其中，在语言学习的初级阶段，应该把交际文化作为侧重点，随着语言学习的不断深入，知识文化的比重也应不断加大。另外，从时间上来看，我们还要注意区分现代的文化现象和旧时的文化现象，即要注意文化的时效性。我们认为，作为语言研究，无论是流行于任何时代的文化现象都要去研究，但作为语言教学，就首先要给学生讲那些与现时生活关系最密切的东西，不讲就容易产生交际障碍的交际文化。只有这样，才能真正达到培养学生跨文化交际能力的目的。我们不能把文化研究与文化教学混淆起来。作为教师，在讲授文化时要始终明确文化教学的范畴和目的，要在有限的课堂语言教学时间内，把重点放在现代的交际文化教学上。

从教材方面来看，根据教材可知，在实际的大学外语教学过程中，具体有词汇教学、口语教学、阅读教学、非语言交际教学。

词汇教学。英语与汉语中的有些词汇看起来和概念意义相对应，但它们在指称的范围、表达的程度和隐含的褒贬等方面有着这样或那样的差异。大学英语教师，在进行词汇教学时，应注意解释词汇的文化背景意义，并将其与相应的汉语词汇进行对比，有时还可深入补充一些相关的异国风土人情等。词义的文化因素挖掘可视具体情况采取语境法、词源法、搭配法、比较法等。这种渗透方式，对学生在潜移默化中深入了解西方文化有很大帮助。

口语教学。一口地道的英语口语集中体现了对西方文化的深刻认识。适当的英语口语环境也能够让学生在不知不觉中接受西方文化的熏陶，增强其对西方文化的感知和接受能力。英语教师在日常教学中应尽可能地使用地道的英语与学生进行交流，设置专门练习地道口语的环节，一般可与听力训练相结合，让学生在听力训练当中掌握出现的地道的英语口语。教师还可充分挖掘，提供相应的语境，让学生进行模仿练习，使其达到能熟练应用的程度。

阅读教学。对于文化教学来说，必须加强对英语文化的渗透。所以，对于大学英语教师来说，必须加大对语言文化背景知识的讲解和介绍，在具体化的课文阅读过程中，也要考虑到英语文化背景知识以及相应的文化习俗。对于外语教师来说，可以采取播放相关影片等方式进行语言文化研究，让学生全面了解英语国家的宗族制度、风俗习惯和生活方式等。

非语言交际教学。非语言交际属于一种非常重要的交际方法，具体指的是在特定的情景或语境中使用非语言行为进行交流和理解信息的过程。

针对不同文化背景下的非语言文化来说，其实质内涵差异很大，一些特定的非语言行为往往代表着特殊的含义。所以，在日常的英语教学过程中，必须明确非语言交际的作用和重要价值。

事实上，大学英语的教学内容总是体现一定社会或群体的主流文化，是以社会主流文化的代言人的形象出现的。它将社会主流文化转化为适合学生接受的内容方式，使学生在课堂的学习以及与教师的日常交往中，就有意无意地、或多或少地习得了这些文化内容。当然，大学英语中的文化教学一直是外语教学领域的难点问题，需要在教学过程认真探索和总结。

我国学者束定芳、庄智象在《现代外语教学理论、实践与方法》一书中将外语教学的文化内容划分为词语和话语两大类，认为这样易于教师操作和准备材料，也易于学生理解和接受。这个划分与跨文化交际学的创始人霍尔曾经在《无声的语言》阐释的定义有相契合之处。霍尔指出："文化学存在于两个层次中：公开的文化和隐蔽的文化。前者可见并能描述，后者不可见甚至连受过专门训练的观察者都难以察知。"从语义学来说，词语的所指是现实生活中可以看得见的物质和事实，而它的能指则需要他人进一步的理解体验；看得见的是公开的文化，而需要体验的则是隐蔽的文化。

同理，话语的文化特性也区分为公开的层面和隐蔽的层面，如在语篇分析研究领域，话语的隐蔽层面是其研究的侧重点。近年来，在大学英语教材的设计上，词汇表中单词解释就是每个单词的所指，即公开文化的层面；而词汇在课文中的使用则是词汇的能指，即隐蔽文化的层面。关于话语，我国学者王虹在《戏剧文体分析——话语分析的方法》一书中提出："对于'舌语'这个术语没有统一的理解，有的学者用其特指口语，有别于书面语，也有的学者将其看作是语言运用的统称，既包括口语，也包括书面语。"此处，为了便于教师的准备和学生的理解，可以理解为口语和书面语的统称，指一切教材内容，包括教材文本和任何语言材料，比词语层面更高一级的语言层面。词语文化与一个民族文化息息相关，民族文化中特有的事物与概念在词汇及语义上会有呈现，同样一个指称在不同文化中可能有不同的内涵意义，即词语在文化含义上的不等值性等。

话语亦受文化的影响和制约，话题的选择就会体现文化的不同，如谈论天气或者薪水、年龄等在不同文化中的社会意义，甚至用什么样的语言风格来谈论该话题也受到文化因素的影响，各种不同的文化有各自不同的规范和模式。每一篇英语课文是词汇的逻辑组合，必然体现一定的文化含义，虽然其体裁可能是故事、戏剧、科普知识等各不相同，但这些只是语言的公开文化层面，文章作者自己的价值观、思维方式等却蕴含其中，因为个体的文化孕育于共性的文化之中，当学生接触到或者感受到其间的文化信息，就会感受到其语言文化所涉及的方方面面，包括其思维方式，进一步理解和感受与汉语语言文化的区别。很多文学作品描述的是特定的人物形象，表达的是作者本人的观点，但是文学作品却能在很大程度上帮助学习者理解某一群体的价值观和信仰。大学英语文化体验教学是一种结合了词汇和语言的文化语境的教学活动，通过凸显文化特征而提高教学效果，文化既是教学的内容，又是手段，亦是目的。

第二节　大学外语文化教学方法

从广义上讲，教学策略不仅用来表示为达到某种教学目的而使用的手段或方法，而且还用来指教学活动的序列计划和师生间连续的有实在内容的交流技巧、艺术。但从狭义上讲，教学策略仅是指为达到某种教学目的所使用的手段和方法。在此意义上，教学策略同义于教学模式和教学方法。目前，各大高校因受传统英语教学观念的影响，依然采取的是以班为单位，沿用"复习旧课—导入新课—讲解新课—巩固新课—布置作业"这种陈旧的课堂教学模式。以教师为主体的课堂教学模式以语言为基础，只注重语言结构等知识的传授，认为学生一旦了解并掌握了语法的相关知识就相当于学会了该语言和运用该语言的能力。因此，有了该理念的支撑，大部分外语教师开始在课堂上进行词汇知识讲解和语法知识讲解，开始加强对语法知识的研究和分析，开始采取中英文互译等传统方式进行教学。针对该教学模式来说，其具体化实施的作用比较大，目的比较明显，一方面主要是为了便于教学内容、教学活动以及教学进程的组织和监控，充分调动教师教学的积极性，发挥其教学的主导作用；另一方面也是为了学生在较短的时间内掌握较为全面的语言知识。

随着社会的发展，教育的不断改革，传统的教学模式及其教学方法已经不能适应当前教学的需要，存在一定的不足和弊端。首先，从大学英语课堂教学模式来看，教师是课堂教学的主体，教师备课认真、授课内容丰富、授课条理清晰成为衡量教学效果的重要标志，教师成为教学内容、教学结构、教学方法及教学进度的决定者，他们将教材、教学要求等内容实施统一要求，忽视了来自不同文化背景的学生有着不同的文化个性，如认知策略、学习方式、思维形式等。这种模式片面夸大了教师的主导地位，忽视了学生的学习主体地位，缺乏因材施教的理念。其次，从大学英语教学方法来看，站在教师的角度，语法翻译法是一种传授的方法；站在学生的角度，语法翻译法是一种接受性的方法。在教学过程中，该方法只强调灌输语言知识，而忽视培养学生的语言应用能力和文化意识；只重视英语语言的输入，而忽视英语语言输出。传统的这种"一言堂"和"满堂灌"的大学英语教学模式和方法不仅不利于学生创新思维的培养和发展，更不利于批判性思维能力的培养和发展。为了让师生双方共同走出大学英语"唯工具论"认识上的误区，让教师不仅注重学生基础知识的传授和应试能力的培养，还要重视文化输入和跨文化交际能力的培养；不仅注重西方文化的导入，还要注重本土文化的输入；不仅认识到文化的多元性，还要认识到多元文化的差异与共存。

一、大学外语文化教学图周

要想进行大学英语文化教学，首先要进行先行组织者的提供，教师要发挥良好的引导作用和调动作用。其实对于大学英语文化教学来说，属于一种体验式教学。在词汇层面的教学中，文化体验从最基本的词汇意义开始。语言属于人类思维的主要工具，也是人们思想和表达思想的主要工具。人们要想形成思想，必须借助于语言，与此同时，对于人们的思想来说，又往往以语言形式来表达。语言的基本单位就是词汇，词汇是文化传承的基本细胞，无论是人们的思维的过程还是人们思维的结果，都要在语言词汇以及相关结构中体现出来。语言词汇不仅有承载文化信息的作用，也有反映人们文化生活情况的作用。各种语言中除了一部分核心词汇外，许多词汇都有特定的文化信息，即所谓的"文化内涵词"。语言的学习者和研究者都知道，语言中最活跃或者说最富有变化的成分是词汇，词汇是语言的基本要素，是语言大系统赖以存在的支柱。词汇同社会文化的各项活动和社会的各种关系密切相关，真实地反映了人类的社会文化活动，传播着特殊的文化内涵。如因纽特人的语言中有很多与"雪"相关的词汇，因为他们所处的地理环境。因此，词汇字面意义，即辞典解释的含义属于先行组织者。且学生通过教师的讲解和查辞典获得词汇的基础含义，此层面属于心理体验层面，并且属于被动体验，学生被唤起想象自己在目的语文化环境下，去理解、认识主题内容，即词汇的含义，教师同时可利用图片展示等，来促进学生的进一步心理体验。同时前文所提到的其上位概念和下位概念也是其中的先行组织者材料，此阶段学生会有新鲜感或者是激动的感觉。随后教学圆周开始形成。当然，词汇形成语篇，即语言，在词汇圆周推进的同时会产生语言圆周的推行和思维圆周的推进，因为语言与思维不可分，但是为了阐述方便，此处作者将语言圆周教学以及思维圆周分别单独列出，并且阐释其中的过程。这个过程的推进层次如图 4-1 所示：

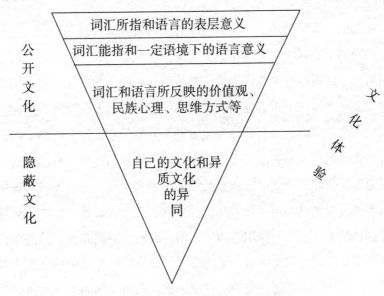

图 4-1 大学英语文化教学圆周

大学英语文化体验教学包括四个阶段：贯通性文化主题的确定；先行组织者的提出，教学圆周内容的制定；文化体验途径的创设，如故事、电影或角色扮演等；英语国家文化与自己国家文化的比较等。同时，大学英语文化体验教学对学生也有一定的要求，在学习中学生应是课堂活动的积极参与者、大胆的表演者、有效的语言使用者、教师指导下的自主学习者。目前，很多大学英语教材的每一个单元都是按主题安排教学内容包括语言知识和相关的背景知识、阅读材料、听力题材都是围绕这个主题安排和设计的。因此，教师设计的各种教学活动在完成本单元的教学任务时，应首先让学生有足够的机会去体验、感知和思考所接触的新内容，然后，在教师的指导下，学生把观察思考后的内容加以归纳，得出新的概念，可以是新的语法知识、语言知识或是背景知识，即"文化信息"，并运用到新的语境中或者课堂活动中，这实际上就是所提出的"文化实践"。此后是在了解文化信息基础上的课堂活动后的反思，即"文化观念"，最后才了解英语国家与我国文化的异同。在高层的认知、创新和个人发展中常常需要文化体验教学中的几个教学圆周阶段互相推进。

如果依照该方式的话，在通过主题循环完成某单元任务后，学生就可以加强对该单元文化内容的感知，且能在新的语境中熟练运用相关知识。所以，针对教学圆周来说，能够分成三种，第一种是以词汇为圆心的圆周，第二种是以语言为圆心的圆周，第三种是以思维为圆心的圆周。为了深入了解这三大教学圆周，下面进行相关研究和分析，并加强对其他文化教学策略的扩展分析。

（一）词汇文化圆周

由李荫华主编的《大学英语》（全新版）在全国各大高校使用广泛，在这本书词汇表的设计里，四级词汇有标注，其中不乏高中阶段接触过的词汇，老师可以以此为每个单元的重点讲解词汇或者根据文章内容确定那些可以归于文化产品、文化实践、文化观念、文化社群和文化个体五个贯通性文化主题的词汇，并且找出这些词汇的上位概念和下位概念，形成一个个低级次的贯通性文化主题，它们的意义即是词典上的释义，属于表层意义，作为先行组织者而提出。此时，教师的讲解和描述是可行的方法，因为任何认知活动都要通过视觉的、听觉的，或者触摸的通道来实现，并且形成心理体验方式，学生把自己当客体，根据目的语文化的环境、立场、观点去观察、思考，从这种被动体验中去获得信息，起了脚手架的作用。随后，第一级教学圆周开始，其目标在于"知道是什么"。首先涉及该词汇在文中语境下的使用，即其在该文化中的实践或者外延。如单词"汽车酒店"在文中出现时，会围绕着属于文化产品主体的"汽车酒店"出现了文化个体、文化社群（哪里的人、文化实践，怎么用餐、文化产品、文化观念），当然在文中它们有特定的情节。但是学生首先作为主体观察"汽车酒店"这个客体而进行被动体验。

第二级教学圆周开始时，需要学生通过把自己暂时置于文中情景进行心理体验和实践体验。同时可根据自己的经历进行建构，联系自己的经历和故事，就像前文所举的例子，汽车会联想到自己的初恋等。此阶段可采用小组讨论法进行。布鲁纳在谈到采用假设式的教学方法时说："采用假设式的教学，教师与学生便处于更合作的状态学生不是静坐在课椅上的听者，而是投入系统的阐释中，有时还可在期间担任主要角色！学生会意识到可资选择的办法，甚至有可能对这种办法有似曾相识之感。当信息来到时，学生不仅能接受它们，而且能加以评价。"同时，也可采用角色扮演或者观看相关视频进行。

教师可适当引导一下学生，让学生表达自己在前期过程中间的经历和体验，从而通过一定的课堂活动达到"知道怎么做"，当然教师提供的文化信息不可或缺。随后，第三级教学依次开始。即"知道为什么"。"人类思维是媒介了的"，这里，学生在做出评价时，它的思维要借助于文化产品等进行语言组织和表达，而且通过心理体验和实践体验，获得在目的语文化下汽车酒店的含教师和学生的共同研究和合作在这一阶段重中之重，引导学生体会词汇背后的价值观，思维和民族观等等，从而培养了他们批判性思维的能力，达到对于隐蔽文化的学习。此阶段学生的讨论对话也是不可或缺的。建构主义认为，通过参与对话性构建的社会互动，个体能力之间的差距会缩短，是帮助个体认知获得发展的一个有效的途径。

对于学习来说，也属于一种认识过程和认知活动。学生必须在结合自身学习目标的基础上，主动参与到交际活动中，这可以从根本上提升学生的语言能力。因此，在外语学习过程中，可以应用协作型学习方法。在第四级教学圆周中，教师的脚手架作用渐渐减弱，学生对于目的语文化的了解引起学生对于母语文化和目的语文化的对比，习得了隐蔽文化，以便能在以后的生活中进行顺畅的跨文化交流，即所谓的"文化自知"。

（二）语言文化圆周

大学英语教材文本是一个很好的语言教学与文化教学的媒介，而且该文本的题材也比较丰富，教师首先要挖掘教材中的语言文化内容。一个民族的好的小说是该民族的文化精华部分，是历史文化的积累，也是这个民族文化的一个体现。如对一篇短篇小说的深读精挖，不只是对一种文化的理解，更是对于一个民族的心理、历史、习俗和思维方式等了解的有效途径。语言文学历史悠久，沉淀物多，每个民族文化心理中的优质因素和民族文化传统中的负面因素均可以在其中找到痕迹。文学是语言的艺术，文学作品可以为学习者提供丰富多彩、生动有趣的语言输入，而文学作品中集中放映了一个民族文化历史发展的轨迹，通过大量阅读文学作品，可以使学习者对目的语社团文化有一个比较深刻的认识。

大学英语教材涉及的内容是比较多的，戏剧就是其中常见的形式，戏剧表现形式是非常直观的，很多戏剧精神往往都渗透到了英语语言中，戏剧语言属于一种对话，该对话的明显特点是交流互动，交流互动就是戏剧语言的根本性特点。在教学戏剧作品时，可以从角色的语言、舞台布置的说明等去领略其内涵。其中最利于英语文化教学的，往往是戏剧中有供学生交流及互动的功能性，选取戏剧作品的一幕作为学生表演的脚本，不但可以使他们展现自己的表演才能，更可以在表演中吸纳西方文化、思维方式以及背景知识等，从而扩大学生的知识面，在交流互动中学习语言与文化，正好符合文化体验情景，让学生有一种创造感、自豪感、成功感，这是一个人学习时的潜在动机。所以，对于语言文化教学圆周来说，从语言层面的文本形式考虑的话，可以称为小说以及戏剧作品，由教师进行解读，即提供先行组织者，然后如上所述，进行圆周式教学而层级推进。

（三）思维文化圆周

语言、文化和思维紧密结合才能有效地进行跨文化交流，而不同的语言结构、表达形式以及不同性质的文化反映了不同的思维方式。德国哲学家和语言学家洪堡特认为，一个人作为认识个体，必然会把他的主观意念带入客观的知觉和思维过程中。语言是处在人与自然之间的一个独特的世界，人在很大程度上必须通过语言的世界才能认识自然的世界，而由于语言的不同，各个民族认识到的自然世界也就有所不同。洪堡特还强调："每一种语言都包含着一种独特的世界观。我们或许可以说，学会一种外语就意味着在业已形成的世界观的领域里赢得一个新的立足点。在某种程度上，这确是事实，因为每一种语言都包含着属于某个人类群体的概念和想象方式的完整体系。掌握外语的成就之所以没有被清楚意识到，完全是因为人们或多或少总是把自己原有的世界观，甚至语言观带进了一种陌生的语言"。由此可见，语言教学不仅涉及文化交流的内容，而且不同的语言导致了不同的世界观和思维方式。在英语词汇和语言文化教学中，词汇和语言所携带的文化信息就是英语语言民族所独有的世界观和思维方式的显现，因为词语是"事物在心灵中造成的图像的反映，在发明词语的某个特定时刻对一个事物所做的理解"。

因此，在英语词汇和语言文化教学中，训练英语民族的思维方式应贯穿始终。也就是说，无论是学习英语语句、词汇和语法，还是通过英语语言进而了解其文化内容，都要采用英语民族的思维方式去理解它们，这样所掌握的英语才是一种具有英语语言文化和思想特性的语言，而非工具语言。学生通过这种循序渐进的文化体验式学习，鉴别出中式和西式思维方式的异同，达到对英语的有效学习，促进大学英语教学效果的提高，在每一级的教学圆周推进的同时，学生的思维是不会停歇的。学生在进行文化体验活动时，自己的反馈会立刻反映在操作层面，从而给教师提供了进行教学改进的切入点，使得教学顺畅有效地进行。同时，随着教学圆周的推进，教师脚手架的作用会慢慢减弱。

在大学英语文化体验教学中，词汇文化教学圆周与语言文化圆周互相交叠或者有层级之分，即词汇文化圆周与语言文化圆周互为基础，同时思维文化教学圆周贯穿其中，借助于现代技术所创设的虚拟情境成为教学重要的一部分。

在具体的大学英语文化教学过程中，只有通过确定与贯通性文化主题相关的英语词汇和语言文化教学，通过语言与思维方式转换的体验，掌握了公开的文化和隐蔽的文化，才能最终形成有效的大学英语文化教学系统。具体来说要分成三步：第一，要由外语教师提供先进组织人员，从而明确教学圆周的主要核心；第二，层层推进"文化信息"以及"文化实践"，其是公开化的文化层，而"文化观念"属于思想和思维方式的结果，其是相对隐蔽的文化层，在该过程中，教师角色不断改变，教师作用也不断改变；第三，要达到文化自知目标，优化大学外语文化教学效果。

二、大学外语文化教学具体方法

（一）凸显大学英语课程教学中文化因素

大学英语教学以第一个《大学英语教学大纲》的制定为标志开始到今天走过了几年的历程。每一不同的阶段对于大学英语教学提出不同的要求，有不同的侧重，但一直是统一大纲、统一要求，为我国的大学英语教学起到了规范和普及推广作用。随着时代的发展，尤其是当今世界进入"地球村"时代，高等教育多样化的现象出现，统一的大纲和测试体系等似乎束缚了高校的大学英语教学的发展，其他各种弊端也渐渐露出来。之前，我国高校的大学英语主要是基础课，其目的是帮助学生进一步打好语言基本功，大学英语这门课只是作为大学教育的一个组成部分，而且这个时期的大学英语主要是把英语作为一门知识和一种素质来教学和培养的，但随着近几年以来我国国际交流的日益频繁，国际地位和影响力不断提升，社会及相关部门对大学生的英语水平要求有了显著的变化。于是，《大学英语课程教学要求》应运而生。《大学英语课程教学要求》提出大学英语的教学目标是培养学生的英语综合应用能力，特别是听、说能力，使他们在今后工作和社会交往中能用英语有效地进行口头和书面的信息交流，其作为交流工具的特性凸显。

随着时代的变迁和科技的发展，最新《大学英语课程教学要求》进一步阐释了英语作为文化交流工具的特性。它提出："大学英语是以外语教学理论为指导，以英语语言知识与应用技能、跨文化交际和学习策略为主要内容，并集多种教学模式和教学手段为一体的教学体系。"大学英语的教学目标是培养学生的英语综合应用能力，特别是听说能力，使他们在今后学习、工作和社会交往中能用英语有效地进行交际，同时增强其自主学习的能力，提高学生的综合文化素养，以适应我国社会发展和国际交流的需要。我国大学英语教学进入一个转型时期，因此提倡个性化的教学要求、方法和模式，大学英语教学中的文化因素要求凸显。教育部在《关于开展大学英语教学改革试点工作的通知》（高教司号）中明确指出，要充分利用现代教育技术，构建个性化的大学英语教学模式。大学英语文化体验教学有效结合了时代赋予这门课程的机遇——文化交流的工具，同时利用了时代所赋予的平台和技术成为知识的建构工具，并且结合了先进的教育教学理念，为学生日后的跨文化交流扫平了障碍。大学英语教学不再只有一种教学模式，学生不再只是有一种学习动机或者学习方法，甚至一种英语供学习，而是多维度、多层次、多途径的大学英语文化体验学习。

（二）树立正确的大学英语文化教学观念

从对大学英语教学中文化教学的实践探索中我们不难发现，教师在教学中的作用不容忽视，教师教学水平足够高是文化教学得以顺利进行的重要基础，也是取得卓越教学效果的重要前提。部分教师文化知识的缺乏，导致其无法完全胜任文化教学工作，难以将中西方文化有效地纳入英语教学中。另外，针对一部分外语教师来说，其跨文化交际意识是比较淡薄的，认为大学英语教学只是简单的词汇和短语知识讲解，导致英语教学课堂枯燥乏味。要想改善大学英语教师综合素质低、文化教学意识弱的现状，我们一方面可以通过开设英语文化培训班，使英语教师以继续教育的形式加强对英语国家的历史、文化、风俗习惯、生活方式等内容的深入了解，从而为英语教学的改善创造条件；另一方面也可以通过"请进来，送出去"的方式，即邀请英语国家的专家学者直接参与到大学英语教学和英语继续教育工作中来，或者是为大学英语教师提供与英语国家的专家学者座谈交流的机会，抑或是经常选派大学英语教师出国培训，让其身临其境地感受英语国家的历史、文化以及生活细节等。总的来说，实施多种举措的目的只有一个：增强大学英语教师的文化教学意识，端正大学英语文化教学观念。实施以上多种举措不仅是加强大学英语文化教学的前提条件，也是有效开展大学英语文化教学活动的基础。

树立正确的大学英语文化教学观念；要求教师在英语教学实践中将语言和文化有机地结合于一体。教师们常常会发现在英语教学过程中，学生们对于英语语言所承载的文化信息的兴趣要远远大于对纯英语语言知识的兴趣。为此，大学英语教师在向学生传授知识时应注重文化内容的讲解，因为语言教育和文化教育是相辅相成的。比如，在讲解课文时，为了达到在语言中学文化的目的，教师可以利用一些句子或者单词所蕴含的特殊文化知识来吸引学生的注意力。另外，教师还可以适当地添加教学内容，在大学英语教学中加入适当的文化教育。这样一来，在整个教学过程中，教师与学生的多元文化知识与素养都会在潜移默化中被提及。

树立正确的大学英语文化教学观念,要求教师注重西方文化与母语文化的同步输入。在大学英语的文化教学中,使学生在潜移默化中以一种批判的眼光学习英语文化,避免因过度导入西方文化,出现学生漠视甚至摒弃以汉语为载体的中国文化。在讲解西方文化知识的同时,更要注重对母语文化的强调,通过西方文化与母语文化的同步输入,使学生在两种文化的比较学习中认识差异,在欣赏两种文化的同时获得社会交际中必要的跨文化交际意识与技能。比如在讲授"美国文化的五大象征"时,教师可以采用中西方文化对比的方法,在介绍自由女神像、芭比娃娃、哥特人、野牛镍币和山姆大叔的同时,还应通过导入秦始皇兵马俑、万里长城等象征中国文化的主要代表,一方面帮助学生回顾我国的历史文化;另一方面加深学生对美国文化的理解。

要想树立起正确的大学英语文化教学观念,教师必须拥有正确的跨文化教学价值观。在实际的文化教学过程中,教师往往把英语当作载体,在该文化教学中,外语教师必须加强对学生的引导,让学生拥有求同存异的包容心态,让学生明确英语与汉语之间的文化差异性,还要让学生尊重和理解文化差异。且在实际的文化教学过程中,教师还要注意引导学生正确认识、深刻理解英语语言中蕴含的先进文化,避免学生错误认同、盲目崇拜英语语言落后文化的问题出现。

(三)确立多元的大学英语文化教学目标

针对大学外语教师来说,不仅有培养学生具备人文理性的职责,还有培养学生具备人文关怀的职责。因此,在大学英语教学中倾向于重"功利"、轻"育人",重"名利"而轻"人文"是万万不可取的。而且以这样的功利心思也学不好英语。大学英语教学就是意在通过语言的学习,使学生培养并具备一种新的文化意识,能够在了解其他文化的基础上比较、鉴赏不同的文化,取其精华,去其糟粕,提升自身的综合素质。学生在掌握适合自己的语言学习方法后,就能快速养成良好的学习习惯,最终大大提升学习效率,这也是通识教育的最终目的。从上面的讲述中可以看出,对于理想化的大学英语文化教学来说,其目标应当是多元化的。

结合《世界高等教育宣言》及《世界文化多样性宣言》中对多元文化目标的解读,我们对大学英语课程教学目标赋予了更多的要求。

其一,要求越来越重视学生多元文化素养的培养。在经济活动全球化的背景下,人才流动已在世界悄然进行。具有多元文化素养的人才是今后各个经济行业中不可多得的人才,正如美国著名经济学家约翰·奈斯比特提出的"现今社会,人们争夺的不再是地理上的疆域。要想在这场竞争中胜出,各个国家必须把人才培养当作经济发展的首要任务。"多元文化素养包括了全球意识，它要求学生不仅能对外国文化吸取精华、弃其糟粕，而且还对比本土文化有比较深刻的理解，保持自己看待问题和处理问题的独有性。

其二，要加强跨文化交际能力的培养。跨文化交际能力是一种与非本民族交往的行为能力，尤其是指避免和消除跨文化冲突、形成和发扬跨文化融合的能力。它包括以下几个方面：一是跨文化认识能力，即通过观察、走访、调研、阅读、分析、沟通等形式加深对英语文化的理解，使学生具备一定的认知与沟通能力；二是跨文化比较能力，即通过比较母语文化与英语文化的异同，使学生加深对两种文化的理解，从而促进本民族文化与全世界文化的共同发展；三是跨文化取舍能力，即在认知英语文化后，选择学习或舍弃其中某些成分，使学生在英语学习中树立汲取西方文化先进部分，舍弃西方文化落后部分的意识，取其精华，去其糟粕；四是跨文化参照能力，即在认知英语文化后，不仅对英语文化进行取舍，更以英语文化为参照对象，发现汉语文化中值得发扬或者应该舍弃的部分；五是跨文化传播能力，即在与其他民族人交往的过程中，主动让其他民族人了解本民族的文化，这也是英语文化教学的终极目标。

其三，各校应结合自身特点制定不同的教学目标。各高等学校应参照《教学要求》中的总体要求，根据本校自身的实际情况，制定科学的、系统的、个性化的大学英语教学大纲，指导本校的大学英语教学，有条件的学校可以为本校的不同专业确立符合专业就业领域、充分体现专业特点、彰显个性化特征的教学目标，这样的教学目标才更有针对性，才能为取得最佳的教学效果奠定基础，才能为社会更好地服务。

（四）以词汇和语句为物理形式形成贯通性文化主题

大学英语文化体验教学是以语言整体观为语言教学理念；以建构主义为教学理念，以文化主题作为英语教学切入点的教学。相关学者也做过大量的探讨。如胡文仲、吴进业及一些国外学者均相继提出在跨文化交流中应该注意到的文化主题，尤其是一些隐性的世界观、价值观等。但是，苏联的语言国情学所提出的贯通性文化主题则另辟蹊径，不但提出贯通性主题，而且提出贯通性主题成为组织教学的材料和目的，从而解决了"怎么学"和"学什么"的问题，为交际教学法奠定了一个合理的平台，即"用语言学习语言"，此处可推广为"用贯通性主题学习贯通性主题"。同时，文化主题分类为本研究提供了思路，它涉及了文化的两个方面，即显性文化与隐性文化，并且提出了体验教学，为隐性文化的学习提供了教学设计的思路。另外，要从我国国情出发，大学英语教学所依托的教学内容形式多为词汇和言语（语言、句子），所以在本研究中，形成了以词汇和语言为物理形式的贯通性文化主题以及以其为核心的体验教学圆周。相关学者曾经指出，任务教学是把学习者的注意力引向意义、目的和协商过程，是鼓励学习者关注有关的内容，参与并表达他们的态度、情感，使用所学的语言。在大学英语文化体验教学过程中，通过一系列和主题相关的任务设计，让学生通过完成有意义的、真实的交际任务来学习和掌握课文中出现的词汇和结构。这样，课文中要掌握的词汇和句子结构不但成为学生在整个交际任务完成过程中思想表达的工具，并且最终转化为学生的大学英语学习成果。

（五）采用丰富的大学英语文化教学策略

要想加强对大学英语文化教学方法的深入探索，外语教师必须采取多样化的文化教学方法和策略，这是核心关键。在单一化和枯燥化的课堂教学模式下，不仅无法提升学生的学习效率，还无法提升学生的英语学习兴趣。所以，在实际的英语教学过程中，教师选择应用多样化的教学模式和方法输入文化，可以最终优化教学效果。

首先，教师应在课文教学前，采用丰富的文化教学策略进行文化导入。一是采用视听导入法，如以看电影的形式，在讲授"How to Make a Good impression（如何留下好印象）"时，教师可通过打入"The Devil Wears Prada（时尚女魔头）"和"A Stoiy of Lalaf's Promotion（杜拉拉升职记）"两部电影的片段，让学生讨论，给人留下良好印象，让学生掌握社交的技巧，同时通过比较这两部电影了解中西方文化的差异，实现课文内容的延伸。二是采用启发式教学法，在进行课文教学前通过教师提问的方式引出文章的主题，从而激发学生参与学习的积极性。如教师在讲授《新编大学英语》第三册第四单元中的课文"Career Planning"时，以职业规划（Career Planning）主题导入，激发起学生的梦想与兴趣，使学生从心理、情绪上都为获得新知识做好了充分的准备。三是文化背景知识引入法，如在课文中具体讲授"Time-Conscious Americans（时间观念强的美国人）"时，教师应介绍不同国家人们的时间观念来激发学生的学习兴趣，学生可自由讨论西方人时间观念强、中国人时间观念相对较弱的深层次原因。

其次，在课文教学中，教师应采用多样化的文化教学策略进行文化体验。一是交际法，就是在老师以提问的方式引出文章的主题后，让学生积极参与到文章主题的讨论中来。如：在进行课文"Career Planning"讲授时，教师在提出职业规划主题后，接着就可以引出了一个相应的讨论话题：If you had graduated，what would you do? 让学生分组讨论，由于这个话题留给学生很多遐想空间，所以学生感觉有话可说。这样就使学生整体参与到了学习中来。二是语法翻译法，它是一种能为学生在了解英语读物和翻译英语材料时提供判断的工具。为了加深学生对语言现象的理解，教师往往通过采用语法翻译法使学生在学习过程中掌握举一反三的能力，从而为提高跨文化交际能力奠定坚实基础。三是词义挖掘法，由于受到多种文化因素的制约和影响，英语和汉语中的词汇含义变得越来越丰富，针对同个词汇来说，在不同文化环境下应用时，其含义和用法都不同，此时，大学英语教师要给予学生适当的提醒和引导，让学生记住并学会这些特殊词汇的使用方法以及使用时应注意的事项。此外，大学英语教师应当设立一套适合自己的教学思路，在具体的外语文化教学过程中，要把相似单词放在一起，通过一个单词而引出其他类似的词汇，帮助学生建立一个系统的词汇结构体系，遇到一词多义的情形能够及时准确地反馈在大脑中。总之，只有明确词汇使用的相应背景，才能保证词汇的灵活和合理运用。

四是对比教学法，这是大学英语教学中常被使用的文化教学方法，正所谓有比较才有借鉴。恩格斯认为："只有将母语和其他语言进行相互对比时，你才能真正懂得自己的语言。"因此，我们在英语教学中可以引导学生分析一些东西方不同的文化现象，让他们了解其中的差异，加深他们对英语文化的感知，并逐渐培养学生跨文化交流时的语言敏感性。如，大学英语教学内容的"A Miserable Meny Christmas"，英语老师在讲解此篇文章时，可以先大概介绍一下关于圣诞节的文化传统，如圣诞老人、圣诞礼物、圣诞树等内容，然后再恰当地引入中国的春节文化传统，通过相互比较，使得学生对西方的圣诞节有一个全面深刻的了解。五是认知教学法，即通过掌握句子结构为重点的语言知识去理解所学的内容，并结合具体情况辅以语法翻译法和自觉对比法，从而调动学生对于中西方文化进行交叉对比的客观心态，进而培养学生实际运用英语的语言综合能力，增强学生的跨文化意识。六是融合教学法，即在教学的过程中将文化内容和语言材料有机地结合在一起教学的方法。这里所提到的语言材料可以是教材之内的，也可以是教材之外的；这类材料可以是书面文字的材料，也可以是音像、影视的材料。在课堂讲解时，教师要不断地引入和渗透文化知识，帮助学生将思想意识逐渐融入学习内容的文化背景之下。通过运用融合法来教学，可以让学生建立起更为深刻的学习印象，最终实现英语教学的目标。

另外，教师在课堂上的文化输入不可能面面俱到。因此，可以通过第二课堂的教学形式使学生在结束第一课堂以后开展与第一课堂相关的文化教学活动。这种实现教与学互动的学习方式是比较好的，一方面可以培养学生的自主学习和创新能力，另一方面可以让学生学到课本上学不到的英语文化知识。例如：教师可为学生推荐一些高质量的课外读物，如英语报纸、杂志、书籍、电影等，从而进一步提高学生的文化底蕴，开阔视野，培养民族情感，提高英语文化知识的实际运用能力。在课堂教学过程中，教师要鼓励学生与外籍教师或者外国朋友以当面交流、电话、网络等方式进行口头或书面的交流，使学生体会原汁原味的英语，融入西方文化背景中。同时，教师可以通过开展课外活动加深学生对英语文化知识的实际运用能力，让学生在具有"信息差"的知识语言环境中参与和体会语言能力和文化能力的重要性，如 English Comer（英语角）、English Presentation（英语展示）、英语剧表演、英语兴趣小组等，创设英语语言环境等。

最后，课文教学结束后，教师和学生都要进行文化退出，即回归到自己本来所属的国家、区域文化中去。多元文化教学不仅强调教师如何让学生进行文化导入和文化体验，文化退出也是实现多元文化教学的一种良好形式。这种进场、出场身份不同的互换也正印证了《世界高等教育宣言》及《世界文化多样性宣言》中对于多元文化的解释，即多元文化的相互共存、相互尊重、相互包容。如果在学习文化后不退出的话，也就违背了文化的多元性要求。

基于大学英语教学中的文化缺失现状，大学英语教师可以采取多样化方法加强文化教学。具体来说，不仅可以应用词义挖掘方法和翻译对比方法，还可以应用语法提示以及文学作品研究等方法，增强学习者的外语文化意识。在当前的大学校园中，计算机网络普及范围越来越广泛，对于大学英语教师来说，还可以采取多样化的多媒体辅助教学方法，促进学生自主学习，在开拓学生视野的基础上增强其文化意识。大学英语教师还要在结合学生个性特点的基础上选择科学合理的教学材料，在课堂教学过程中，不仅要加强学生语言文化背景知识的学习，还要加强中西方文化的对比，不断积累多样化的文化知识，为学生后期长时间学习奠定坚实基础。

（六）形成科学的大学英语文化教学评价体系

针对当前我国的大学英语学习情况评价来说，主要是依据成绩高低来评价的，不管是教师还是学生家长，都是以学生成绩结果为评判标准的。但以学生成绩来评判学生学习能力的方式并不合理，容易忽视学生在学习中的主观能动性，且不利于提升学生的英语学习兴趣。另外，站在英语教师角度来看的话，该评价机制也无法激发他们对英语教学内容与方式进行改革与探索的积极性。

《教学要求》指出："改变教学评价过分强调甄别和选拔的功能，发挥评价促进学生发展、教师提高和改进教学实践的功能。"因此，大学英语文化教学的评价体系要体现多元化的评价主体和多样化的形式，综合"形成性评价"和"终结性评价"两者相结合的方式。形成性评价就是在多元文化教育理念的倡导下形成的产物。所谓形成性评价，就是"在日常学习过程中对学生的表现、取得的成绩以及所反映出的情感、态度、策略等方面的发展"做出的评价，其目的就是"增强学生的自信心，让其能够获得成就感，并能培养其合作精神，激发学生养成自觉学习的习惯，从而帮助学生有效调控自身的学习过程。"形成性评价包括了多种形式，有学生之间的相互评价、学生的自我评价、教师对学生的评价、教育部门对学生的评价等，它主要通过对学生课内、课外活动的记录，学习档案记录，网上自学记录，访谈和座谈等进行观察、监督和评估，达到促进学生学习的目的。

此外，保证外语教学评价形式多样化和评价主体多样化之后，还要进行适当的评价内容调整，以此来增加中英文化知识的考核比重。针对当前的大学生来说，学习英语的目的往往是拿到学分、顺利毕业。但是考试以什么样的形式考查、考到哪些内容在很大程度上决定学生的学习方向。如今，在我国的英语专业四、八级考试当中，已经增加了新的检测内容，还增加了中西文化差异性方面的检测内容，在这样的考核模式下，学生会主动参与到多元化文化知识学习中。如2010年英语专业四级考试作文就以"文化火锅"为题，要求考生根据所给图片对文化冲突与文化融合进行阐述与分析，以考查考生对中西文化的理解与运用，要想顺利做出该题，就必须了解中西方文化的差异性。

为此，我们在大学英语四、六级考试以及研究生入学英语考试等其他各类英语相关的考试中都可以有效地使用考试这根指挥棒，增加对中英文化知识内容的检测。因为应试者数量比较多，如果在试卷中体现文化教学的重要性，则能加快师生们对大学英语文化知识教育的观念转变，促使学生和教师在进行大学英语学习和教学过程中更加注重对中英文化内涵的认识。

学英语文化教学的评价体系既要关注结果，又要关注过程，保证学习过程评价和学习结果评价的和谐统一性。

（七）提出大学英语文化体验教学圆周

体验哲学的基本原则可以归纳为以下三个方面：心智的体验性，认知的无意义性以及思维的隐喻性。个体的范畴、概念、推理和心智是由其身体经验所形成，并且提供了日常推理和思维的认知基础，大部分推理和思维也不能被意识到。当个体进行体验学习时，体验者自身有些是有意识的学习，有些是无意识的学习。在大学英语文化体验教学中，当学生对某一个贯通性文化主题进行一系列体验时，他们进行的是有意识和无意识的共同体验，而且是显性文化知识和隐性文化知识的双重体验，在其过程中，个体的思维和认知有些是不能被意识到的。但是，在教师的协助下，在情景创设中，学生自身的体验，如自己经历、经验的联想、对于不同文化的实体以及事件的思考逐步加强，显性文化知识与隐性文化知识互相转换，形成一个个循环的教学圆周，从而形成大学英语文化体验教学圆周，则变成为一个可以意识到的步骤。因此，词汇文化教学圆周、语言文化教学圆周以及弥漫其中的思维文化教学圆周的提出为大学英语文化体验教学起到了架构的作用，同时也符合我国外语教学的国情，教学从词汇开始延伸到句子和语篇课文，成为一个递进的教学活动。在这种递进的教学活动中，在学生的语言表达能力渐渐加强的前提下，学生自身的文化能力随之见长。

（八）在文化教学中加强母语与目的语文化的比较与互动

随着我国社会经济的快速发展，在当前的外语界，文化教学的地位越来越高，也得到广泛认可。但我们应该明白，针对学习者来说，虽然要首先学习和掌握目的语文化，但目的语文化并不是文化教学的所有内容，在文化教学中，如果摒弃母语文化的话，学生无法形成正确的文化价值观，还会出现使跨文化交际过分倾向目的语文化的现象，最终导致跨文化交际失败。针对大学外语教师来说，在实际的教学过程中，可以加强中英文化差异性的对比分析，让学生明确中西方文化的差异性，促使学生以博大的胸怀接纳不同文化带来的冲击，以减少跨文化交际中不同文化差异带来的误解和矛盾。另外，学习者在学习西方文化的同时，还必须全面学习本土文化知识和母语文化知识。

创造目的语文化的氛围，使学生置身于外语学习时必要的外国文化氛围中，使其懂得应怎么说，在什么场合和环境中说什么话是得体的、恰当的，培养他们的交际能力。这样做还能避免学生把自己第一语言的文化观念带到第二语言习得中来。现代著名教学法专家威尔金斯指出，语言学习如在一个以该语言为主的环境中进行，这能使学习者较快和较易地理解到该语言的文化观点和态度。为了营造这种文化氛围，创设一个充满目的语文化的教学环境，老师可充分利用图片、幻灯片、电影、电视、录像等直观教具组织教学。教师应引导学生充分注意并辨别出电视中、影片中的中西文化差异，如打电话，偶遇，邀请别人，道别等。在这里，特别强调电视、电影英语教学节目对文化教学的作用。因为其中有丰富的文化素材和语言材料。很多时候，在影片中，除语言外，还用上了非言语交际，如手势，体态，表情，动作等。最后，还有一个重要环节是：当学生看完这些材料后，教师要加以有目的、适当的指点，开辟出一个专题让大家讨论。如指出影片中两个主人公之间的交流为什么失误，或者以道歉为例，讲出中英双方道歉的方式、方法的不同等。最后，教师设置一个话题，让学生编对话，设想自己是什么人，谈什么事，应怎样谈。学生表演对话后，教师应指出学生表演中语言形式正确但不符合角色身份或场合的话，并提供正确的表达方式，从而培养学生对文化的敏感性。

（九）开展课后活动

在课后组织开展一系列有关文化习俗方面的讲座，介绍目的语国家与本国不同的风俗习惯。教师可以围绕一个文化中心题材，来组织一系列讲座的文化讲座，最后形成一个文化小系列。这种类型的讲座也可在课堂上安排，以每节课5—10分钟为宜，分别在接连的几次课中实施。例如：假定要讲的文化主题为美国的教育，那么第一个小系列可为美国幼儿园至小学的教育；第二个小系列是中学的教育；第三个系列是大学以上的高等教育等。这样组织文化讲授显得系统有条理，中心明确，重点突出，学生易留下深刻的印象。这种做法的弊端是要想在安排紧凑的课堂上找出 5—10 分钟并非易事。课后帮助学生开展多样化的有关文化、交际知识的课外活动，通过各种渠道来促进学生对文化的理解和对文化差异的认识。例如：组织学生开展有关文化交际知识的竞赛和文娱晚会等。其中，举行文艺会演，寓教于乐，不仅能使学生的口头表达能力得到提升，还能从根本上提升学生的语言交际能力，拓展学生的文化知识面，其综合效益是课堂教学所不能比拟的。另外，学生在排练中，由于语言学习和文化学习同步进行，这样也能提升学生的外语学习兴趣和外国语言背景知识学习兴趣。

（十）形成英语教师与教材、学生之间的多维互动

大学英语课堂上的三个重要因素是大学英语教师、大学英语教材和大学生，在三大因素的联系构成了教学活动，这一点众所周知。在大学英语教学课堂上，大学英语教师的作用不只是知识传授者，更是一个"英语语言示范者"。大家都知道，语言是一个民族的象征、一个文化符号，大学英语教师本身即是一个跨文化交流实践者。在大学英语文化体验课堂活动中，互动是必不可少的，教师和教材之间的互动非常重要。教师对于教材的"二次开发"即是教师与教材的一种互动，即教师对于教材的理解与阐释，对于教材内容的显性化以及情景化体现出了教师和教材之间的"显性互动"，而教师处理这个过程的一些理念成为和教材的"隐性互动"，教师的课堂活动组织体现了教师的教学观，即与学生之间的互动。我们知道，当今的教学理念是"以学生为中心"的，尤其是建构主义教学观，他们认为，学生不是直接受益于教学材料中的知识，而是在与外部世界的互动中，联系自己的以往经验进行新旧知识之间的组合，从而进行知识建构。在本研究中，教学材料提供了学生进行体验的"原材料"，经过师生的共同"加工"，成为师生获取"经验"的情境，"加工"是"显性互动"，而获取"经验"则成为"隐性互动"，在这些互动过程的循环体验进行中，学生获得了对于世界的认识和了解，促成一个大学英语教师、教材以及大学生之间的多维互动模式。

总的来说，针对文化教学来说，国内外对其研究都比较多，但到现在还没有形成定势，特别对于我国大学英语教学来说，还没有实现和文化教学的有效融合，文化教学还未被完全重视。对于真正意义上的大学英语教学来说，不仅要学习语言知识，还要掌握语言知识的运用方法，在其本体要求当中，都已经融入了文化教学相关因素以及相关学习因素。随着网络信息化技术在教学中应用范围的不断扩大，大学英语文化教学也逐渐成了可能。大学英语文化教学同时兼顾了两方面的内容：语言方面的内容和文化方面的内容。且在大学英语文化教学中，还含有非语言的文化信息，文化教学是一次较理想的

尝试。要想加强对大学外语文化教学的相关研究，必须加强对语言、文化、语言与文化关系的论述，强调语言与文化的不可分离性，且在结合文化教学有关理论和我国大学英语教学现状的基础上提出设想，最终明确大学外语文化教学目标和有效策略。

大学英语文化体验教学是以圆周制教学为基本方式，以体验为途径，以抛锚式教学为教学设计步骤，以社会语言学、建构主义为理论基础的教学。大学英语文化体验教学主要围绕五个文化主题进行，即文化产品、文化实践、文化个体、文化社群以及文化观念的互动教学。在教学过程中，多媒体技术是保证大学英语文化体验教学顺利实施的基础，也是当今教育界经常讨论的一个话题，我们应该"用技术学习"，而不应该"从技术学习"。本研究就遵循了"用技术学习"的原理，不但为学生创设了真实的文化体验情境，以便弥补书本教育的不足，而且使学生真正成为学习的主体，发挥了学生自主学习的作用，从根本上提升学生的学习效率，让学生从学习中建构意义。大学英语文化体验教学过程中，教师不再扮演一个"复读机"式的角色，教师不但是授课者，更是督导者、合作者、评判者，教师的脚手架作用从强到弱，帮助学生通过体验去感受、去思维、去建构，最终实现自己的学习目标。同时，大学英语文化体验教学要求教师对于教材必须进行有效的"二次开发"，为教师的在职专业发展提供了一个新的视角。

第三节　大学外语文化教学的基本原则

一、真实性原则

大学外语文化教学原则是比较多的，第一大原则就是真实性原则。对于英语教学中真实性问题的讨论来说，最早开始于 20 世纪 70 年代，具体讨论两大问题：语言材料的真实性问题和教材的真实性问题。Harmer1983 年就指出，真实材料（口头或笔头）是指为母语者设计的，而不是专供外语教学使用的语料。Nunan 也有类似的看法，他说过："真实材料是指那些没有为教学目的而被改造过的口头和书面材料。"对于真实性特点来说，是相对性的特点，在真实和不真实之间是不存在明确界限的。如下面的师生对话是一种典型的课堂句型操练形式：

Teacher：What is on the desk?

Pupils：There is a book on the desk.

为了让学生掌握存在句"There+be…+prepositional phrase"的句型模式，老师让学生反复进行机械操练。这种课堂教学句型在实际交际中不存在，进行这种句型操练不符合真实性原则，不利于学生交际能力的提高。我们可以把它变为：

A：What is on the desk?

B：Abook。

但这种提问也不能完全说是真实的。一本书摆在课桌上，人人都能看到，在日常生活中是没有必要这样提问的。一般说来，问答对话是为了获取信息，在提问方与回答方之间应该存在一个"信息沟"（In-formation gap），通过交流使信息得到流通，使信息沟得以填补。如下面的对话：

A：Where are my shoes?

B：Under the bed

"A"不知道自己的鞋在什么地方，"B"的回答提供了这种信息，完成了交际任务，这样的对话才是有意义的，进而也是真实的。后来，随着交际法在课堂教学中的推广和跨文化研究的深入，真实性问题的研究也进一步深入，从语言材料拓展到了课堂活动、交际情景、社会文化因素等各个方面。Breen对真实性问题分析比较全面，认为"真实性"应涵盖以下四层意义：语言输入的真实性；学习者对语言输入的理解的真实性；对语言学习有益的练习活动的真实性；语言课堂所需再现的社会情境的真实性。

在实际的大学英语教学过程中，我们所谓的坚持真实性原则，即保证在各个教学环节中都真实，不仅要保证教材真实，还要保证语言真实等，且要把提升学生语言运用能力当作核心目标，要在应用交际法以及任务型教学法的基础上进行教学，最终在真实环境中习得真实语言知识，促进学生全面发展。

这里的真实指真实的文化内容和真实的语言情境。体验性教学需要创设一定的教学情境，因为体验与一定的情景相关联，创设的教学情境愈接近真实，大学生的体验就愈多，且愈深刻。因为知识的意义具有情境性，学生只有通过运用实践才能够加深理解的深度。在这种真实的情景中，学生与情景之间的互动以及学生之间的互动生成一定的意义，形成知识的建构，尤其是隐性文化知识的建构和生成。认知心理学认为，如果输入大脑的信息具有一定的趣味性、实用性或者与日常生活经验结合紧密，那么当它到达大脑这一中心加工时，便会产生兴奋的情感，输出活跃的思想行为。不论是词汇的学习还是语言的学习，第一级教学圆周产生的被动心理体验都是联想作用的凸显。词汇以及语言所触及的学生过去的真实经验会使他们对词汇以及语言进行心理加工，产生一定的结果，从而出现真实的文化内容，并且对于学生来说，有一定的趣味性，与他们的生活经验紧密相连。当进行第二级圆周教学和情景创设以及角色扮演时，真实的语言环境会帮助学生进行语言意义上的建构，他们会产生兴奋的情感，输出活跃，从而进行意义体验，实现文化的高效学习目标。在合作对话活动中聚焦于语言的谈话能帮助学习者掌握语言知识运用方法。学生围绕文化主题创设情景时所设计的对话对于他们掌握语言有十分重要的作用，网络的推广和使用成为真实性语境创造的良好工具。创设真实性语境的本质是创设学生体验场景，它是大学英语文化体验教学的基础起始和准备，在大学英语文化体验教学中，情景不能游离于学生的学习之外，它是大学英语文化体验教学的支撑性要素，决定着大学生的体验程度、过程以及良好的教学效果。

（一）语言材料的真实性

在实际的大学英语教学过程中，学生要学习的语言材料是比较多的，这些材料往往是为教学目的改编出来的，这些语言材料的优势比较明显，不仅存在系统、信息量大的优势，还具有课堂操作简便的优势等。但大量教学实践结果表明，单纯依靠这些语言材料是不能培养学生综合运用能力的，尤其是在非母语环境下学习英语，社会、家庭缺乏相应的语言环境，课堂几乎是学生唯一的语言习得场所。在该情况下，为学生输入充足的真实语言材料就变得十分重要。关于在课堂上使用真实语言材料的作用和意义，Nunan 概括为以下两点：第一，真实语言材料具有非真实材料缺乏的一些特定言语特征。如听力教学中的真实材料中会呈现以下口语言语特征：不时地重复、说话人话语的重叠、犹豫、自我修正等。在原始对话材料被编入听力教材时，这些口语特征通常会被"润色"，已达到所谓顺畅的目的。第二，使用真实材料还会增加课堂教学的多样性，提高学生学习的兴趣。仅仅是重复训练一些枯燥的句型，或是为做题而听一些脱离实际的、带有浓烈书面语特征的材料，会使得语言学习索然无味，更谈不上提高英语学习效率了。

语言材料的真实性有多种表现形式。语言材料在内容应贴近学生生活。这里所说的生活包括他们课堂上下、学校内外的一切活动。通过学习这种真实材料，使学生感觉到课程学习的实用性，他们会感觉到不是在为学语言而学语言，在学习过程中，他们通过学习和应用英语去接触社会、表达感情、描述世界，这会给他们以成就感，从而大大激发他们的学习积极性。语言材料的真实性还体现在形式上。阅读、听力材料要多样性，既包括常见的文体，还应有非主流形式；词语选择要有生活指向，比如生活中沟通可以用到的但不太文雅的词语也应当包括在材料当中，让学生接触和了解，这些词语材料也是我们生活当中的一部分；听力训练从一开始就让学生接触真实的东西，通过长时间的、反复的接触，学生会慢慢适应材料的语速、风格，提高真实的听力水平。另外，在输入大量真实性语言之后，还能从根本上提升学生的语言表达能力和语言输出能力。

（二）语言教学环境的真实性

交际性、任务型英语教学的实施，需要一个真实的语言环境。因此，帮助学生建立语境化的参考框架，形成主动的语义表达和推理机制，将成为提高学生话语理解和表述的有效途径。情景语境是一种物理语境，是言语交际与习得各种显性因素的总和。在课堂上，教师布置一项交际任务时，要尽量明确规定好各相关语境因素，并利用各种条件创设、补充缺失语境，使学生在特定的语境下加强语言操练，从而保证任务的真实性。现代教学手段的使用在一定程度上为在英语教学过程中创设真实的情景语境提供了便利条件。如通过利用多媒体手段，教师可以在课堂上实现英语教学材料的视听同步，使学生边听边看，仿佛身临其境。如要进行预订房间的活动，在开始前，老师应向学生讲明交际双方的角色，即服务员和顾客；要向学生讲明话语方式，即对话。与此同时，在大屏幕上放映某一宾馆的大厅前台、各类房间、价格等，增强学生的感性认识，从而帮助学生顺利地完成交际任务。相对于情景语境来说，文化语境参与交际的方式较为隐性，但这种参与却无时无刻不制约着交际的进程。Kramsch 曾经说过："人们用某一种语言说话，说出来的不仅仅是某种特定的言语，而是通过这些言语符号显示出他们所处的整个社会的固定模式、知识、赖以生存的隐喻以及用来表达经历的格式。"

在实际的英语教学过程中，可以将日常生活交往中的中西文化差异进行总结归纳，这对学生进行跨文化交际能力的提高能起到积极的促进作用。在给学生布置任务时，教师应该事先分析学生在实施任务时可能出现的文化语境缺失，向学生讲解这些由价值观念、社会规范、民族性格、思维方式等引发的跨文化语用差异，不失时机地进行文化语境创设。通过对文化语境的创设，使学生能够在地道的语言环境中进行训练语言的使用，完成各种交际任务，提升学生的跨文化交际能力。

（三）教学环节的真实性

交际性英语教学要求实施任务型教学模式，就是学生在教师的指导下，通过感知、体验、实践、参与和合作等方式，实现任务的目标，感受成功，在学习过程中进行情感和策略调整，以形成积极的学习态度，促进语言实际运用能力的提高。它通过师生共同完成语言教学任务，使外语学习者自然地习得语言，促进外语学习的持续进行。这种教学方法使得语言教学真正做到了在做中学、在学中做。Anderson&Lynch 给我们展示了一个任务型教授听力的例子。这个任务又名"探路"。

教师为学生播放一段录音，该录音主要描述了某个城市的具体旅游路线，引导学生边观察地图边听录音，从而进行相应的旅游路线跟踪，在录音结束后，学生的旅游历程也结束了。通过开展这样的任务型教学活动，不仅可以提升学生的学习积极性，还能提升学生的英语学习兴趣。另外，通过开展这样的教学活动，还能为学生听力训练提供合适的情景语境，激活了学生的概念体系，促进学生对语篇的深入理解。

（四）语言能力的真实性

Widdowson 提出在英语教学中应区别"用法"（usage）和"应用"（use）。他指出，衡量一个语言结构"用法"的标准时看它是否正确，而"应用"则应该用是否恰当来衡量。如上所述，英语教学的最终目的是培养学生的综合语言运用能力，这种能力不是语法能力，而是一种语用能力。在英语教学过程中，对学生语用能力的培养要贯穿于英语教学的全过程，融于语言学习其他各环节的学习和训练之中。在课堂上，要结合实际情况设计和运用一些活动对学生进行跨文化语用能力的训练。近年来，英语教学领域非常注重教学环节的任务性、活动性，提出了语言学习的"任务型教学"模式。Niman 曾指出课堂任务应为"一项课堂活动"，它指的是语言学习者运用目标语来表述意义、生成言语、理解信息、交流情感的过程。

对于该过程来说，其最终目的是传递情感，而不是为了生成简单的语言形式。在具体的教学活动设计过程中，教师要明确活动教学目的，要把活动设计成要求学生来完成的任务，且对于该任务来说，必须是真实的，是有针对性和可操作性的，促使学生快速完成任务，还要提升学生的语言运用能力。比如，我们训练学生在西方文化中如何发出和应对邀请，可规定一个特定语境，让学生通过讨论的方式逐步形成较为符合西方习惯的对话，然后再变换另外一种语境让学生进行表演，看看又是怎样发出邀请、怎样应对邀请，如此不断变换，直到学生基本掌握这一话题表达习惯为止。

二、传授与探索式教学原则

传授说教式和体验式作为相对的概念，是由 Gudykunst 和 Hammer 为跨文化培训提出的。说教式的方法是一种通过讲座、讨论等形式进行的知识传授方法，它主要能促进学习者的认知和理解，有利于学习者学习和掌握语言和文化知识，分析和理解文化差异，这里说教式可以理解为提出先行组织者，以及进行第一级教学圆周时所提到的被动心理体验，因为这时老师的脚手架作用还比较强大，学生可以进行演讲或者讨论，学习者在很大程度上处于知识的获取和对概念进行分析理解的阶段，但是教师的监督和导向非常重要。当进行第二级圆周教学时，体验就成为首选，教师需要注重传授和探索相结合的原理，在贯彻学生中心原则时，让他们在认知、情感和行为各方面受到刺激，去感受、体验语言的内涵与外延，一方面弥补了说教式的不足，另一方面，要让学生主动进行探索式学习。

文化涉及更多的是隐性文化知识，教师需要充分考虑学习者的认知发展水平和语言文化学习的规律，逐渐让学生从具体、直观的、与学习者日常生活联系紧密的实用问题开始体验探索，然后过渡到间接、抽象的意识形态领域，这也是渐进性原则的体现，并且在其过程中能调动学习者的各种学习潜能和机制，多层次、多渠道地进行教学。大学英语文化体验教学是以习得语言的整体性为终极目的的。以往的文化教学强调文化是教学的内容，本研究中它不只是内容，亦是方法和目的，坚持传授式和探索式相结合的原则是必要和必需的。不论是最先提出的"文化导入"还是后来的"文化教学"，首先要注意文化内容的适合性以及教学方法的可接受性，必须强调学生学习的自主性以及体验性教学途径，这符合当今教育理论界所强调的学生自主学习转向要求。在本研究中，作者认为大学英语文化体验教学是一门以掌握语言整体样貌的教学，不但注重语言本身的学习，即语言的物理形式；也注重语言的意义学习，即语言的人文性。文化内容是学生学习的内容和目的，同时也是手段，通过学习文化来学习大学英语，通过体验途径来进行语言的意义建构，注重学习者的认知能力，对于一线的大学英语教学有一定的合理性和借鉴性。

三、阶段性原则

阶段性原则主要是指在文化导入时必须充分考虑学生的语言水平，认知能力和生理，心理状况，注意循序渐进，注意由浅入深，由表及里，让学生逐渐理解文化内容的本质。这样可以提高学生学习英语和外国文化的兴趣，提高学生学习英语的效率。一般认为在初级阶段应介绍日常生活交往方面由于英汉文化的差异而引起的语言形式和运用的不同。主要表现在称呼、介绍、寒暄、告别、祝贺等方面，它们具有不同的模式和表达方式。

外语教学是循序渐进的。因此，文化教学也应依照学生的实际语言水平和领悟能力，与外语教学中的年级或等级同步进行，这也应成为文化教学的原则之一。这里的阶段性，一是指移入的文化知识本身应相对有序，不可过于零碎；二是指移入的文化内容应有自己的等级体系。

四、适度性原则

针对适度来说，即教师要在结合教学内容以及教学目标的基础上，适度地教给学生自身需求的文化和知识点，不能无限制地进行文化教学，也不能不考虑学生的实际学习情况和可接受能力，必须保证文化教学适度性和科学性。另外，适度性原则也是有限的教学时数的要求，缺乏针对性而宽泛、深入地介绍文化背景知识，势必占用宝贵的教学时间。所以，对于所谓的适度教学来说，最重要的是点到为止。一方面，要适应英语教学的需要，适度地传授英语文化内容。如属于主流文化的内容、有广泛代表性的内容，就应该详细讲解、反复操练、举一反三。英语教师还应正确处理好文化内容的历史性和共时性的关系，适当地引入一些历史内容，以利于学生了解某些文化习俗和传统的来龙去脉等等。另一方面，教学方法要适度，就是要协调好教师讲解和学生自学的关系，教师讲解的文化内容是有选择的、有限的。因此，教师应该鼓励学生进行大量的课外阅读，增加文化知识的积累。

凡事都有个"度"的问题。"度"，分寸也。"适度"意即恰如其分。高明的教师之所以能够教育出德才兼备的学生，就在于他善于掌握教学的"分寸"。

（一）教学内容应适度

对于适度性教学内容来说，主要涉及教学的广度、难度、深度等方面。"广度"，指教学内容的涉及面，讲清某个问题有时需要旁征博引，但如果牵扯面太广，举例太多，讲解太啰唆，学生会摸不清头绪，抓不住要领。所以教学中应大胆取舍，把重点关键讲透，围绕中心进行适当的拓展，力求每堂课解决几个主要问题，而不应面面俱到，包罗万象。教师"举一"精讲，诱导学生"反三"自学，由此及彼，触类旁通。这样不仅让学生学到了应有的基础知识，而且锻炼和发展了学生的智力，培养了他们的能力。"难度"，指教学内容的难易程度。每章、每节、每框一般都有相对难或相对容易的内容，容易简单的内容与其由老师讲解，不如由学生自学，不太难的内容，教师可少讲、点到为止；难度较大的内容，教师要多举几个通俗、生动形象的例子，讲清讲透。因为难点问题一般是教材中极为关键的内容，不能突破，就会为今后的学习留下"后遗症"，使学生产生畏难情绪，失去学习的兴趣，影响教学效果。"深度"，指教学内容的深浅程度。教学中的重点问题应讲深些，非重点内容就应讲浅一点。当然这种深与浅不是绝对的，而是浅中见深，深中见浅。有些内容因学生年龄、知识基础的限制，或以后要详细、系统学的内容暂时不要求学生掌握，只要求学生了解、懂得，教师应根据教学大纲的要求和教学对象的年龄、知识特征，进行深入浅出的讲解。

（二）语言表达应适度

教师的语言表达能力是职业的特殊要求，是一种非常重要的基本功和职业修养，它直接影响教学效果。所以，教师要大力研究课堂教学语言艺术，提升自身的语言修养，提高自身的外语表达能力。课堂语言表达主要为口头语言，这是学生接受知识的主要渠道，又是衡量教师讲课质量的重要标志。良好的口头语言除了语言标准、口齿清晰外，还要注意讲话的速度、音调的高低。只有恰当的讲话速度，合适的音调，也就是抑扬顿挫，有快有慢，有高有低，有起有伏，才能产生良好的听觉刺激，从而专心致志地听课，提高教学效果。课堂书面语言即板书在教学中的作用比较大，它也是课堂教学的重要手段，是口述的补充。好的板书既能正确表述基本知识要点，准确说明知识的结构和逻辑体系。又能培养学生分析与综合、归纳与演绎等思维能力，还能使人感到赏心悦目，产生良好的视觉刺激，形成清晰面深刻的印象，既有助于理解，又方便于记忆。好的板书，就是字迹工整、大小合适、书写位置得当、内容简明扼要。人体语言在课堂教学中的作用也比较大，讲课中以姿态、手势、面部表情等手段来交流信息、情感和意向，可以从根本上提升课堂教学效率。有些课堂内容本身比较抽象难讲，学生的注意力不易集中，如果使用恰当的、富于变化的手势、姿态、表情、眼神等，配合语言进行讲解，则有消除某些课的单调乏味感，吸引学生的注意力，激发学生的学习兴趣，丰富课堂教学内容，从而优化教学效果。使用人体声言时应讲究繁简适度，不可变化过于频繁，也不可变化过小。太频繁则会使学生眼花缭乱、精力分散、影响教师信息传递的精确性和教学效果；手势太少、动作幅度过小、速度过慢又会给学生传递一种拘谨、呆板和僵化的感觉信息，缺乏生气和感染力。

（三）课堂提问应适度

在课堂教学过程中，课堂提问环节是必不可少的，通过课堂提问，教师可以及时了解学生的听课情况和学习情况，及时采取相应措施，并及时调整课堂教学方案。这样不仅可以避免学生课上开小差，还能调动学生的学习主动性，从根本上提升学生的思维创新能力，促进对学生智力的开发。但对于课堂提问来说，也要遵循一定的原则，要遵循适度原则，主要表现在四大方面：第一，要保证难易度适度性。如果提问的问题过于简单，学生可以脱口而出答案，这样的提问是没什么意义和价值的，而问题过难和过于深奥的话，会让学生变得急躁，甚至让学生丧失学习自信心，难易适度是使学生"跳一跳摘到果子"，即在教师适当的诱发和指导下，学生能在积极思考后回答出来。第二，要保证数量适度性。如果整节课都是教师提问，不与其他形式穿插进行，学生始终精神高度紧张，就会产生厌烦心理，一节课自始至终都不提问，只有教师一个人在唱独角戏，搞满堂灌，学生的注意力不会持续地集中，所以适度的提问应当是讲与问穿插进行，以讲为主，以问助讲。第三，要保证速度适度性。要为学生留思考的时间，这样才能促进对学生思维能力的培养，在短暂的上课时间里解决几个实际性问题。第四，要保证教学时间适度性。如今，许多中学一味地抢占学生的自习课、课外活动及节假日休息时间，成了完全被动地接受知识信息的机器，根本没有时间消化课堂内容，精疲力竭，对学习很厌倦。所以，应多让学生自己支配学习时间，组织学生自主看书、思考、议论、归纳、练习，查漏补缺。

五、实用性原则

在课堂教学中，只有实用才能使教学有效。所谓实用是对学生、教材的双边活动的实用，能让学生学到知识。对于大学英语教师来说，可以有效运用孟照彬教授的 EEPO 教学模式，且在运用该模式进行教学的过程中，要严格遵循实用性原则，在考虑 EEPO 教学模式要素和以及学生实际情况的基础上，选择借鉴运用的教学方法，优化课堂教学效果。在实际的课堂教学过程中，不能只追求形式而缺少内容。通过有效应用 EEPO 教学方法，可以在短时间内取得实用的教学成效。其实，无论是哪种教学模式，都必须坚持实用性原则，只有这样才能保证课堂教学有效性。如果不考虑本校学生学习情况和教学情况全盘套用别人教学模式的话，只能是走形式主义，不是真正有效的课堂教学。所以，在学习和运用新型教学模式时，必须牢记结合学情和实用性原则来运用，不然只能达到事倍功半的效果。

实用性原则要求传授的文化内容与学生所学的语言内容紧密相关，与日常交际所涉及的主要方面密切相关，同时也考虑到学生今后所从事的职业性质等因素。换言之，这些内容应该是很实用的，也就是说在一般性跨文化交际中会经常用到，并可以促使这些交往顺利有效地进行下去。这样可以激发学生学习英语语言和英语文化两者的兴趣，产生良性的循环效应。文化学习的内容不可能面面俱到，我们只能有选择性地把英语文化知识传授给学生。具体来说，应着眼于英语现实生活中的文化现象，优先传授给学生的应当是对学生交际作用较大的、现代的、占主导地位的文化内容，因为人们的交际是与现代的、占主流地位的普通人的交际。

六、渐进性原则

语言教学是循序渐进的过程，英语文化的教学也就应遵循循序渐进的原则，相应地分阶段进行。教学时使语言教学与文化教学相辅相成，文化教学的重点、方式等，要根据学生的语言知识基础、接受和领悟能力等具体情况而定。比如对程度较差的学生，教师应该以帮助学生了解课文本身所提供的文化信息为主，避免引进外来内容。对进入大学英语基础阶段后半段的学生或基础较好的学生来说，可传授更丰富的、更"隐性"的材料。如果教师不顾学生的实际情况和教材内容进行教学，是无法从根本上提升学生学习效率的。

渐进性原则是大学英语文化体验教学顺畅进行的必要原则。大学英语教学处于外语环境，学生对于语言的得体性使用没有清晰的认识，即使是语言流利也不能保证它的得体性。因此，大学英语文化体验教学只能从老师提供先行组织者材料开始。首先是被动的心理体验，然后才是角色扮演等主动实践体验，并且教师的脚手架作用慢慢减弱，从而让学生对于语言材料获得渐渐熟悉的体验，并借此不断创造新的最近发展区。在建议培训者借用有关挑战和支持的思想时这样说道："教育者应该根据学习者的发展水平确定什么样的学习环境能够为他们提供所需的支持，哪些方面构成挑战。如果给予他们支持太多，学习就不能发生，如果挑战太大，学习者就会退缩。所以教育者有必要了解学习者的需求，尽量平衡给予他们的挑战和支持，以最大限度地支持学习。"

如图 4-2 形象地说明了学习的内容与过程以及挑战与平衡对于教学和学习的影响。每一个教学活动都涉及教学内容与教学过程，当教学内容比较简单、学生易于接受时，教学活动的设计若不具有挑战性，学生的学习状态会处于停滞休息状态，此时教学活动的设计须具有一定的挑战性，即确定学生的最近发展区；当教学内容难度较高时，教学活动的设计亦需要考虑到学生的挑战能力，即考虑确定学生的最近发展区，若教学过程是低挑战过程或者合适的挑战过程，学习者即能学到知识，若超越了学习者的最近发展区状态，学习者会选择"逃离"。在大学英语文化体验教学中，只有在教学内容和教学过程的协调配合下，才能从根本上发挥出教师的脚手架作用，促使学习的发生。

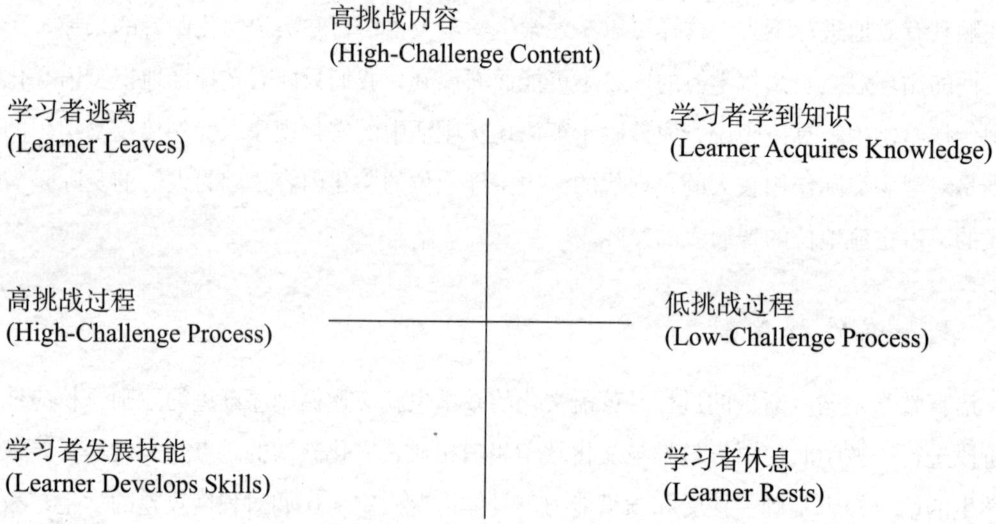

图 4-2　挑战的平衡（J.M.Bennett，1999：123）

此外，对于大学英语文化教学的基本原则来说，还包括认知原则、比较原则、同化原则、宽容原则、兴趣性原则、相关性原则。

我们所说的认知原则首先强调的是对英语文化和社会知识的了解和理解，其次可能进一步涉及诸如观察力、识别力、对英语文化以及其源文化的调查能力的培养。语言学家总结了文化教学的五种类型：第一种是掌握礼节；第二种是文化意识；第三种是理解文化价值；第四种是理解日常生活；第五种是对目标文化的分析。可以看出，除了第一种类型，其他类型与认知原则都是比较相似的。

比较原则能让我们对不同文化的概念有更深的理解，让我们能区分不同文化之间的差异，提高辨别可接受文化与不可接受文化的能力。比较原则还能提高我们的交际能力。许多外语学习者容易犯实用性的错误，主要原因就是没有准确把握语言和文化的关系，在关注文化相似性的同时往往忽略了文化的差异性，用自己的文化模式代替了别人的文化模式。如果我们密切关注不同文化的差异，时刻不忘对比，就能加深对对方的了解，消除不应该有的误会。只有这样，才能减少甚至避免由于文化冲突而引起的暴力行为和武装斗争。人总是在一定的文化环境中生长，受特定文化的影响，其一言一行必然带有此种文化的印记。来自不同文化的人们在进行交际时难免会遇到大大小小的障碍，因为有差异，许多我们习以为常的文化现象，对于来自异域文化的人来说可能感到奇特，甚至很难理解。为了使交际顺利进行，我们必须将不同文化放在一起进行比较，不比较就无法知道它们的差异。外语教学中的文化教学就是要考虑如何减少文化差异带来的误解。

对于我国文化和英语所在国家文化来说，两者差异性是比较高的，但越是差异性大，我们就越要学习，不仅要学习，还要相互借鉴。在大学英语教学过程中，只让学生明确目标文化是不够的，还要让学生掌握利用有效文化为社会服务的方法，即我们所说的同化原则。当我们在英语教学的文化教学中强调同化原则时，我们应该对机械吸收国外文化的态度引起足够的重视。国外文化学习的方式主要有两种，具体来说，第一种是教条主情，都照抄不误、全盘照搬，该学习方式是不合理的，也是不可行的；第二种是取其精华、弃其糟粕的学习方法，只学习利于我国发展的东西，只吸收有用的经验，该方式是可行的，也是我们应当采用的。

"宽容"一词来自拉丁语，意思是"愿意接受喜欢或不喜欢的行为、信仰、风俗等，不反对。"我们在此所提的文化宽容就是摆脱文化歧视的意思。文化歧视就是种族优越感，即对本土文化优越感的态度以及对外来文化的敌视态度。随着世界全球化的发展，跨文化交际已成为生活中不可缺少的一部分，在面对外国文化时，我们必须表现出宽容的态度。在端正学生文化宽容态度时，最为关键一步是对不同的文化要持客观的态度，意识到文化差异并能正视它，同时能克服对不同文化的消极看法，尽可能采取积极公正的态度。世界的每一种文化目前都面临发展和完善的问题，只有彼此尊重、互相学习、共同进步，世界文化才会徇烂多彩。

对于语言学习来说，其最终目的是合理运用语言知识，但在外语知识学习过程中，还存在一大难题，那就是缺乏良好的语言环境。所以，在实际的外语教学过程中，外语教师必须采取有效方法为学生营造良好的语言学习氛围，为学生创设良好的语言环境，并采取寓教于乐的形式，提升学生学习兴趣和学习积极性，让学生在愉快融洽的气氛中掌握语言知识以及文化背景知识，这样学生就能感觉到自己仿佛置身于一个生动有趣的交际环境之中，从而产生和保持对它的兴趣，提高初步运用英语进行交际的能力并加深记忆。我们可以利用课堂或课外活动时间采取对话、表演、竞赛、唱歌、看录像、做游戏、背诵小诗歌、学习成语、谚语等多种形式，为学生创造学习环境，提升学生的英语学习能力。英语中有许多成语、谚语包含着许多的文化背景知识，可以有选择地教给学生。例如"倾盆大雨"，这不但能激发学生的求知欲，增加词汇量，扩大知识面，使学生了解西方文化，还能起到教书育人的作用。

中英两种文化的差异体现在很多方面，我们不可能在一节课、几节课的时间内解决全部问题，也不可能在一个课时里全部讲解文化的差异性。具体来说，是指我们的课本内容包含或涉及两种文化某一个方面的差异时，把这一方面两种文化的不同特点介绍给学生，不可扯得太远，不然会给其他语言知识的传授带来影响。所谓相关性的原则就是传授的英语文化知识要与教材内容相关。考虑到大学英语基础阶段学生对语言基础知识的需求以及相对有限的学时等因素，我们认为，文化教学的基本内容应来自语言教材本身，另起炉灶、重新找素材不大可能，也没必要，因为与教材内容脱节的文化教学，既费时又增加教师工作量和学生的学习负担，教学效果是比较差的。如今，几乎所有的英语教材都全部选用原文材料，其中大部分内容既是语言知识学习的蓝本（语法知识、词汇、常用句型等），又可作为极好的介绍英美文化的素材。如果把两者结合起来教学的话，不但不会冲淡或影响学生基本语言技能的训练，反而会使他们对课文中的语言知识和文化背景有更深一层的理解和掌握，从根本上提升学生的英语学习效率。

第五章 现代外语教学的基本模式

本章分别论述了外语教学中的几个基本常见模式，比如任务型、探究式、体验式、情景再现式，还结合中国国情研究了国内典型的外语教学模式，并提出了几点思考。

第一节 任务型外语教学

一、任务型外语教学概述

"任务型外语教学"的英文是 task-based language teaching，简称 TBLT。所谓任务型外语教学，就是以完成具体任务为学习动机、以完成任务的过程为学习过程、以展示任务成果的方式来体现学习成就的一种交际外语教学途径。

途径（approach）与具体教学方法（method）是有区别的。前者指的是关于语言及外语教学的理念和认识，是外语教学的方向，是原则性的、原理性的，如 the communicative approach（交际教学途径）；后者指的是具体的教学方法，是操作性的，如 the situational method（情景法）。

任务型外语教学的核心思想是要模拟学习者在生活中运用语言所从事的各类活动，把外语教学与学习者在今后日常生活中的语言应用相结合。任务型外语教学认为，要培养学习者在真实生活中运用语言的能力，就应该让学习者在教学活动中参与和完成真实的生活任务，在完成任务的过程中，学习者运用目的语进行理解、交际，他们的注意力集中在意义上，而不是语言形式上。任务性外语教学就是让学习者在做事情的过程中学习语言和使用语言，"在做中学、在用中学"，把语言学习与语言运用有机地结合起来。

对于任务的定义，在现有文献中，学者们的说法不尽相同，角度不同，定义就有偏差。

任务都涉及语言的实际运用。任务型语言学习中的任务与真实生活中的任务有很多相似之处，根据其相似程度可分为"目标性任务或真实世界的任务"（target tasks or real-world tasks）和"教育性任务"（pedagogical tasks）。

二、任务类型分析

（一）任务类型

（1）目标性任务或真实世界的任务。是学习者离开课堂在生活、学习、工作中可能遇到的各种事情，例如收听天气预报、预订机票等。它们是学习者学习外语的最终目的。

（2）教育性任务。包括激活式任务和演练式任务，激活式任务激活学习者新学习的语言技能，例如角色扮演、信息交换等。演练式任务与真实生活中的任务相似，例如在报纸上寻职并模仿求职过程等。在完成这些任务的过程中，学习者从模仿性地运用语言逐步过渡到创造性地运用语言，从而习得语言。

（3）单元任务。为了达成单元教学目标，结合单元功能话题以及语言形式等内容，教师为整个单元所设计的一系列任务（a series of tasks）每个单元任务都可能具有激活式任务、演练式任务的特征，而任务之间又存在着相依性、涵盖性的特征，并由此形成由易到难，由简到繁，层层深入，由初级向高级，高级又涵盖初级的链式循环结构单元任务链。

（4）课时任务。单元教学目标被分解为更加具体的课时目标，为实现课时目标，教师为具体一节课所设计的一系列任务。任务之间同样存在着相依性、涵盖性的特征，并由此形成课时任务链。单元任务与课时任务之间的关系是单元任务链中的每个单元任务分别是各节课时任务链中的高级任务，单元任务涵盖课时任务。

（二）任务、活动、练习

以任务的定义不难看出任务就是活动。任务型课堂教学就是把课堂活动任务化。在实际课堂教学中，一个一个的任务串起若干活动，这些活动既有任务的特征又有练习的特征；有些活动可能有多个步骤，其中有些步骤更接近任务，而有些步骤可能更接近练习。采用任务型外语教学途径不能否认练习对语言学习的作用。练习是完成任务所开展的系列活动中的某一个步骤，是围绕语言项目本身进行的一些复习、巩固语言知识的活动，只有语言的结果（linguistic outcoming）。而在完成任务过程中，学习者围绕一个具体的目标，分步骤做事情，任务有一个非语言结果（non-linguisti coutcoming）。

三、任务型外语教学的特征

（一）真实性与多样性

教学内容的真实性是指学习的语言材料来源于学习者的真实生活，贴近学习者的生活实际；活动的多样性主要体现活动的层次，在初始阶段，要有机械性、意义性的操练活动，例如模仿练习、问答练习，在中、高段，要有运用性的练习活动，例如采访、角色扮演、讨论、问题解决等。

（二）综合性

兼顾语言知识结构与交际功能，兼顾语言的准确性与流利性和综合性任务型外语教学的倡导者非常强调语言的表意功能以及语言的综合运用，同时也认为应该教学语法以及怎样用语法为交际服务，强调语言的准确性。他们认为学习者在使用语言进行交际时，大脑中出现的不仅是单个的词和语法规则，而且是语块（language chunks），即预先组织好的短语和固定表达法，同时也强调语言的流利程度。

（三）循序渐进的任务链

在传统的外语教学课堂中有活动步骤，但是活动步骤间缺乏联系。任务型外语教学的课堂是由一个一个任务串起的，任务的排列顺序是根据任务的难易度来排列的，先易后难，先简后繁，任务与任务之间存在着相依性、层递性、连续性、涵盖性的特征，遵循由简单到复杂、由单一到综合、由输入输出、由学习到生活、由初级到高级，高级又涵盖初级的链式循环发展规律。每个任务下串起各项活动，使各项活动间具有有机联系。

（四）师生角色的转变

在传统的外语教学中，课堂上，往往是以教师为中心，教师传授讲解知识，或带着学习者做操练。任务型外语教学强调课堂教学要以学习者为中心，教师的主要工作就是设计任务、提供语言材料、组织安排活动；在完成任务时，有些任务的结果或答案不是唯一的，甚至教师本人不一定知道答案，这时教师也可以和学习者一起做任务、共同学习甚至向学习者学习、帮助学习者自己建构新知识。综上所述，任务型外语教学中，教师是学习的计划组织者、学习资源的提供者、任务活动的示范者、协作者、评估者。

学习者在课堂上的大多数时间都在以个人或小组形式完成任务、参与活动，在活动中，学习者有较大的自由度，被鼓励使用任何学过的语言项目，而不是只能用规定的语言项目，在语言的使用、完成任务的方式等方面，他们也被鼓励创造性地发挥，鼓励多种任务成果形式。因此，学习者在课堂上不是被动的接受者，而是积极的参与者、探索者、调控者。

（五）评价方式的转变

与传统的评价相比，任务型外语教学的评价内容和方式都有很大的转变：评价的目标从重结果、重成绩、重甄别与淘汰转向重过程、重能力、重发展。评价内容从单一的语言知识转向学习者的实际言语能力及学习过程表现。参与评价的主体由教师转向教师、学习者、同伴、家长、社会。评价手段从单一性、固定性的考试转向多样性与灵活性、测试性与非测试性、形成性与终结性相结合，可以有教师评价、家长评价、学习者自评、学习者互评。评价效果从学习者为分而学，教师为考而教，增强教师间、学习者间的攀比转向激励学习，增强信心，培养合作精神。

四、任务型外语教学的意义

从语言观及语言学习观的角度，任务型外语教学途径所倡导的正是语言习得所需要的，即语言输入与输出、语言的真实运用以及学习者内在动机的最大化。具体表现为：

（1）任务型外语教学倡导学习者用语言做事情。在做中学、用中学，避免了传统外语教学中过分关注语言形式、语言结构、重知识传授而忽视语言意义、语言功能、语言实践以及语言与文化的关系等问题。

（2）任务型外语教学倡导学习者的双边或多边的语言交流活动。在活动中，学习者使用目的语作为交流工具，有利于学习者把课堂内所学到的东西迁移到实际生活中，顺利进行语言交际；同时也让学习者看到成就、体验成功，有利于激发学习者的学习动机、兴趣、自觉性、求知欲。

（3）任务型外语教学途径倡导学习者的参与、创造、归纳、整合等学习方式。有较多的人际交往，在交流中，每个人都承担一个角色，并与他人合作，这有利于发展学习者的综合素质，提高他们的策略意识，增强责任感，培养合作精神。

五、任务型外语教学的实施

要讨论任务型外语教学的实施，有必要先讨论外语课堂教学结构，再讨论任务的设计原则、方法步骤、任务要素，在此基础上探索任务型的课堂教学模式。

（一）外语课堂教学结构分析

从课堂教学环节出发，外语课堂教学基本由六个环节构成：导入（lead-in）、呈现（presentation）、机械操练（mechanical drill）、意义操练（meaningful drill）、交际性语言实践活动（production）、巩固（inductive practice）。

从语言知识的角度出发，英语课堂教学包含语音教学、词汇教学、句型教学、语法教学；从语言技能出发，英语课堂教学包含听、说、读、写四项语言技能训练；从课型的角度出发，英语课堂教学可以分为功能对话课或听说课、语篇阅读课以及综合运用语言能力训练课或复习课。

交际教学流派认为语言知识的教学和语言技能训练应该紧紧围绕语言功能以及语言运用展开，即语音教学、词汇教学、语法教学、句型教学以及听、说、读、写四项语言技能训练都应该融入功能话题教学、语篇阅读教学和综合运用语言能力训练之中；无论实施什么内容、什么课型的教学，英语课堂活动都离不开"六环节"，即导入呈现任务、开展为完成任务所需要的各种语言准备操练活动、语言输出活动和语言巩固练习，而"六环节"的主线是任务，其操作模式可以概括为教师设计任务、组织安排活动，学习者参与活动、完成任务，从而实现教学目标。

（二）任务设计原则

设计任务应该遵循一定的原则，才能把握任务设计的正确方向，也才能够顺利地开展任务型外语教学。设计任务应该遵循以下原则。

（1）学生需求原则。课堂需要有意义、有价值的任务。所谓有意义、有价值的任务是指学生应该完成、愿意完成、通过努力能够完成的任务。设计这样的任务必须分析学生的个性需要（即学生能做什么、会做什么、想做什么）。学生的个性需要基于学生的兴趣爱好、生活经历、能力范围以及智能因素。以"美术"这一话题为例：不同生活背景、不同年龄层次的学生对美术作品的认识不同，初中生只能完成对作品种类的调查，而高中生就可以完成对作品理解的调查。又如"指路"这一话题，既需要学生绘制路线图（动手、制作、空间思维能力），又需要与他人合作（人际交往能力）。

（2）目的性原则。设计任务必须考虑目的，即为了完成任务，学生需要准备什么、做什么活动、完成任务后要得到什么结果。目的往往是两方面的：一是明线，学生完成任务需要的材料、要做的活动、得到一个非语言成果；二是暗线，学生完成任务需要的词汇、句型等语言知识的准备、做活动时熟练语言形式、完成任务后习得语言，获取综合运用语言的能力。例如下面这个任务：听教师叙述，学生边听边画。"There is a river around the mountain，there is a boat on the river And there are some people sitting in the boat and some boys swimming in the rivrer."学生完成这个任务，需要准备一张白纸、要画图画，任务的结果就是图画，这是明线。暗线是学生完成这个任务，需要熟悉 there be 句型结构。

（3）任务相依性原则。任务的排列顺序是根据任务的难易度来排列的，先易后难；是根据活动的特征来排列的，先输入后输出。任务之间要有层递性、连续性、涵盖性，遵循由初级到高级、由简单到复杂、由单一到综合、由输入到输出、由学习到生活的发展规律。

（4）真实性原则。真实性原则更多地是针对交际性任务，要求交际双方要有真实的交际需要，所提供的语言材料以及活动的形式要尽可能接近生活。例如阅读回答问题就不是真实的任务活动，因为生活中人们阅读时，发现有价值的东西，不会特别地回答问题而是做摘录、标识等。

（5）做事情原则。任务型外语教学认为学习语言的过程其实是"做中学"的过程，要求学生在完成任务的过程中必须动手做事情，如画图、连线、记笔记、做决定、动手操作等。学生在做事情的过程中获得和积累学习经验，体会内化语言知识，通过使用语言发展自己的语言系统。

（6）信息交流原则。信息交流原则更多地也是针对交际性任务。在完成任务的过程中，活动必须涉及信息的获取、传递、处理与使用。对话双方不再是明知故问，而是一方发生信息缺失，产生交际需要而后向另一方索取有用信息，信息沟活动由此展开。

（7）衷意原则。语言学习的最终目的是用语言进行交际，而"交际"需要说话双方更多地关注语言意义而不是语言形式，关注语言的逻辑连贯性、流利性、正确性而不只是语言的正确性。因此任务的设计要求语言功能和语言形式的结合，在完成任务时，学生学习语言的形式，理解语言的功能，关注语言的意义，表达他们想表达的内容，养成英语思维的习惯，成套地说话，而不仅仅是操练。

（8）结果性原则。完成任务后必须有一个看得见、摸得着的非语言结果，这个结果也许是学生的绘画作品、完成的表格、列出的清单，电可能是做出的决定、完成的报告、制作的物品等。这个结果是任务的一个组成部分，是评估学生是否完成任务的依据之一，这个成果能带给学生成功的感觉。

（三）任务设计方法步骤

（1）确定任务目标。任务目标一般有三级：最终目标（发展学生语言运用能力，交际能力所要达到的最高要求）、教育目标（英语课程标准所描述的五项九级目标）、具体目标（某个特定任务下的具体活动所要达到的具体目标），这里我们重点讨论具体目标。

教师将课程标准所设定的等级目标细化为许多具体的语言行为目标，即学生可以用所学语言做的事情，也即更具体、更详细的单元任务目标、课时任务目标。例如英语课程标准对"说"的三级目标是这样描述的："能提供有关个人情况和个人经历的信息。"标准对这个教育目标的描述比较概括，"个人情况"可以非常简单（姓名、年龄、电话号码等），也可以非常复杂（爱好、受教育情况、家庭背景等）。教师根据这一教育目标可以设计这样的任务："向同伴介绍自己的年龄、姓名、家庭住址和电话号码，获取同伴的个人信息并做记录。"该任务的具体目标就是"获取识别、记录关键信息的能力"。具体目标也是教学评价的依据。不同的任务有不同的目标，有的任务只有一个目标，而有的任务有多重目标。

目标也不只是语言知识或语言技能目标，还包括人际交往、学习策略、情感态度等方面的目标。因此确定任务目标时应该注意以下几点：①熟悉课程标准规定的分级分项目标，侧重研究教学涉及的学段分项目标；②充分了解学生需求和教材内容；③以单元为单位整体考虑任务目标，再从单元目标中细化出课时具体目标；④目标的描述要做到不缺项（语言知识、语言技能、情感态度、学习策略、文化意识）、使用行为动词、学生是行为的主体、行为分层落实可操作可检测。

（2）确定任务类型。依据不同的目标选择不同的任务类型。初级的、单一的、简单的、学习性的、封闭式的与高级的、综合的、复杂的、生活化的、开放式的任务应该搭配使用，合理选择。

（3）选择设计材料。课程改革的一个重要理念是"用教材教，而不是教教材"。结合教学实际，教材的内容可能不适合学生需求，教师需要对教材进行重组，需要选择教材以外的教学材料。选材时，要考虑材料的形式、内容、难易度、呈现方式、是否需要学生亲自搜索等。材料可以涉及学生生活经历、书报、广播、电视、网络等各种口头、书面的英语语言材料。

（4）规划任务活动。设计任务一般要规划两类活动——使能性准备活动与交际性活动。使能性准备活动是为了激活学生已有知识与技能、介绍新语言、操练新语言等。交际性活动包括调查、分析、讨论、做报告等。这两类活动交叉循环进行。从认知的角度，活动又可分为输入活动与输出活动，先输入再输出。规划活动时应该考虑以下因素：活动需要多长时间？活动用什么方式？活动的具体目的是什么？学生是否对活动感兴趣？学生是否有能力完成？活动中学生能否用到新的语言项目？

（5）确定操作程序。任务中的活动规划好以后，操作程序也就确定了。教师需要进一步考虑的是具体操作细节，要预测进程中可能出现的问题，例如，活动之间的衔接过渡、小组活动分工、教师的指令等，并准备应对措施。

（6）调整任务难度。在操作过程中，我们不可避免地会遇到任务的难易度设计不当，这时，教师需要及时调整，以免学生形成惰性或畏难情绪。我们可以利用3S心理法或3C模式进行调整。

①3S心理法：学生在课堂上保持surprise（惊异），suspension（悬念），satisfaction（满足）的心理，学生既能言所能及，又经历挑战，他们的学习兴趣、动机、潜能都被挖掘、调动起来，定能收到良好效果。

②3C模式：Norris等人根据大量的理论研究与实践经验，提出了一个能调整任务

难度的 3C 模式，即 code complexity（语码复杂性），cognitive complexity（认知复杂性），communicative stress（交际压力）。Code complexity 指的是完成任务所需词汇、句型的难度；cognitive complexity 指的是认知能力的广度和深度；communicative stress 指的是完成任务限定的时间、形式等对学生造成的压力。

第二节　探究式外语教学

一、探究式教学的基本内容

面对教学改革的实际需要，教师采用探究式教学被认为是课堂教学改革的理想选择。那究竟什么是探究式教学，它具有什么样的特征呢？

（一）探究式教学的内涵

探究式教学（inquiry teaching），又称发现法、研究法，是指学生在学习概念和原理时，教师只是给他们一些事例和问题，让学生自己通过阅读、观察、实验、思考、讨论、听讲等途径去独立探究，自行发现并掌握相应的原理和结论的一种方法。它的指导思想是在教师的指导下，以学生为主体，让学生自觉地、主动地探索，掌握认识和解决问题的方法和步骤，研究客观事物的属性，发现事物发展的起因和事物内部的联系，从中找出规律，形成自己的概念。可见，在探究式教学的过程中，学生的主体地位、自主能力都得到了加强。探究式教学是以探究为基本特征的一种教学活动形式，它包含两层意思：第一层是什么是探究；第二层是什么是探究式教学。

在当今国际科学教育改革的热潮中，探究（inquiry）是出现频率最高的几个关键词之一。按照《牛津英语词典》中的定义，探究是求索知识或信息特别是求真的活动，是搜寻、研究、调查、检验的活动，是提问和质疑的活动。探究，就其本意来说，是探讨和研究；探讨就是探求学问、探求真理和探求本源；研究就是研讨问题、追根溯源和多方寻求答案，解决疑问。

探究式学习是指仿照科学研究的过程来学习科学内容，体验、理解和应用科学研究方法，获得科学研究能力的一种学习方式。根据美国国家研究理事会 2000 年的阐述，它包括五个方面的活动：①提出问题，学习者围绕科学性问题展开探究活动；②收集数据，学习者获取可以帮助他们解释和评价科学性问题的证据；③形成解释，学习者要根据事实证据形成解释，对科学性问题做出回答；④评价结果，学习者通过比较其他可能的解释，使解释和科学知识相联系；⑤表达结果，学习者要阐述、论证和交流他们提出的解释。以探究为基础的学习或者教学，指学生通过自主参与获得知识的一种积极的学习过程，是让学生自己思考怎么做，甚至做什么，而不是接受教师思考好的现成的结论。因此，探究式学习既是一种学习方式，也是教育教学的目标之一。

探究式教学要求教师用理论去指导实践，在实践的基础上再总结出新的理论，推动教学不断向前发展。它具体是指教师引导学生对有关的学习内容进行深入探讨，或对有关问题进行多方面的研究，以寻找答案、解决问题的过程和活动的方法。它的实施就是让学生以自主、能动的方式在学习过程中掌握知识，获得能力，习得科学的方法，养成科学态度和科学精神。

因此，探究教学的实质就是按提出科学结论和检验科学结论的结构方式去揭示科学结论，即要把所提出的观念和所进行的实验告诉学生，要说明由此得到的资料，还要阐明把这些资料转化成科学知识的解释。

（二）探究式教学的特征

（1）注重从学生的已有经验出发。认知理论的研究表明，学生的学习不是从空白开始的，已有的经验会影响他们现在的学习。所以，教学只有从学生已有的知识和实际出发，才能激发学生的学习积极性和主观能动性。否则，就很难达到预期的教学目标。

（2）培养学生的探究能力。探究教学不是教师先把结论直接告诉学生，再通过演示实验或学生实验加以验证，而是让学生通过各式各样的探究活动，例如观察、调查、制作、收集资料等，亲自得出结论，使他们参与并体验知识的获取过程，建构起对新事物的新认识，并培养科学探究的能力。这种通过多样、复杂的活动情景来获得知识的教学方法，可以使学生从多角度深入地理解知识，建立知识间的联系，从而使他们在面对实际问题时，能更容易地激活知识，灵活地运用知识解决问题。也只有这样，学生的学习才是积极主动的，才能真正激发学生学习的内在动机。

（3）重视过程和结果。一方面，要求学生在教师的指导下，对事物和现象主动地去研究，经过探究过程来理解知识的内在联系，从而达到灵活掌握和运用知识的目的；另一方面，需要教师把知识和科学方法有机结合，在学生掌握知识的基础上，通过观察、调查、假设、实验等多种形式的探究活动，经历收集信息和分析信息的过程，从而获得自己的探究结果或制作出自己的作品，培养学生的科学态度和精神。

（4）重视知识的运用。探究教学的一个基本特点就是学以致用，发展学生运用知识解决实际问题的能力。探究教学能综合提取知识，跨学科解决复杂的、综合的以及涉及知识面广的问题。在掌握知识、运用知识、解决问题的学习活动中，探究教学能使学生更接近生活实际和社会实际，有利于培养学生的实践能力。

（5）重视形成性评价和学生的自我评价。探究教学的评价要求较高，如它要求评价每一名学生理解了哪些概念，哪些还模糊不清或不知道，能否灵活地运用知识解决问题，是否能提出问题，是否能设计并实施探究计划，是否能分析处理所搜集的数据和证据，是否能判断出证据是支持还是反对自己提出的假设等。单靠终结性评价是难以奏效的。探究教学在重视并改进终结性评价的同时，很重视对学生的形成性评价，如学生每天的笔记、撰写的报告、绘制的图表，以及与学生面对面的交流、学生针对某一问题所做出的解释等，教师可以通过这些了解学生对知识理解的深度和广度，以及进行科学推理的能力。重视学生对自己学习过程的评价也是探究教学评价的另一个特点。学生不断地对自己的探究学习进行评价，如检查采用的方法是否合适、解释是否得当、对知识的理解程度如何等，可以提高学习效率，有利于学习目标的达成。

（6）重视师生互动。探究式教学法的出发点就是发挥学生的主观能动性和创造力，以学生为中心，让学生自己去探究，自己去历练，积极地参与各种活动，从而获得知识。但学生的自主与教师的指导并不是非此即彼的关系，教师是在尊重学生选择的基础上进行指导，而学生则是在教师的指导下进行自主的探究，两者是一种互动和相互促进的关系。

（三）探究式教学的意义

（1）探究式教学符合教学改革的实际，能满足改革者的心理需要。目前，我国教学改革的宗旨主要有三点：一是打破传统教学束缚学生手脚的一套做法；二是遵循现代化教育以人为本的观念，给学生发展以最大的空间；三是根据教材提供的基本知识，把培养学生的创新精神和实践能力作为教学的重点。只要做到这三点，改革就能取得实效。改革就是不断探究新的教学途径和教学方法。最终实践会告诉每一位教育改革者，探究式教学是非常符合改革者的实际需要的。

（2）探究式教学能使班级教学更具活力和效力。班级授课有利有弊。在科学技术不发达的情况下，班级授课的利大于弊；在远程教育和网络教育发展的今天，弊大于利。因为它扼杀了学生的个性，难以因材施教。实施探究式教学，一是要最大限度减少教师的讲授；二是要最大限度满足学生自主发展的需要；三是要尽可能做到让学生在"活动"中学习，在"主动"中发展，在"合作"中增知，在"探究"中创新。

（3）探究式教学能破除"自我中心"，促进教师在探究中"自我发展"。课堂教学改革难，在很大程度上是难在教师身上。究其原因，主要是教师"自我中心"观念的顽固性和长期沿袭传统的惰性。由此可见，用现代教育理念去改造和战胜传统教育观念有多么艰难。教师要改变自己，就要在实践探究中学习，总结自己的经验，学习别人的经验，包括向学生学习。通过探究式教学，教师的角色会有一个大的转变——由过去的"台前"，走到现在的"幕后"，做一个"导演"。安排好适当的场景，引发学生的学习动机，使学生从观众变成实际的参与者。

二、探究式教学的理论基础

（一）皮亚杰（J.P.Piaget）的认知发展理论

认知发展理论认为，个体的智慧和认识是在与环境相互作用的过程中发展的。他认为个体的发展既不是由客体决定的，也不是由主体预先设定的，而是主体与客体不断相互作用，逐渐构造的结果。学习的目的不是获得越来越多的外部信息，而是在与环境的相互作用中掌握解决问题的程序和方法。皮亚杰认为，学习是建构图式（schema）的过程，包含一连串的同化（assimilation）、顺应（accommodalion）和平衡（equilibration）。他认为，儿童认知形成的过程是先出现一些凭直觉产生的概念（并非最简单的概念），这些原始概念构成思维的基础，在此基础上经过综合加工形成新的概念，建构新的结构，这种过程不断进行，就是儿童认知结构形成的主要方法。因此，儿童认知发展是个体在连续不断与环境交互作用的变化中，在同化和顺应的共同作用下，不断重建的过程。

个体在面临一个新信息时，倾向于把它同化到已有的认知结构中，同化成功则获得一种暂时性的平衡。当原有的认知结构无法同化新信息时，个体才会修改或重建原有认知结构来适应环境，达到一种新的平衡。同化、顺应是一种双向的建构过程：不仅使新信息获得意义，而且丰富、改造或者重组原有的认知结构。它也是一种主动建构的过程，需要学习者积极参与建构，这种积极参与不是形式上摆弄某些材料，而是思维层面的积极建构。探究式学习也不只发生在学生的手上，更是发生在他们的脑袋里，它不是简单地通过实验操作或者各种动手活动验证教材上已有的结论，而是通过提出问题假设、查找资料、分析资料形成结论、交流评价等一系列既开放又严谨的探索过程，使学生获得科学的概念，掌握研究的方法，培养科学的态度和素养。

（二）布鲁纳（J.S.Bruner）的认知结构理论

布鲁纳的认知结构理论反映了美国心理学由行为主义向认知观转变的大背景，反映了皮亚杰、乔姆斯基（N.Chomsky）等著名的结构主义者的思想精髓。布鲁纳对皮亚杰的认知发展理论进行了深入研究，但他并没有停留在对于儿童的智力和认识的描述性解释上，而是进一步提出了如何促进儿童的智力成长的学习理论和教学理论。

布鲁纳认为，学习的实质是一个人把同类事物联系起来，并把他们组成赋予一定意义的结构，学习就是认知结构的组织和再组织的过程，知识的学习就是在学生头脑中形成各学科的知识结构。任何一门学科的学习，最终目的是掌握这门学科的结构，它可以通过一个人的编码系统或结构体系表达出来。

布鲁纳认为，学生不是被动的知识接受者，而是积极的信息加工者，而学习过程也就成了一种主动发现的过程，教师可以通过发现学习把知识转化为适应学生发展的任何形式。发现学习不是布鲁纳的首创，但他从归纳推理和问题解决角度赋予发现学习科学的理论基础，并对发现学习的行动、要素和步骤都进行了深入细致的探讨。他提出发现学习有以下几个步骤：①提出明确使学生感兴趣的问题，激发他们的兴趣和好奇心；②使学生感觉问题具有某种程度的不确定性，激发他们的探究欲望；③提供解决问题的多种可能的假设，开阔学生的思路；④协助学生收集与问题有关的资料，丰富学生的知识经验；⑤组织学生审查有关资料，从中推导出结论；⑥引导学生运用分析思维去证实结论，解决问题。

（三）建构主义学习理论

皮亚杰的认知发展理论是建构主义学习理论的重要基础。建构主义学习理论从知识观和学习观上给予探究式学习和探究式教学更深层次的诠释。建构主义认为，知识不是由不可更改的、永恒不变的、绝对完美的真理组成的，而是相对客观的、开放的和发展的。学习是主观经验系统的变化（重组、转换或改造）。

学习时，学习者不是空着脑袋进入教室，而是在其先前经验的基础上，以其特殊的方式，来建构对新信息、新现象、新事物、新问题的理解，形成个人的意义。建构主义的核心是强调学习是学生主动建构的过程，先前知识、情景和学习共同体是影响主动建构的重要因素。探究式教学吸取了建构主义的理论精华，体现以"问题"为线索，让学习者个体或者小组围绕真实性的问题，主动获取各种有助于解释和评价问题的证据，分析证据得出的结论，并在同伴之间交流和论证他们所提出的解释。因此，建构主义学习理论重视学生头脑中原有知识经验的作用，认为教和学是一个统一体，重视学习者在学习活动中的主观能动性，并强调教学活动要不断打破学生已有的平衡状态，还要帮助学生建立新的平衡状态。

（四）人本主义学习理论

20世纪中叶，一些心理学家感到，现有的心理学特别是行为主义心理学，没有恰当地探讨人类的思维能力、情感体验和主宰自己命运的东西，而过于关注严格的研究方法，以至忽视了人之所以成为人的实质性的东西。这些心理学家的观点形成了一种学派，并构成了一场对传统心理学的挑战，这就是人本主义心理学。罗杰斯（C.R.Rogers）是人本主义学习理论的重要代表人物之一。人本主义学习理论认为每个人都有学习的潜能，即在合适的条件下，每个人所具有的学习、发现、丰富知识与经验的潜能是能够释放出来的。

"以学生为中心"可以说是人本主义心理学家的核心教育原则。为了确立"以学生为中心"的教育原则，人本主义心理学家认为在教学过程中应该让学生自己决定学习内容和发动学习动机，自己掌握学习方法，自己进行评价。

罗杰斯认为学习分为无意义学习和意义学习。无意义学习类似于无意义音节的学习，内容是枯燥乏味、没有生气、无关紧要很快就被忘记的学习。而意义学习是指，学习材料对学习者有个人的价值或出自他们的兴趣，它强调学习内容与个人之间的关系。而大多数意义学习都是"从做中学"，是一种科学探究式的学习。因此，在教学过程中，教师要善于构建真实的问题情境，让学生感受到所学知识的价值和重要性，激发他们内在的学习兴趣、探究兴趣，并最终解决各种真实性的问题。教师作为学习的促进者，需要为学生创设探究的环境、拟定探究的步骤、提供探究学习需要的资料，让学生像科学家一样去寻找问题的真正答案，体验探究中的苦与乐。

（五）理论简评

随着对于探究式学习以及探究式教学理论基础的讨论日益深入，对其哲学基础、社会学基础、心理学基础、历史学基础和教育学基础方面的讨论越发受到研究者们的关注。

总的来说，关于探究式学习和探究式教学研究的理论基础仍旧比较薄弱和陈旧，且主要集中于对其心理学基础的研究方面。尤其是近年来日益受到关注的建构主义学习理论，受到了探究式教学领域的重视和认真研究。但对其他作为人们探讨科学探究的重要理论基础的领域，如科学史、科学哲学、教育学、科学知识社会学等领域的关注度还远远不够。

从目前的研究状况来看，对于探究式学习和探究式教学的大量研究项目和成果仍然主要集中在对其基本行动过程、操作步骤、方法技能等方面的研究，主要集中于某些学科尤其是科学课程中的探究式学习和探究式教学，主要集中于探究实践中的具体行为细节，缺乏对探究式学习和教学的内部心理机制进行的上位的、一般性的研究。另外，也有不少人对探究式学习及教学的有效性的实证研究提出了疑问，认为更多的文献是靠相互引证对方的意见和断言作为自己的论据，缺乏实证研究数据；或者通过对不明确甚至是否定性的实证结果做出任意的推论来支持对方的观点。

由此可见，对探究式学习和教学的研究和探讨在其理论基础、实证基础、实施及评价方面还有待进一步深入和明确。对探究式学习和教学的研究需要在继承与吸收前人讨论的基础上，以探究式学习和教学的理论基础学科为依托，从学生知识建构的视角，以新的知识观与学习观为基础，抓住学生知识的自主建构这一本质与核心，理论结合实际，把基础学科中最新的研究成果与实践中最新鲜的、最鲜活的探索与创新一并吸收进对探究式学习与教学的研究中来。

三、探究式教学模式和方法

（一）国外的教学模式和方法

纵观国外20世纪的教学改革，关于探究式教学有以下5种最普遍的探究式教学模式。

（1）萨其曼（J.R.Suchman）探究教学模式。该方法通过观察、分析科学家的创造性探究活动之后，结合教学法的因素概括而成。因此它基本遵循着"问题—假设—验证—结论"这样一种程序。这种模式基本上再现了科学家进行探索的进程，对于提高学生的创造性思维能力、推理能力大有裨益。

（2）有结构的探究（structured inquiry）教学模式。有结构的探究，是指探究教学时，教师给学生提供将要调查的问题、解决问题所要使用的方法和材料，但不提供预期的结果。学生自己要根据收集到的数据进行概括，发现某种联系，找到问题的答案，该探究被称为一级水平的探究活动，或被习惯地称为"食谱式活动"。

（3）指导型探究（guided inquiry）教学模式。指导型探究，是指探究活动时只给学生提供要调查的问题，有时也提供材料，学生必须自己对收集到的数据进行概括，弄清楚如何回答探究问题。这种探究被称为二级水平的探究活动。

（4）自由探究（free inquiry）教学模式。自由探究，是指在探究教学时学生必须独立完成所有的探究任务，当然也包括形成要调查研究的问题。从许多方面看，自由探究类似于"搞"科学。这种探究被称为三级水平的探究活动。

（5）学习环（the learning cycle）教学模式。学习环教学模式始于20世纪60年代，是一种很有影响的教学模式，被广泛地称作探究教学。该模式有3个阶段：概念探讨阶段，让学生从事各种探索活动，从经验中产生新观念；概念介绍阶段，让学生给新观点或经历命名；概念运用阶段，让学生把新观点运用到不同的背景中去。学习环模式进一步发展又形成了更完备、更符合学生认知特点的教学程序和策略5E教学模式，即吸引（engagement）、探究（exploration）、解释（explanation）、加工（elaboration）和评价（evaluation）。

（二）国内的教学模式和方法

教学模式是世界通用的，上述5种模式给我国的教育教学带来了启示。由于分类标准的不同，对探究式教学模式的划分也不尽相同，我国目前使用的探究式教学模式主要有自主探究、合作探究、情境探究、问题探究、实验探究、创新探究等。此处主要针对我国基础教育以及英语学科教育的特点详述几种较为实用的模式。

1. 自主探究教学

自主探究教学就是导引学生的自主学习以促使学生自觉地投入学习中去，独立思考，主动建构知识的教学模式。

（1）自主探究教学的主要特征：①教师是教学的主体而学生是学习的主体，教师和学生同为主体，形成了主体性和民主性的师生关系；②注重教学过程的开放性和研发性，关注教学过程中学生主体意识的发挥，关注学生的创造力和创新意识，重视教师对学生的引导、启发，注重学生自主、能动地进行探究和发现；③注重学生的参与性并提倡适度合作探究的辅助作用；④要求问题设计的合理性和教学的有效性，提倡教学的多维互动性以及教学方式的多样性。

（2）自主探究教学的操作思路：①要求教师要做到明确学习目标，明确预习的价值、提纲及预习方法，要求教学具有整体性，灵活性、开放性；②探究包括个人独探、同伴互探、小组齐探、全班共探等 5 个支点，教师要着重考虑如何监管学生活动、如何分组、如何指导学生；③教师要通过分层运用、内外运用、反馈等 3 个支点，指导学生实现应用迁移；④教师要注重发挥学生的主体性和促进全体参与，给学生自主探究的权利，教学过程主要靠学生自己完成；⑤教师是学生学习的促进者、参与者、指导者、引导者，甚至要与学生"共同学习、共同探讨"。

（3）自主探究教学易出现的问题及解决方法：①流于形式，缺少教师适当的指导，无法完成探究的任务；②教师承揽探究，学生只是验证探究，无法提出问题，不会猜想，不能体验到探究的必要性和成功的乐趣；③选材不当，缺乏探究意义；④教师布置不当，学生收集资料困难；⑤教学时间安排不足，自主探究走过场；⑥教师对课后探究指导不足导致课后延伸草草收场。

针对以上问题，教师一定要根据教学需要，根据学生的实际情况进行适时引导；教师应该充分相信学生，促进学生主动参与，激励学生发挥主观能动作用，最大限度调动学生自主探究学习的积极性和主动性；教师要关注探究内容的适度性、可操作性和趣味性；教师应在课前下发"导学学案"，让学生据此进行预习、寻找资料；教师还要更新观念，充分相信学生，给予学生更多的自由支配时间；最后教师要及时介入学生的探究活动，成为他们中的一员，并对学生课后的探究做必要的指导。

2. 合作探究教学

合作探究教学是指在教师的指导下，学生根据不同层次，以4—6人混合编成小组，在一种积极互助的情境中，为达成共同的目标，分工合作，相互帮助，彼此指导，并以集体的成功为评价依据，最终促进个人发展的教学模式。

合作探究教学的基本要素：①要让学生知道他们不仅要为自己的学习负责，而且要为其所在小组的其他成员的学习负责，在探究过程中积极互助；②小组中的每个成员都必须承担个人责任，尽职做好自己的工作；③混合编组要尽量保证一个小组内的学生各具特色，异质、互补，能取长补短；④学生的社交技能水平既是合作探究的结果又是合作探究的前提；⑤小组自评或团体反思能保证小组不断发展和进步。

合作探究教学的操作思路：①合作设计要合理，应以合作、互动为特点；②提前设定目标，为评价提供依据；③通过自学、小组互助，促进集体成果的积累；④自评与他评相结合。

合作探究教学易出现的问题及解决方法：①问题设置太过简单，合作探究流于形式，失去了合作探究的意义；②重探究忽略总结；③只注重优秀生，不兼顾后进生。

针对以上问题，教师提出的"问题"要紧扣课堂讲授的重点、难点，问题要有启发性，并能充分调动学生合作学习的兴趣；教师要引导学生对答案进行总结，使讨论的答案得到统一；最后，教师要特别注意对学生的心理进行辅导，让他们树立信心，同时提供有层次性的问题，使后进生也能胜任，强调整体的进步，形成让优秀生主动帮扶后进生的氛围；在合作探究的评价中，教师要对不同发展水平的学生有不同的要求，应关注每一位学生，特别是后进生。

3. 情境探究教学

情境探究教学是指在教学过程中，教师有目的地引入或创设具有一定情绪色彩的，以形象为主体的生动具体的场景，以引起学生一定的情感体验，从而帮助学生理解文本，并使学生的心理机能得到发展的探究教学方式。

（1）情境探究教学的基本原则：①意识统一和智力统一原则：要求教学中既要考虑如何使学生集中思维、培养其刻苦钻研的精神，又要考虑如何发挥情感、兴趣、愿望、动机、无意识潜能等智力活动的促进作用；②轻松愉快的原则：要求在轻松愉快的情境或气氛中引导学生提出各种问题，并展开自己的思维和想象，寻求答案，分辨正误；③自主性原则：强调良好的师生关系和学生在教学中的主体地位。

（2）情境探究教学的操作思路：①借助实验创设情境，帮助学生将当前的学习知识与自己已经知道的事物相联系，建构起所学知识的系统；②借助新旧知识的关系、矛盾，创设情境，让学生产生学习的欲望，从而形成积极的认知氛围和情感氛围；③借助生活实例创设情境，让学生有真切的感受，以便引起学生的探究兴趣，激发其求知的欲望；④运用实物、图画、表演、语言、故事等展现和创设情境。

（3）情境探究教学易出现的问题及解决方法：①易产生"花盆效应"：学生的学习能力在人工的、人为创设的"典型性场景"中发展比较顺利，但是脱离了该种情境后，很可能出现回落的现象；②由于情境教学过分强调情境功效，加之对课程整体性、意会性及模糊性特点重视不够，易出现人工雕琢之痕，以及"作秀"之嫌；③由于情境教学强调人为创设情境，对教师的素质要求太高，教师必须具备高超的语言表达能力，甚至要能歌善舞、能谈会唱。

针对以上问题，教师必须熟练驾驭教材，准确把握学生心理特点、智能水平，熟悉他们的内心世界。并针对学生的特点，恰当地选择和运用科学手段、方法，以便结合教材创设情境。另外，教师在运用情境教学法时，还应针对各学科特点，根据自身特点创设情境，并努力提高自身素质。

4. 问题探究教学

问题探究教学模式是以问题为纽带，让学生在提出问题、分析问题、解决问题的探究过程中，来建构知识体系、发展智力、提高能力的教学模式。

问题探究教学的特点与实施策略：①问题是教学的良好开端；②从问题出发，培养学生的思维能力；③师生角色的转变：教师不能单纯地做知识的传授者，精心设计问题。

（1）问题探究教学的实施策略：①搭建民主平台，树立学生的主体意识；②多角度着手，培养学生的问题意识；③改变备课模式，以问题为核心，以问题为主线；④重组教学组织形式，创造更大的探究空间。

（2）问题探究教学的操作思路：①引发问题：根据学生要学习的知识点的内涵和外延，做讲解者、促进者，还要联系学生知识水平、生活实际，创设模拟情境，引发一系列问题；②组织探究：根据学生心理特点、班级授课制的特点，在教师组织、引导下，让学生紧紧围绕提出的问题进行独立思考、体验感悟、获取感性认识，并与身边的同伴、同学及教师进行探讨交流，澄清认识；③作出解释：教师要引导学生把通过感知获取的直观认识条理化，抓住其本质属性，并将其纳入已有的知识体系，融入已有的认知结构中；④运用深化：让学生运用获取的知识解决具体问题，在解决问题的实践中深刻体悟知识的内涵和外延，升华认识。

（3）问题探究教学易出现的问题及解决方法：①问题设计的整体性不够；②问题设计的层次性不强；③问题设计的开放性不足。

针对以上问题，教师在面对较复杂的问题时，应采取化整为零的设计方法，在把握总体目标的基础上，在设计问题时把总目标细分为一个个的小目标，一个个容易掌握的题目，让其形成问题链；问题的设计要有坡度，层层递进，以点带面，逐渐扩展和深入，使学生从一个个问题的解决中，有层次地掌握知识和技能：在问题设计上，还要从能够启发学生多角度多元化的思考出发，答案不要太死，思路不能太窄。我们要以学生为中心、教师为主导、兴趣为主线，统筹兼顾，让学生积极主动地探索和获取知识。

第三节　体验式外语教学

一、体验式教学的背景

英语作为最重要的信息载体之一，已成为人类生活各个领域中使用最广泛的语言。而我国英语教育的现状与时代发展的要求还存在差距，传统的英语教学模式以教师讲解知识点为主，忽视了在生活中的实际运用，忽略了学生的主观能动性，使学生在语言运用能力方面得不到充分的发展，更体会不到学习英语的乐趣。学语言就是为了用语言，如果脱离开真实的环境和亲身的体验，那将失去学习语言的意义。其实无论学习哪一种语言，交流是根本目的之一，但由于教学方法和环境所限，目前中国人学习英语将大部分时间和精力放在了知识内容上，"哑巴英语"便是后果之一。

要改变这种状况，课程改革势在必行。我国的《基础教育课程改革纲要》指出改变课程过于注重知识传授的倾向，强调形成积极主动的学习态度，使获得基础知识与基本技能的过程同时成为学会学习和形成正确价值观的过程。这强调了课程的功能要从单纯注重传授知识转变为引导学生学会学习、学会生存、学会做人。因此，教学要从学生的经验和体验出发，密切知识和生活之间的联系，引导学生在实际生活中观察、体验、发现并综合运用各种知识去解决问题，提高参与社会的实践能力。

我国基础教育英语课程改革强调英语课程要"从学生的学习兴趣、生活经验和认知水平出发，倡导体验、实践、参与、合作、交流的学习方式和任务型的教学途径，发展学生的综合语言运用能力，使语言学习的过程成为学生形成积极的情感态度，主动思维和大胆实践，提高跨文化意识和形成自主学习能力的过程。"《英语课程标准》明确指出：要使学生尽可能多地从不同渠道，以不同方式接触和学习英语，亲身感受和直接体验语言、运用语言。

在英语教学中，教师要关注学生的体验，创设和优化英语教学环境，使学生在互动中交流语言，在体验中生成知识，使语言学习转变成一种创造和运用语言的体验过程。

要实现这样的目标，英语老师应当学习新的教学理念，而体验式教学的理念正好满足了英语教学改革的要求。体验式教学就是以培养学生具有独立、自主、创新等主体精神为目标，以营造教学氛围、激发学生情感为主要特点，以学生自我体验为主要学习方式，力求在师生互动的教学过程中，达到认知过程和情感体验过程的有机结合。体验式教学强调的是用自己的身体去亲自经历，用自己的心灵去亲自感悟。这不仅是理解知识的需要，更是激发学生学习兴趣的需要，也是现代学习方式的突出特征，它将使英语教学和学习充满个性，更具活力。

我国著名的教育家陶行知先生认为："行是知之始，知是行之成，行以求知，知更行。"他要求"在做中教，在教中学"，"行"和"做"就是体验。

研究表明：阅读的信息，我们能记得10%；听到的信息，我们能记得20%；但所经历过的事，我们却能记得80%。只有参与体验，才能学会，这就是体验式的教学模式和传统教学模式的最大差异。体验式英语课堂教学就是要给学生带来新的感觉、新的刺激，从而加深知识的记忆和理解，使英语学习的过程转变成一种创造、运用英语的体验过程，让学生在体验中学习，在体验中完成学习的任务。英语课程是一项活动课程，学生是教学活动的中心，教师设法引导学生发挥其主体作用，在体验教学实践中促使学生不断产生新的经验，新的认识和新的能力，形成积极的人生态度，促进其个性成长。通过体验教学使学生充分感受到蕴藏于这种教学活动中的欢乐与愉悦，从而达到促进学生自主发展的目的。体验式教学将成为国内新一轮课程改革追求的主要教学方式之一。

二、体验式教学的基本内容

（一）体验的含义

首先，什么是体验呢？"体验"（experience）为动词，在《辞源》中，既有"领悟""体味""设身处地"的心理感受含义，又有"实行""实践""以身体之"的外部实践含义。《现代汉语词典》对体验的解释是："通过实践来认识周围的事物；亲身经历。"教育心理学指出："体验是人在实践中亲身经历的一种心理活动，并在亲身经历中体会知识、感受情感。它包含两种含义，一种是行为体验，另一种是内心体验。"体验是一个人对愿望、要求的感受，内在的历时性的知、情、意、行的亲历、体认和验证，体验是过程和结果的统一，作为一种过程，体验者在其中经历从观察、思考、反思到实践的流程；作为一种结果，它使体验者从对事物的感性认识飞跃到理性认识，形成对事物的独特看法，并且体验者的认识得以深化，情感得以升华。

不同的学者研究体验的角度不同，他们对体验的描述也不同，但我们可以通过分析、比较得知体验具有本体性、亲历性、情感性、整体性、生成性、自主性、个体性和缄默性等特征。

（1）体验的本体性。体验和生命是不可分的，如果说体验是一种经历，那也是一种生命经历，包含了一种不可替代的与本体生命的关联。在体验中，本体投入的不仅是认识，还有情感、态度、意志、领悟等更能代表生命特质的因素，本体通过体验不仅将对象融入自己的生命意识之中，用自己的整个生命去参悟和体会，而且把握自身的生命特性，感受生命的意义与价值所在。

（2）体验的亲历性。亲历性是体验的本质特征。亲历包括：实践层面的亲历，即主体通过实际行动亲身经历某件事；心理层面的亲历，即主体在心理上、虚拟地"亲身经历"某件事，也包括两种情况：对别人的移情性理解，对自身的回顾、反思。体验作为一种和生命、生存密切相关的行为，总是和主体自身的经历相联系。只有当一个人对某种事情、某种生活经历了，并且在经历的过程中有了某种感悟，他才能生出体验。

（3）体验的情感性。体验是带有浓厚情感色彩的心理活动。体验的出发点是情感，主体总是从自己内心的情感积累和先有的感受出发，去体验和揭示生命的意义；而体验的结果也是情感，是一种新的更深刻地把握了生命活动的情感的生成。体验的产生离不开情感，通过体验又能生发更深厚、更具意义的情感。有了这种情感的升华，就获得了对生命存在的真切感悟。

（4）体验的整体性。体验是主体基于已有的认知与情感，投入整个身心，对体验对象的整体把握。体验中的认知是对对象的整体认知，体验的过程是包括认知在内的多种心理因素整体发挥作用，体验的结果不只是形成认知、观念，而且还要产生情感、态度乃至人的素质与精神。

（5）体验的生成性。体验是一种伴有情感反应的意义生成活动。主体与环境发生联系时，通过想象、移情等多种心理因素的交融，外部世界在主体心灵中被激活、唤醒，可生成新的意义；体验之后，主体的自我生命感得到增强，精神素质得到提高。

（6）体验的自主性。体验总是主体自己去体验，体验的产生需要主体的自主性，在体验中获得的感受、领悟、情感和意义，都是主体通过自主的活动自觉地产生的。体验的过程就是主体获得新的自我认识、自我建构提升其主体性的过程。

（7）体验的个体性。体验总是与体验者个体独有的认知结构、情感态度、价值取向、人生经历发生联系，而每个个体的生命都是独特的、不可替代的，因而体验也是具有个体性的。即使是同一件事情，不同的个体完全可以以不同的方式去亲历，得到不同的认识，产生不同的情感，也就有着不同的体验，正因为主体的体验存在差异，他们之间才有交流和分享的必要和可能。

（8）体验的缄默性。体验是主体的亲历，意味着在场，主体从体验中获得的丰富的内心感受，对不在场的另一主体而言，有些成分是可以言说的，有的则只能意会、不可言传，这可称为"缄默性知识"。如审美体验就是这种情形，主体在观赏和享受美时，伴随着紧张剧烈的内部活动、丰富的想象、热烈欢快的情感，产生的是深层的、活生生的、令人沉醉痴迷而难以言说的特殊的内心感受。

（二）体验式教学的含义

体验式教学源自体验式学习（experiential learning）。人的学习过程分成两类：一是左脑式学习，另一类是右脑式学习。左脑式学习就是我们过去很多年学校教育的特点，就是老师传授很多现成的理论和知识，让同学们记熟会背；而右脑式学习则是强调身体力行的"体验"，就是从你亲身的感受中去学习及领悟。左脑式学习重理论，而右脑式学习重实践。所以，体验式学习也可以被看作是"右脑式学习"，指学习者亲身介入实践活动，通过认知、体验和感悟，在实践过程中获得新的知识或技能的方法。它强调学生的感悟和体验，要求学生充分运用已有的知识与生活经验，在对新情景感知的基础上，通过体验获得新知识。体验式学习注重为学习者提供真实或模拟的情境和活动，让学习者在人际活动中充分参与来获得个人的经验、感受并进行交流和分享，然后通过反思和总结获得经验的提升，形成理论或成果，最后将理论或成果应用到实践中。体验式学习对培养学生健康的心理素质和积极进取的人生态度，增强团结合作的团队意识起到积极的作用。

如果说体验式学习是以学习者的学习活动为研究对象，那体验式教学则是从教师的角度来研究教学活动的设计，以促进学生的自主发展。国内的学者对体验式教学有着不同的描述，体验式教学是指在教学中，教师根据学生的认知特点和规律，"积极创设各种情景，引导学生由被动到主动、由依赖到自主、由接受性到创造性地对教育情景进行体验，并且在体验中学会避免、战胜和转化消极的情感和错误的认识，发展、享受和利用积极的情感与正确的认识，使学生充分感受蕴藏于这种教学活动中的欢乐与愉悦，从而达到促进学生自主发展的目的。"

体验式教学是教师通过精心设计的活动让学生体验或者对过去经验进行再体验，引导体验者审视自己的体验，积累积极正面的体验，达到对对象本性或内涵的一种直觉的、明澈的透察，使心智得到改善与建设的一种教学方式，是通过实践来认识周围事物，用亲身的经历去感知、理解、感悟、验证教学内容的一种教学模式，是"以学生为中心""以任务为基础"，让学生通过具体体验来"发现"语言使用原则并能够应用到实际交流中的教学方法。体验式教学就是要通过构建学习环境、强调学生的自主体验，教师能够帮助创设一种积极的认知情境，构造平等融和的学习气氛，促使学习者运用自己的经验和已有的知识背景来获取新知，完成知识处理和转换并构建自己的知识结构，是指教师以一定的理论为指导，让学生自身去感知、领悟知识，并在实践中得到证实，从而使学生成为真正自由独立、情知合一、实践创新的"完整的人"的教学模式。体验式教学把教育的对象看作是具有完整生命意义和情感的人，而不是单纯的认知主体。

教学因此是一种生命的存在方式，教学的过程不只是一种认知过程，更是体验生命的过程，是人的心智都得到发展的过程。人在教学的过程中不仅获得知识的积累、行为的改变、认知能力的发展，更获得作为整体的人的情感、态度、价值取向乃至信念的形成与演化，获得作为整体的人的全面发展。总之，体验式教学以人的生命发展为依归，尊重生命、关怀生命，拓展生命、提升生命，蕴含着高度的生命价值与意义。它所关心的不仅是人可以经由教学而获得多少知识、认识多少事物，还在于人的生命意义可以经由教学而获得彰显和扩展。体验式英语教学就是使学习者通过在真实或模拟英语学习环境中的具体活动，获得亲身语言体验和感受，并通过与其他学习者之间的交流和分享学习体验，进行反思、总结，最终再回到学习中去。

（三）体验式教学的特征

体验式教学有以下五个特征。

（1）体验式教学尊重生命的独特性。尊重生命的独特性就是尊重每一个学生的独特性、相异性，懂得每个人都是独特的自我，对学生个性给予接纳和肯定，对学生的不同思想、不同见解能够宽容与支持，不会用统一的标准衡量所有的学生，了解每个学生的长处和不足，知道每个学生学习方式的不同，善待处于弱势的学生，让每一个学生都能在教学中获得成功的机会，体验到生命成长的快乐。

（2）体验式教学善待生命的自主性。人天生对环境充满了好奇，有着认识外部世界的本性，喜欢自己去追问、去探寻、去创造，并在此过程中展现生命的力量、理解生命的意义。人还天生具有自我认识、自我发展的本性。体验式教学让学生在学习中主动地探索外部世界，自觉地认识自我、追寻自我、提升自我，它所追求的不只是学生通过自主学习更好地获得知识和能力，还要让学生在探索世界、探索自我的过程中增强自主性，体验到生命的力量与意义。

（3）体验式教学理解生命的生成性。体验式教学明了生命的发展性、未确定性以及由此而具有的生成性。教师不会用事先设定的目标约束学生、限定学生，不会把外在的目标强加给学生，不会只注重未来的结果，而忽视学生在当下学习生活中的生命状态。他懂得学生总在变化着、生长着，他们在不同的学习阶段有着不同的生命体验，教师所要做的是为学生创设一个有助于其生命充分生长的情境，把学生的生命力量引出来，使学习过程成为学生生命成长的历程。

（4）体验式教学关照生命的整体性。人的生命具有最丰富的内涵，人不仅有认知，还有情感、态度和信念。体验式教学不只是让学生对知识进行认知、积累和加工，还要让学生通过体验与反省使知识进入内心世界，与他们的生活境遇和人生经验融化在一起。体验式教学让学生的认知、情感、意志、态度等都参与到学习中来，使学生在认识知识的同时感受和理解知识的内在意义，获得精神的丰富和完整生命的成长。

（5）体验式教学重视生命的平等性。体验式教学中的师生关系是通过教学中的交往、对话、理解而达成的"我你"关系，而不是传统的"授受"关系。在传统的教学中，教师的主要作用是讲授和传递书本知识，学生则是被动地接受知识，这种师生关系只是一种知识传递关系，教师漠视学生的独特性，自主性，师生之间很难有平等的对话与交流，因而难以形成积极的情感体验。而师生之间的"我你"关系不只是知识传递的关系，而是有着共同话题的对话关系。在对话中，师生进行着知识与智慧的交流，感悟着生命的意义与价值，相互尊重，彼此信赖与激励。教师总是为学生彰显各自的生命力量、发展各自的独特精神提供一个广阔、融洽、自主的空间，让学生的心灵得以自由舒展、生命意义得以真正实现。

三、体验式教学的理论基础

任何一种教学方式都有它自己的理论基础，体验式教学的理论依据来自教育学、心理学和哲学，还有相对应学科的理论基础，有杜威的"做中学"、罗杰斯的人本主义教学思想、建构主义教学理论、心理情感理论和生活情景理论。

（一）杜威的"做中学"

美国唯心主义哲学家、教育家杜威提出，人们获得客观世界相关知识的途径是与这些客观世界的直接接触，即亲身体验。杜威认为教育的本质是成长，成长就是经验的不断改组或改造。经验只有在生活的动境中才能发生、才能改造，即只有在行动中、在实践中、在与环境的相互作用中才能有真正的成长。他把教学过程看成是"做"的过程，也是"经验"的过程。只有通过"做"才能获得经验。体验式教学就是为学生提供体验的机会，使其在体验中建构知识，获得成长。

（二）罗杰斯的人本主义教育思想

美国心理学家罗杰斯把学习分为两类，它们分别处于意义连续体（continuum of meaning）的两端。一类学习类似于心理学上的无意义音节的学习。另一类是意义学习（significant learning）。所谓意义学习是指一种使个体的行为、态度、个性以及在未来选择行动方针时发生重大变化的学习。这不仅是一种增长知识的学习，而且是一种与每个人各部分经验都融合在一起的学习。大多数意义学习是从做中学的，在罗杰斯看来，促进学习的最有效的方式之一，是让学生直接体验。这可以通过设计各种场景，让学生扮演各种角色，以便让学生对各种角色有切身的体会。只有体验学习才是有意义的学习，体验学习以增长学生的经验为中心，以学生的潜能为动力，将学习获得、愿望、兴趣和需求融为一体，所以能够有效地促进个体的发展。

（三）建构主义教学理论

建构主义是认知心理学派的一个分支，发端于皮亚杰（Jean Piaget）关于儿童心理发展的观点。皮亚杰认为，儿童是在与周围环境相互作用的过程中，逐步建构起关于外部世界的知识，从而使自身认知结构得到发展。建构主义认为，学习过程是学习者根据自己的需要，兴趣、爱好，利用其原有的认知结构（知识和经验），对外部信息进行主动的选择、加工和处理，并主动建构自己知识的过程。建构主义强调学生的自主体验，老师只是帮助创设一种积极的认知情境，营造平等和谐的学习气氛，发挥学生的主动性，激发学生自觉学习的潜能和内在动机，促使学生运用已有的知识和经验来获得新的知识，完成知识处理和转换并最终实现对所学知识的意义建构。

（四）心理情感理论

情绪心理学研究表明：健康的、积极的情感对认知活动起积极的发动和促进作用，消极的不健康的情绪对认知活动起阻碍和抑制作用。在体验式教学情景中，教师就是要通过引导学生对教学情景的体验，调动学生相应的积极的、健康的情感体验，激发个体的主观能动性，提高学生的学习积极性，达到通过体验获得相应的认识和情感的教学目的，使学习活动成为学生主动进行的、快乐的事情。

（五）生活情景理论

生活情景理论告诉我们，生活是由人在其中的无数情景组成的。处于一定情景之中的人作为认识活动和实践活动的主体，通过与情景的相互作用而不断地适应外部环境，同时也在不断地改造着外部环境。教学就是教和学双方为实现一定的目的、围绕一定的内容而展开的一种特殊情景。体验式教学所创设的情境，是人为有意识创设的、优化了的外界环境，让学习者置身于这种经过优化的特定的客观情境中，不仅影响其认知心理，使学生从形象的感知达到抽象的理性的顿悟，进而促使其情感活动，激发学生的学习情绪和学习兴趣，积极主动地参与学习，从而引起学习者自身的成长。

（六）体验式教学的理论简评

体验式教学注重认知主体主观能动性的发挥和自主信息能力的培养，符合信息时代的要求，是较为理想的创新性教学模式。体验式教学注重学生在认识中的实践感受，凸显了以人为本的教学思想。体验式教学有利于学生的全面发展和能力培养，对老师的素质提出了更高的要求。体验式外语教学法体现了交际教学的原则，反映了当代外语教学理论的新进展，与外语教学界一直提倡的任务教学法和交际教学法紧密相关。体验式教学强调在学习过程中学生的参与和体验，显然，并不是所有的学习领域和学习主题都需要用体验学习方式来进行。教师要根据教学内容，依据恰当、合理的教学目标，整合适当的教学资源，按照提供情景、自主体验、相互交流、归纳迁移的程序，设计学生的学习活动。

四、体验式教学的模式和方法

（一）国外体验式学习模式和方法

尽管国外体验式教学思想源远流长，但对体验式教学的研究甚少，研究者们把注意集中在对体验式学习的探讨上，尤其是体验式学习模式的研究。

将体验学习作为一种独立的学习方式来开发的是毕业于牛津大学的哈恩（Kim Hahn）博士，他深刻地认识到学校教育的局限性，认为学校教育早已不能完全提供学生平衡成长的机会与空间，为了帮助学生平衡他们的智力和体力成长，他研究了一套用于弥补这些缺失的教育方式，提供学生亲身体验挑战、突破和冒险的成长经验，来提高学生的体能，强调发扬健康的生存，反对竞争行为。例如：团队形成及进阶游戏、人际互动沟通协调游戏、突破创意思考游戏、野地探险体验、绳索冒险挑战，还有探险、溯溪、攀岩、沙漠等活动，激发个人在群体活动中的动力。为此，他于 1920 年在德国成立了 Salem 寄宿学校来推行他的教育计划，并于 1934 年在英国创办了 Gordonstoun School，用来训练年轻海员在海上的生存能力和海船触礁后的生存技巧，明显提高了海员的生存率。战争结束后，体验式训练的独特创意和训练方式逐渐被推广开来，训练对象从海员扩展到军人、学生、工商人员等群体，训练目标也由单纯的体能、生存训练扩展到心理训练、人格训练、管理训练等。这类训练带有很强的实践性，触及学生情感、人格及社会性的发展领域，体验学习并非知识本位的学习，而是指向学生人格的和谐发展。

20世纪80年代，美国凯斯西储大学的组织行为学教授大卫·库伯（D.Kolb）对体验学习做了系统的研究，率先提出体验学习的模式，即由具体体验（concrete experience）、反思观察（reflective observation）、抽象概括（abstract conceptualization）和主动实践（active experimentation）所组成的"体验学习圈"（experiential learning cycle）。库伯认为，体验学习可以描绘成这样一个四阶段的循环周期，在这个周期里，具体的体验是观察与反思的基础，观察的东西会同化到由于演绎推理所产生的心得认识或理论中去，然后，这些认识或假设作为行动的指南将会指导将来的行为，产生新的体验。这不是一个单纯的循环，而是一个"螺旋上升的过程"，一个从体验到认识，从认识到总结再认识，从再认识到实践的一个循环往复的过程。正是有了认识的不断循环上升，学习者的学习主动性和积极性才得以增强。

（二）国内体验式教学模式和方法

在国外，库伯体验式学习模式被广泛运用于各种领域的教育，而体验式教学方法的运用时间不长，还没有形成统一的理论、概念和教学模式。国内学者研究"体验式教学"的文章大多出现在2003年以后，研究内容主要集中在对体验式教学的概念界定、基本特征、理论依据和理论模型以及体验式教学的现实意义的探讨等几个方面，集中在英语、语文、思想品德、历史、数学、语文作文等课程，其中对体验式英语教学的探讨相对多一些。体验式英语教学是在目前外语教学理论的发展基础上，借鉴体验式学习的优势而提出的。一般认为，人类语言离不开具体的体验感知，语言是通过人们运用自身的五官对现实世界的"互动体验"和"认识加工"形成的。由于英语是一种交流的工具，英语学习的有效途径是边学边用，这符合体验式学习的特征。体验式教学主张在教学活动中，学生不再是被动的知识接受者，而是从行为和感情上直接参与到教学活动中来，通过自身的体验和亲历来建构知识。在体验式教学过程中，教师尽可能为学生提供可听、可看、可触摸、可经历、可操作的机会，运用各种体验教学方式尽可能把抽象的知识还原成事实，让学生面对需要去思考、讨论、合作，让学生去体验事实、体验问题、体验过程、体验结论，使学生在教师引导下真正感受到感情与思想的萌生、形成和交流的过程，感受到引人入胜的探究过程。

体验有实践层面的体验，也有心理层面的体验；既可以通过学生主体亲身经历某事来展开体验教学，也可以通过学生主体在心理上对自己或他人的"亲身经历"的再现来进行体验教学。体验教学的模式和方法主要有反思回味式、心理换位式、交流互动式、情景沉浸式、实践活动式和艺术陶冶式。

（1）反思回味式（自我再体验）。学习主体通过现象、联想、记忆，把自己经历中最值得珍视的生活事件（包括成功、失败、快乐和苦恼）进行过滤和反思，即从心理层面上重新"经历"主体以前的经历，以引发相应的体验，这样的体验具有回顾和反思的性质，这种"自我再体验"就是反思回味式。如：追忆情景体验法。

（2）心理换位式。让学生从心理层面上去亲历或模拟某个角色，从中体验与该角色相符的思想、观点、情感和行为；或虚拟自己经历了某件事，联想事情的前因后果，从中体验事件的意义。也就是主体从心理上扮演他人的角色，虚拟"经历"他人的"亲身经历"，这样的体验具有移情的性质，这种移情性的对他体验就是心理换位式。如：角色扮演体验法、学生讲课法、换位体验法。

（3）交流互动式。是让学生在相互交流、讨论中，在不同意见的碰撞中去领悟学习内容中只能意会的知识。这种体验的教学形式多为在学生充分准备的基础上，以小组为主要形式开展学生间的相互交流、讨论。教师要设计恰当的讨论主题，主题可以由教师提出，也可以由教师引导学生提出。如：体验交流法。

（4）情景沉浸式。在教学中教师根据特定的教育内容和学生实际设计某种情景，如：恰当运用实物演示情境，借助图像再现情境，播放音乐渲染情境和扮演角色体会情境等手段，强化学生的情感体验，让学生在这种情景与学习内容的结合中产生联想和情感的共鸣，从而领悟学习内容中只能意会的知识。教师的重要任务是如何巧妙设计情景，使大多数学生都能沉浸在情景中，发生联想和产生情感的共鸣，这就是情景沉浸式。如：媒体情景体验法、多媒体教学体验法。

在课堂教学中，要创设生动逼真的情景使用最多的就是多媒体。多媒体往往能传递生动形象的画面，悦耳动听的声音，具有很强的视听效果。它能够使声音与图像结合、语言与情景结合、视听与听觉结合，便于创造语言运用的真实情景。多媒体的动画画面所展示的仿真环境使学习者有身临其境的感觉。以往一些需要教师反复指导练习、记忆的内容，现在通过一些活泼的动画，栩栩如生的描述得以实现，充分调动了学习者的视觉功能，让学生感知、体验，身临其境，激发"说"的欲望，从而更有效地参加与学习过程。

（5）实践活动式（原体验）。这是一种本原性体验，就是体验主体在实践意义上亲身经历某事并获得相应的知识和情感。例如，让学生在学习中动手操作或进行某些学科、社会实践活动和研究性学习活动，在这些活动的经历中去体验，从而加深理解和产生认识、情感、行为的变化。实践活动式主要包括社会实践法、课内外主题活动体验法、课内外探究活动体验法、实践体验法等。

知识来源于生活，又服务于生活。课堂教学就是一个由生活转化为知识，而又用知识去认识生活的过程。所以，教师要尽可能将课堂延伸到课外，使学生所学知识、兴奋点、疑问点均能伴随学生走出教室融于学生的课外生活中，开展相应的第二课堂和社会实践活动，能使学生在活动中得到内在情感的体验和升华。

（6）艺术陶冶式。是组织学生在艺术陶冶中激发他们的体验。艺术是对生命体验的表达，如果说科学的世界是人类理性的世界，那么艺术的世界就是人类情感的世界、体验的世界，艺术作品是人类情感的表现形式。活动需要教师从教学要求角度设计，并给学生以帮助和指导。实践活动和研究性学习的研究主题可以由老师给出，但应当给学生一个自由选择的余地。

总之，体验式教学的模式和方式多种多样，关键是教师要在教学内容中融入学生的年龄特点和需求，选择适当的方法和切入点，创设恰当的体验学习情境，让学生在和谐的学习活动中体验、感悟和认知，既保证体验学习的时效性又保持体验学习的多样性，使每一次体验教学都成为学生对客观世界的领悟，对生命意义和生命价值的体验。学生不同、教师不同、教学条件不同，体验教学的方式和方法也应该是多样的。

第四节　情景再现式外语教学

一、情景教学法简介

从第一次世界大战到 20 世纪 70 年代，国际形势风云变幻，社会发展步伐加快，对英语的需求也越来越多，尤其是第二次世界大战后，美国确立了资本主义阵营的霸主地位，英语就显得越来越重要。

在第二次世界大战期间，美国迫切需要在短时间内培养出大批会说外语的人才，同时受结构主义语言学和行为主义心理学的影响，听说法产生了。

听说法根据结构主义语言学"语言是言语，不是文字""语言是结构模式的体系"的理论，提出以口语为中心，以句型或结构为纲的听说教学法的主张，教材用会话形式表述，强调模仿、强记固定短语并大量重复，极其重视语音的正确，尤其强调语调训练，广泛利用对比法，在对比分析母语与外语的基础上学习外语，并在教学中有针对性地加以解决学习难点。听说法把语言结构分析的研究成果运用到外语教学中，使教材的编写和教学过程的安排具有科学的依据。这对提高外语教学的效果，加速外语教学的过程无疑是一个进步。

正当美国盛行听说教学法时，英国应用语言学家和外语教师们设计并运用了一种外语教学法——口语法或情景教学法，它与听说法并驾齐驱，其代表人物是英国著名外语教育家帕尔默和霍恩比，他们在英国和美国都有较大影响。情景法主张听说训练必须同一定情景结合，在某一情景基础上进行，它的典型教材是《新概念英语》（New Concept English）。情景法是直接法、听说法的发展。从狭义的角度来讲，情景法是指传统外语教学流派中的以口语为主的情景教学法，是在直接法和听说法的基础上，利用视听手段形成的教学法。这种方法以情景为中心，以整体为基础，充分利用视听手段，培养学生的听说能力。

从广义的角度来讲，情景法还包含了在情境学习理论基础上产生的情境教学法。情境学习（situated learning）是由美国加利福尼亚大学伯克利分校的让·莱夫（Jean Lave）教授和独立研究者爱丁纳·温格（Etienne Wenger）于 1990 年前后提出的一种学习方式：知识具有情境性和情境学习模型。知识是活动、情境和文化的一部分，知识正是在活动中不断被运用而发展的。他们提出了"合法的边缘性参与"（legitimate peripheral participation）的著名论说，认为学习通常是与其所发生的活动、境脉和文化联系在一起的。这些文献的观点被后来的研究者们广泛引用，成为情境认知与学习理研究领域中的开创与指导性之作。

二、现代情景再现是外语教学的基本内容

（一）情景教学法的定义

章兼中（2004）在《外语教育学》中这样定义情景（situation or context）：指学习新的语言知识、技能和听、说、读、写能力产生影响的各种环境。傅道春（1996）在其撰写的《情境教育学》中指出，"情境，即情况、环境，是由外界、景物、事件和人物等因素构成的某种具体的教育境地。它包含林林总总的形象化的典型的教育现象。情境可以利用文字、音像等多媒体形象图的方式表示教育行为的诸多因素的运行。其中主要因素是：教师、学生、教育中介、要素间的联系、实施教育的过程、时间、地点。

"情景教学"之"情景"实质上是人为优化的情境，是促使学生能动地活动于其中的环境，是一个有情有趣的师生互动的广阔空间。它是将教育、教学内容镶嵌在一个多姿多彩的大背景中，为学生的发展提供优质的生活世界。确切地讲，情景教学就是通过设计出一些真实性和准真实性的具体场合的情形和景象，为外语教学提供充足的实例，并活化所教的语言知识。这种情景的生动性与形象性，有助于学生把知识融于生动的情景之中，提高学生的学习兴趣，改变以往英语教学枯燥无味的局面。创设的情景越活泼、生动、准确，学生就越能理解所传递的信息，触景生情，激活思维，激发表达思想的欲望。

情景可以分为现实情景、回忆情景、联想情景以及情景的转换与交叉等。弗斯指出：语言是根据言语背景和上下文来寻求意义。根据弗斯的观点，语言与文化背景、社会环境相连。情景教学法把简短的情景对话当成语言的基本单位，使新的语言结构出现在相关的语境之中。句型练习和记忆也是教学手段的一部分，但这些练习取之于一定的语境，这些情境是根据学生的需要而定的。因此，情景教学法就是在教学中教育者根据教学目标需要创设具体生动的一连串有联系的场景，利用具体的形象或根据语言描述使受教育者在头脑中形成表象，从而有效地调动受教育者的非智力因素，激发他们的学习热情，从而引导他们从整体上理解和运用语言的一种教学方法。

（二）情景教学法的特点

情境学习理论强调学习情境的极端重要；重视主动探索操作和经验学习；强调学习活动的真实性、交际性、趣味性和创造性。

（1）真实性。创设情景要从学生日常认知和真实性的活动着手，不能与学生生活经验相差太远。只有真实、贴切的情景才能迅速、有效地激活学生原有的认知结构，使学生建立起新旧知识之间的联系。所谓情景的真实性是指学习任务发生的情境与知识技能被运用的实际情境相联系的程度。教师在课堂教学中应创设接近真实的情景，真实的任务和学习领域内的一些日常的活动和实践，帮助学生用真实的方式来应用所学的知识。情景越真实，学习建构的知识就越可靠，越容易在真实的情境中得以运用。

（2）交际性。英语是一种交际工具，英语教学要培养学生使用这种交际工具的能力。所以情景要有交际性，才能培养学生使用语言交际的能力。交际能力是指一个人与别人进行语言交际的能力。他不但要能够造出合乎语法的句子，还要能根据场合、时机和对象来使用这些句子。课堂上要有意识地在活动中给学生们以不同片段的信息创设交际双方都不知道对方所用语言信息的情景，即制造信息差距，学生则通过交流搭起沟通信息的桥梁以完成共同的任务。如果课堂教学中的情景交际活动没有语言信息差，学生就没有必要通过语言沟通来完成交流，学生所说的语言就失去了交际意义而成为简单的背句型或造句活动。

（3）趣味性。学习过程是智力因素和非智力因素共同参与的过程。智力因素即人的认识能力包括记忆力、观察力、思维能力、想象力等。非智力因素是指智力因素以外的一切心理因素包括意志、情感、兴趣、注意等。兴趣是学习语言的内驱力，学生对语言持有学习兴趣与否直接影响着语言的掌握程度。而学生对语言学习兴趣的差异并不完全是天生的，后天的环境、教育等也有很大的影响。因此，教师在英语教学设计情景时应该考虑到情景的趣味性，充分调动学生在学习过程中的热情和乐趣，使其积极的学习行为高效地持续下去。

（4）创造性。学习者应具备在一定目标的要求下，运用已有的知识，灵活创造出新的语言表达形式的能力。在外语教学中，如果情景的创设只是简单的模仿和句型的读、背，则无法培养学生的语言创造能力。因此，教师应该挖掘课文内涵，设计有意义、有任务、有要求的合理情景，让学生充分发挥其想象力和创造力，也可以让学生自己创设一些情景，培养学生的创新意识。

三、情景教学法的理论基础

（一）图式理论

图式理论是认知心理学家们用以解释、理解心理过程的一种理论。哈德利指出，所谓图式是指人们在理解的过程中从大脑中提取的先前获得的知识结构。英国心理学家巴特利特和美国人工智能专家鲁梅哈特完善和发展了这一理论。巴特利特在其专著《记忆：实验心理学和社会心理学研究》（*Remembering：A Study in Experimental and Social Psychology*）中指出，图式是一个人在理解和记忆的过程中表现出的以往的经验和知识。鲁梅哈特则认为，图式是大脑中存储的一种抽象概念的对象、事件、状况的表征形式。可以这样说，人们所拥有的图式是人们所拥有的个人经验、事件知识或已学过的知识等。库克指出，图式是理解文本所需要的背景知识。人们拥有的背景知识越丰富，大脑中建立的图式就越多；图式越多，就越容易理解新文本信息。人们头脑中储存着各式各样的图式，包括事物、事件、场景、活动等，如计算机、书房、熊猫、进快餐店、火锅店、超级市场、拜访朋友、庆祝节日等。所以，当图式表示一种场景（如去看电影、修理汽车、野餐会、买杂货，洗衣服等），大脑中与该场景相联系的一连串已有的事件知识和特征就会被激活。

图式理论认为，人们在理解和接受新输入信息时，需要将新输入信息和大脑中与该信息相关的已有知识、过去经验（即背景知识）联系起来。而且，人们可以多大程度地吸收、理解新输入的信息材料，取决于头脑中已储存的图式。那么，新输入的信息材料必须与这些图式相吻合。因此，教师可利用图式理论指导课堂教学，根据话题设置恰当真实的语言交际情景，激活和调动学生头脑中已有的图式（背景知识），达到让学生明白所谈论的话题，熟悉、理解所学新语言的形式与功能，实现真正用语言进行交际的目的。

（二）情景认知理论

情景认知理论是情景教学法的理论基础之一。它认为个体的情感对认识活动至少有动力、强化、调节三个方面的功能。动力功能是指情感对认识活动的增力或减力的效能，即健康的、积极的情感对认识活动起积极的发动和促进作用；消极不健康的情绪对认知活动的开始和进行起阻碍或抑制作用。情感的调节功能对认知活动具有组织或瓦解作用。而情景教学法就是要在教学过程中引起学生积极健康的情感体验，直接提高学生对学习的积极性。

情景认知理论认为，所有的知识都和语言一样，其组成部分都是对世界的索引。知识蕴含于真实的活动和情景，并且只有在运用的过程中才能被完全理解。因而，只有在丰富的社会真实情境中运用知识，人们才能真正理解它的内涵并正确、灵活地使用。知识是活动、背景和文化产品的一部分，它正是在活动中、在丰富的情境和文化中不断地得到运用和发展。因此，学习要在一定的情景中发生才会有效，这样的学习有利于提高学生解决问题的能力，而脱离了情景则无法收到如此的效果。由此看来，真实活动是学习者进行有意义、有目的学习的重要途径。情景认知理论产生于 20 世纪 80 年代末，作为认知学习理论的重要组成部分，它已成为一种能提供有意义学习并促进知识向真实生活情景转化的重要学习理论。

（三）认知发现学习说

认知理论的观点认为，学习并不是在外部环境的支配下被动地形成刺激——反应联结，而是主动地在头脑内部构造完形，形成认知结构；学习并不是通过练习与强化形成反应习惯，而是通过顿悟与理解获得期待；当前的学习依赖于他长时记忆系统中的认知结构和当前的刺激情景，学习受主体的预期所引导，而不是受习惯所支配。布鲁纳是美国著名的认知教育心理学家，他反对以强化为主的程序教学，认为这样只能导致学生的呆读死记，而不能保证学生在另一种情境中运用这些知识。他主张发现的学习方式，其理论通常被称之为认知——发现学习说或认知——结构教学观。

根据布鲁纳的认知学习观，学习的实质是主动地形成认知结构。所谓认知结构即编码系统，其主要成分是"一套感知的类目"，学习就是类目及其编码系统的形成。布鲁纳主张应当给学生提供具体的东西，以便他们"发现"自己的编码系统。因此教学不应当使学生处于被动地接受知识的状态，而应当让"学生自己把事物整理就绪，使自己成为发现者"。由此可见，学生是教学过程中的一个积极的探究者，要求教师向学生提供材料，让学生亲自发现应得的结论或规律，使学生成为发现者。教师的作用就在于帮助学生形成一种能够独立探究的情景，而不是提供现成的知识。

（四）建构主义理论

建构主义（constructivism）是行为主义发展到认知主义以后的进一步深化。建构主义理论教学观认为，教学不是简单的知识传递，而是知识的处理和转换。教师不应该只是知识的呈现者，而应该重视学生自己对各种现象的理解，倾听他们的看法，与他们共同针对某些问题进行探索。因此教师是学习的组织者、帮助者和促进者，而不是在教学过程中，教师可以通过各种学习条件如情景、会话、协作等，帮助学生对所学知识的建构。建构主义认识论强调知识是个体与环境在相互作用的过程中建构起来的；强调知识与经验是双向建构的。学习不是知识由教师向学生的传递，而是学生建构自己的知识的过程。学生不是被动的信息吸收者，而是意义的主动建构者，这种建构不可能由其他人代替。这意味着学习是主动的，学生要对外部信息做主动的选择和加工，以自己原有的经验系统为基础对新的信息进行编码，建构自己的理解。学习不是简单的信息积累，而是新旧经验之间双向的相互作用过程。

知识在各种情况下的应用不是简单套用，具体情境总有自己的特异性。所以，学习知识不能满足于教条式的掌握，而是需要不断地深化，把握它在具体情景中的复杂变化。根据建构主义理论，教师应使英语教学由"知识传授型"向"综合思维型"转变，创建与当前学习内容相关的尽可能真实的情景，利用生动、直观的形象充分调动学生大脑原有的相关经验与新知识之间的连接。在这个过程中，学生完成对问题的理解、知识的应用和意义的建构。

（五）理论简评

情境学习理论的出现时间虽不长，但已对理论和实践产生了重要影响。情境学习理论研究者提出的一系列新观点，如真实情境、学习共同体、社会共享、合法的边缘参与等思想，都为理解学习的社会性提供了新的理论视角，从而深化了学习理论研究的领域。当然，情境学习理论也有其局限性。

过于真实的情境是否有利于元认知技能、创造技能等高层次认知技能的学习还有待确认；虽然参与复杂的真实问题的解决有助于学习者实践能力的提高，但由于学生在经验、动机水平、认知等方面的差异，并非所有学生都能从中获得最大学习效益；另外，使用这种理论来指导教学可能会花费较多的时间和资源，教学效率和教学效能之间的平衡问题还必须考虑。

四、情景教学的原则和方法

（一）情景教学的基本原则

教学中创设真实情景，为学生创造积极的情绪体验，使语言学习变得轻松快乐。情景教学法基于对人类认知和学习行为根本规律的了解，使得语言学习在课堂形式上活泼丰富，如果操作得当，学生的积极性会得到很大提高，从而大大提升语言学习的效率。

但是，它同时也对教师的教学管理技能、资源搜索技能、多媒体使用技能以及知识面和实践经验等提出了较高要求。而且，一旦使用不当，教学内容容易沦为教学工具的附庸，使教学的有效性受损。因此，应用情景法教学需遵守以下几个基本原则。

（1）系统性原则。在语言知识的安排上，要具有系统性和科学性。从口语开始学习，然后再见之于书面材料；课堂上用外语教学，但并不完全排斥母语；新的语言点是通过情景介绍出来并进行操练；词汇教学方面选教最常用的单词，以此为核心，再逐步扩大词汇量；由简入繁地介绍语法项目，用归纳法教语法；合理地安排听说读写不同阶段，听力训练一段时间后才开始教说，在口语有了相当基础后再分别转入读和写等。

（2）参与性原则。在课程教学中，要充分鼓励学生在情趣中参与，在实践中感悟。情景教学的核心就是设计戏剧性、幽默、激情、多样的学习情景，而这些情景需要每一个学生的充分参与；情景教学的另一个重要特征是重视引导学生学习生活知识，运用知识解决生活中的实际问题，注重联系生活实际唤起学生以往的生活经历。在教学过程中需要重视学生的内心体验与感受，这样才能保证学生在行为和情感上双重的"参与"。

（3）情景优先原则。教师应当把情景创设放在优先地位，先让学生观察情景，然后再让学生进行听音、仿说和练习，从而帮助学生更快地感知和理解新的语言材料。利用生动、直观的形象充分调动学生大脑原有的相关经验与新知识之间的连接，熟悉、理解所学新语言的形式与功能。

（4）可操作性原则。情景设置应方便实用，具有灵活性与开放性，多组织学生活动而不是单一地呈现知识，避免过度依赖多媒体造成的教学障碍。同时，情景的创设需生动直观，避免与学生的认识能力脱节而造成误解。

（二）创设情景的方法

（1）直观教具。直观教具包括具体实物、图片、简笔画、幻灯片、电影等。中小学生心理发展的主要特点之一是情感的易感性和冲动性明显。直观教具的使用可以引起学生的注意和兴趣，使课堂变得生动有趣，学生会轻松愉快地感知和理解教材。利用视觉辅助物开展教学简单易行，教师可以自制或购买现成产品。

（2）具体实物。具体实物主要指生活中常用的各类物件，这是创设情景最直接、经济、有效的手段。具体实物所创设的情景生动、形象，可以立即引起学生的注意，激发学生的学习兴趣。具体实物一般适宜在初学阶段用来创设情景，比其他直观教具更快地被识别。

（3）简笔画。简笔画原指用木棒或火柴棒样的线条组合成的各种生动形象的图形，来表示人物、动物、静物或景物，在英语教学里用作一种直观教具来辅助教学。简笔画只需用几根线条和几种不同的几何图形，就可以组成许多不同的画面。简笔画的作画原则是"宁少勿多，宁直不弯，宁简不繁"。简笔画线条简单，易学易画，省时省力，使用方便、快捷。简笔画是使语言活起来的一种好方法，它形象、生动、幽默，可为课堂提供各种栩栩如生的情景，令学生产生浓厚的兴趣。它既活跃了课堂气氛，提高学生注意力和记忆力，又有利于促进运用语言能力的形成。简笔画易学易画，教师都可以学习使用。

（4）体态语。所谓体态语是指人在交往过程中用来传递信息，表达信息，表示态度的非语言的特定身体态势。这种特定的身体态势既可以支持，修饰或否定言语行为；又可以部分地代替言语行为，发挥独立的表达功能；同时又能表达言语行为难以表达的感情和态度。体态语的特点之一是辅助性，可以表情及身体其他有关部位的态势为手段起到交流的作用。例如，面部表情可以表达愉快、兴趣、兴奋、惊奇、厌恶、愤怒、恐惧等情感。眼神也同样可以表达喜怒哀乐等情感。

（5）表演法。表演法是一种形象化的教学艺术，可由教师进行示范性表演和学生进行自我表演。教师在表演既可生动演绎教学内容，也会给学生进行自我表演带来极大的鼓舞和勇气。在学生进行自我表演的过程中，教师也应该积极参与其中，可以充当导演、评委或其中的一个角色。学生在表演前要明确表演的目的和任务，这样才能更好地为教学服务。通过表演，抽象的语法会化刻板为生动，使学生在欢乐、活跃的氛围学习语法。

（6）言语描述情景。用具体实物、简笔画等创设的是一种客观的情景，主要用于英语教学的初始阶段，它通过刺激学生的感官帮助学生感知、理解教学内容，但它不利于培养学生的抽象思维能力。而用语言描述情景正好可以弥补这一方面的不足。言语描述情景的应用要在学生积淀了一定的词汇和语法知识后效果更好。言语描述的情景可以培养学生的想象力，抽象思维能力。它可以用于语言输入阶段和输出阶段。例如，在语言输入阶段，教师可以把教学的词汇编成一个故事，讲给学生听，学生根据老师的描述在脑海里勾勒出情景，并感知新的语言知识。在输出阶段可以让学生根据所学的词汇或语法编故事、对话或短剧，由此可以激发活跃学生的思维能力。

（7）游戏。游戏是一种娱乐活动，经常被用在英语教学中。游戏往往能引起学生的兴趣，创造出一种轻松、快乐的气氛。学生既满足了"玩"的需求，又在不知不觉中学习了语言知识和掌握了语言技能，也就是"在玩中学，学中玩"。在游戏活动中，学生活跃了思维，增强了自信心，培养了积极向上的情感。游戏应具有趣味性、知识性和灵活性，符合学生的心理发展特点。游戏的形式要灵活多样，针对不同的语言知识设计出不同的游戏形式，学生才会不断产生新鲜感，积极参与游戏，获得语言知识。

（8）多媒体教学。多媒体教学是指以计算机为中心，将声像处理技术、视听技术与课堂教学合理地结合，它是实现课堂教学过程中最优化的途径之一。多媒体教学突破了传统教学模式的束缚，以现代化的手段运用文字、图像、视频、声音营造教学氛围，传递新知识，起到提高教学质量，激发学习兴趣和创新思维，开拓学生知识视野的多重作用。多媒体教学的优势有利于激发学生的学习兴趣，有利于创设良好的语言环境，有利于优化课堂教学。

（三）情景教学的一般程序

（1）情景导入。这是学生新接触语言材料的阶段，也是语言学习的输入期。教师可通过呈现实物、图片、投影等方式创设静态情景，帮助学生理解新词语和句型，建立形、音、义的联系，实践活动主要是听音、仿说等。

（2）情景操练。这是学生对语言材料的练习阶段，也是语言学习的半输入、半输出期。在这个阶段，教师可通过录像、视频、体态语等方式创设动态情景，让学生做机械性或替代性练习，让新的语言知识得以巩固。

（3）情景运用。这是学生对语言材料的活用阶段，也是语言学习的输出期，教师可以通过创设故事性情景，如角色扮演、小品表演等，培养学生灵活运用语言的能力。这是交际能力的形成时期。

（四）教师在情景教学法中的作用

情景教学法中，教师的作用主要有三种。

（1）示范作用。演示目标结构所使用的语境并提供例句让学生模仿。

（2）协调指挥作用。教师就像一个乐队的指挥，通过提问、命令和其他提醒方式引导学生正确回答问题。因此，情景教学法中，教师起着主导作用，由教师决定教学的难度和进度。

（3）监督作用。在学生操练过程中，教师应随时留意学生的语法和结构错误，以便在以后的课堂中作为讲解要点。

五、情景教学模式和方法

在很长一段时间里，我国外语教学占主导地位的是比较传统的语法翻译法，特点是以教师的讲解为主，学生处在被动接受的地位。显然，这种教学模式不利于培养学生的兴趣，不利于调动学生的积极性。虽然目前情景教学法还没有作为一种独立的教学操作模式，但 90 年代以来，情景教学已开始受到重视，并逐渐被应用到外语教学实践中，收到了良好成效。下面将简略介绍我国广泛使用的一些情景教学方法。

（一）"五因素十字"教学法

我国英语教学家章兼中提炼出"五因素十字"积极教学法，为情景教学法在中国的发展付出艰辛的劳动，功不可没。所谓"五因素十字"，即"情意（情感意志）、情景、知识、交际和方法"。该教学法强调，让学生怀着愉快积极学习和勇于克服困难的意志，在情景中掌握词汇和句型结构。

章兼中认为，外语教学的成功，内驱力方面在于情感与意志的激励，外显活动方面在于在一定情景中进行交际。因此，学习外语只有在一定的情景中才能理解和表达真实意思。

这里的情景有两个方面：一是指人们创设的模拟情景和少量的外语教学真实情景；二是指在情景中初步理解外语话语（或课文）的意义和进行外语话语意义性的操练，为进一步进行句型操练、理解抽象规则和积累感性外语材料。

情景创设的方法很多。章兼中提供了常用的、较易操作的几种方法：身势语；实物和图形；声"像"直观（声音直观与实物直观相结合）；社会自然的情景；言语描述情景。

（二）五步教学法

情景教学法从 20 世纪 90 年代开始在我国中小学英语教学中被广泛运用，90 年代的九年义务制教材提倡的五步教学法实际上就是在情景教学基础上发展起来的。五步是指复习（revision）、介绍（presentation）、操练（drill）、练习（practice）、巩固（consolidation）五个环节。

复习就是教师通过对以前所学过的知识的回溯，导入本课新知识的预备阶段；再通过介绍这一环节，将新的语言知识通过示范表演进行呈现，使学生获得感性认识；之后以操练这个环节，把学到的知识与实际运用有机地结合起来，即从认识到实践；然后要设计适当的交际活动，让学生运用所学到的知识独立交流，提高熟练、流利程度即 Practice。

最后在巩固阶段，将所学知识进一步深化。通常操作如下：

（1）复习（revision）。即对以前学过的知识，同时又和本节课知识相关的重点知识进行复习。复习作为一堂课的开头，是非常重要的，关系到整堂课的效果，要让学生首先意识到已经上课了，应调整好状态投入到学习中，让学生达到精神饱满的状态，把积极性调动起来，使他们积极参与课堂教学活动。

（2）介绍（presentation）。这个环节就是教师将新的语言知识示范表演，使学生获得感性认识，知识的呈现是学生对所学知识的认知、感知的阶段，新的知识信息进入学生的短时记忆，激活了长时记忆，建构起新的语言意义。

（3）操练（drill）。即介绍完新知识后，教师应及时创设情境让学生有目的地进行操练。五步教学法的中心环节是 Drills，教师在操练中指导学生进行操练活动，使学生积极参与课上的各种活动。活动中，要求每个学生都能动脑、动口、动手。操练活动要多样化、趣味化，使大多数学生乐于学英语，在学习过程中表现出学习积极性。

（4）练习（practice）。根据课堂上所学的知识特点，有针对性地创设学习情景，如角色扮演、小品表演等，培养学生灵活运用语言的能力，形成交际能力。

（5）巩固（consolidation）。教师可以引导学生开展形式多样的小组合作活动，将所学知识进一步深化。

第六章 中华优秀文化融入外语教学

第一节 中华优秀传统文化融入外语教学的策略

在高校外语教学过程中，外语教师往往更重视讲授外语知识，注重对外国文化背景的讲解，未能很好地将中华优秀传统文化融入外语教学。随着中国对外开放程度的进一步提高，中外经贸、教育、文化等各领域的交流在不断加强，但是中华优秀传统文化的地位并没有随着中国国际地位的提高而提高。很多高校外语教育工作者开始研究出现"中国文化失语症"的原因，也逐渐认识到应将外语教育和中华优秀传统文化相结合，将中华优秀传统文化和西方文化进行对比，进一步展现中华优秀传统文化的主体性和核心价值观。外语课程是中外文化交流的平台，因此高校外语教师应积极创新外语教学模式，为促进中华优秀传统文化的传播做出新的贡献。

一、中华优秀传统文化融入高校外语教学的意义与原则

（一）将中华优秀传统文化融入高校外语教学的意义

随着中国综合国力的不断增强，高校应积极开展具有中国特色的外语教育，使学生了解中国的历史、经济和文化，在跨文化、跨区域交流中进一步发扬中华优秀传统文化。在将中华优秀传统文化融入外语教学的过程中，应从外语的中国化、本土化发展入手，将外语转变成传播中华优秀传统文化的载体，并借此对外传达出中国独有的文化观点，从多角度对中华优秀传统文化进行展现，增强学生跨文化学习外语的意识，培养出与世界接轨的跨文化、跨区域人才，进一步提升中国国际话语权。

（二）中华优秀传统文化融入高校外语教学的基本原则

高校外语教学是一项长期的系统性工作。为将中华优秀传统文化更好地融入外语教学，在实际的教学过程中应遵循以下教学原则。

1. 文化自信原则

在将中华优秀传统文化融入外语教学的过程中，高校外语教师不能只依靠课堂讲授，还应将中华优秀传统文化教育与外语教育相结合，开展课堂实践，让学生深入地学习与感受中华优秀传统文化。中西方文化存在本质差别，高校学生应积极弘扬中华优秀传统文化，构筑文化自信根基，进一步认识到中华优秀传统文化的优势和魅力，并吸取西方文化的精华，做到扬长避短。

2. 彼此尊重原则

中西方文化都经过了数千载的传承，蕴含着深厚的底蕴。在对中西方文化进行融合时，应尊重中西方文化差异。同时，在将中华优秀传统文化融入高校外语教学的过程中，应对中华优秀传统文化保持自信，并尊重西方传统文化的独特性与先进性。

3. 循序渐进原则

在将中华优秀传统文化融入外语教学时，应注意循序渐进原则。语言的学习是一个不断积累的过程，因此高校外语教师要循序渐进地开展外语教学，使学生逐步理解中华优秀传统文化的魅力。同时，外语教师在选择教学方法时也要遵循循序渐进的原则，通过长期的教学实践帮助学生逐渐深入了解中华优秀传统文化，从而实现从量变到质变的飞跃。

4. 与时俱进原则

高校外语教师在将中华优秀传统文化融入外语教学的过程中，要与时俱进，注意时效性。外语教师可以数字化技术为教学手段，将中华优秀传统文化和数字化教学相融合，从而更好地激发学生的学习兴趣。

5. 文化差异原则

中西方文化历史背景、社会背景均有一定的差异，在很多方面有着较大的差别，比如价值理念、法治理念等。面对中西方文化差异，外语教师应引导学生开展同步学习，正确看待中西方文化差异，并教导学生用"和而不同"的态度应对中西方文化之间的冲突。

二、中华优秀传统文化融入高校外语教学的现状

在高校外语教学中，外语教师要注重培养学生的"双文化能力"。但部分高校外语教师在开展外语教学的过程中比较重视理论知识讲解，忽视实践教学，并且很少讲解有关中华优秀传统文化的内容。究其根本，主要有以下四方面原因。

（一）部分外语教师对中华优秀传统文化的认同感较差

随着中国和其他国家文化交流的进一步加强，西方文化对中国大众产生了较大的影

响。目前有不少外语教师在学习和生活过程中深受西方文化影响，从而盲目崇拜西方文化，出现了疏离中华优秀传统文化的现象，导致中华优秀传统文化教育难以开展。

（二）部分外语教师缺少对中华优秀传统文化教育的使命感

将中华优秀传统文化融入外语教学是实现中外文明协调发展的一种途径。但在目前的高等教育中，除了中文相关专业和历史相关专业之外，其他专业涉及的中华优秀传统文化内容较少，尤其是高校外语课程，教师缺乏传播中华优秀传统文化的意识，导致中华优秀传统文化教育存在缺失。

（三）部分外语教师夸大母语负迁移的影响

学生在学习一门第二语言初期，遇到和母语相似的地方会学得比较快，叫作正迁移；而到学习第二语言的高级阶段，和母语差距较大的地方会学得比较慢，叫作负迁移。汉语和外语之间存在一定的差异，导致学生在学习外语的过程中进度比较慢，并且还会存在很多问题。在学习第二语言时，很难避免母语负迁移的出现。而部分外语教师在开展外语教学时，往往会夸大母语负迁移的影响，导致大学生对中华优秀传统文化融入外语教学有着一定的排斥心理。

（四）中华优秀传统文化在高校外语教育中面临着外来文化的冲击

英语和其他西方语言的使用者人数众多，为西方国家进行文化输出提供了很大的助力。现阶段，我国对外语教育十分重视，但高校在开展外语教育的过程中，不可避免地会受到外来文化的冲击，不利于学生深入学习中华优秀传统文化。

三、中华优秀传统文化融入高校外语教学的策略

高校应利用外语教学对学生开展中华优秀传统文化教育，培养跨文化交流人才，使其能够在中外文化交流中自信地弘扬中华优秀传统文化，从而实现外语教学的中国化。

（一）加深学生对中华优秀传统文化的理解

在外语教学中，要降低西方文化内容的比重。中华优秀传统文化博大精深，高校外语教师在开展外语教学时，需要对中华优秀传统文化进行讲解和阐述，进一步提高学生的文化鉴赏能力，帮助学生树立文化自信，提升民族自豪感，从而更好地弘扬中华优秀传统文化。

（二）引导学生学习课外知识，增强学生的外语学习能力

中华优秀传统文化博大精深，涉及历史、政治、人文、地理等方面，有着独特且丰

富的内涵。在开展外语教学的过程中，外语教师应协助学生进行课外知识的学习，进一步推动中华优秀传统文化的传播，发挥学生学习中华优秀传统文化和外语的主体性，使学生将较为枯燥乏味的语言学习逐渐转化为对中华优秀传统文化的学习，进一步拓宽学生的视野，提升学生学习外语和中华传统文化知识的积极性。

（三）提升学生的外语学习素养，培养学生的跨文化交际能力

培养学生的跨文化交际能力是目前外语教学的重中之重。在高校外语教学中只重视西方文化教学会使学生失去文化自信，导致中华优秀传统文化"失语"。而将中华优秀传统文化融入高校外语教学，能够加深学生对中华优秀传统文化的理解，从而促进中华优秀传统文化和西方文化的进一步融合，让学生做到跨文化、跨区域的文化交际。

（四）提升外语教师的外语教学水平

高校外语教师只有将中华优秀传统文化融入外语教学，坚持外语教学的中国化，才能使我国高等教育面向世界、面向未来。高校外语教师要将中华优秀传统文化和外来文化当作共同体，从而实现外语教学的中国化。不仅如此，外语教师还要持续更新教学理念，坚持跨文化理念，提高自己的教学素养和教学能力。此外，要想更好地将中华优秀传统文化融入外语教学，外语教师需要具有足够高的专业水平和对中华优秀传统文化的理解水平，走出国门，树立国际化思想，从而更好地实现外语教学的中国化。

（五）进行跨文化交流

在实现外语教育中国化之后，还要做到外语教学的国际化。跨文化意识的培养是外语教学的一个重要组成部分。中华优秀传统文化与外国文化在外语教学中占有的比例不同，导致外语教育的发展并不均衡。同时，仅仅注重中华优秀传统文化在外语教学中的地位一样会使外语教育失衡。因此，单一教学途径很难解决区域教育不平衡的难题，外语院校和高校的外国语学院应开展跨文化、跨区域的外语教育合作。跨文化、跨区域的外语教育合作不是意识形态的转变，而是中国与外国文明相互借鉴，吸取外国经验的多元发展模式，利用各种文化、各个区域的优势，达到互帮互助、互相提高的目的。

（六）将中华优秀传统文化融入高校外语教材

高校在开展外语教学的过程中，应注重将中华优秀传统文化融入教材。中国外语教材是中华优秀传统文化的载体。在实现外语教材中国化时，要将中国经典文章纳入外语教材，进一步对学生开展富有中国精神的外语教育，使学生走向世界时，自然而然地传播中华优秀传统文化。但需要注意的是，不能仅将中华优秀传统文化融入外语教材，还

要根据中国的发展现状,将中国当代文化融入外语教材,将学生培养成为与时俱进的"双文化"人才,提高学生跨文化交际的能力。

(七)实现外语教学方法中国化

在开展外语教学的过程中,外语教师应将汉语的语法规则和英语、俄语、德语等进行对比,借助汉语教学方法对其他国家语言的语法进行探讨和研究,进一步挖掘其他国家语言的深层含义。同时,外语教师应努力做好外语教学工作,让学生在外语课程的学习中学到更多中华优秀传统文化知识,为中国走向世界提供助力,搭建中国与其他国家相互沟通的桥梁。

将中华优秀传统文化融入外语教学,是促进中华优秀传统文化走向世界的重要途径。外语教育工作者应努力将中华优秀传统文化融入高校外语教学,使之成为中外文化交流的落脚点。在经济全球化的背景下,高校外语教师要进一步构建外语教学体系,开展跨文化、跨区域的外语教学活动,进一步加大外语教学中中华优秀传统文化内容的比重,从而实现中西方文化的融合,提高学生的跨文化交际能力,以外语教学为桥梁,培养跨文化的国际人才。

第二节　外语教学融入中华文化能提升学生就业能力

"就业能力"一词是 1909 年由英国经济学家 Beveridge 最先提出的,自此以来,其在国内外经历了一个多世纪的发展和演变。在经济不断发展的历史条件下,社会发展对劳动者的需求发生变化,人们对就业能力的认识也随之发生着巨大的变化。我国于 20 世纪 90 年代引进就业能力概念叭郑晓明认为,就业能力是大学毕业生在校期间通过知识学习和综合素质开发而获得的能够实现就业理想、满足社会需求、在社会中实现自我价值的能力。大学生就业能力包括大学生毕业时获得工作的能力、大学生就业时在工作中可持续发展的能力、在实现个人潜能时所展现的个性化的道德品质三个层面。

一、在严峻复杂的就业形势下,在外语教学中融入中华优秀传统文化能够提高学生的求职竞争力

教育部统计数据显示,近年来我国普通高校毕业生人数逐年提高,2021 年达到909 万。

自 2013 年"一带一路"倡议提出以来,世界各国对共建"一带一路"的认同感和

参与度不断增强，中国的经济实力和国际影响力进一步提升，世界各国越来越期待听到中国声音，了解中国智慧，这必然会给大学生提供大量的就业创业机会。随着信息技术的持续快速发展，现今的就业模式出现了许多新的形态，如电商、直播带货等，就业特点也更具有延展性、共享性、数字信息性和自由性。要在如此严峻复杂的形势下顺利就业，学生就要提高自己的求职竞争力。

求职核心竞争力是属于个人核心竞争力范畴，主要是指在能力系统中起主导作用，能使其在就业市场竞争中取得优势并可持续发展的、独特的并不易被人模仿的一种综合能力。针对大学生而言，所谓大学生的求职竞争力是大学生初次进入人力资源市场以及在以后的职业生涯中能够相对于其他竞争对手更加有效地向市场提供自己的智力和服务，从而保证自身持续生存和发展的综合素质和能力。也就是大学生在应聘某职位的过程中所体现出来的适合其所应聘职位应具备的能力和素质，较其他应聘者更具竞争优势，更能胜任该职位的能力。

就业市场中大部分招聘单位对求职者外语技能的考查侧重的是语言的工具性，主要聚焦在求职者外语语言的应用技能上。在招聘时，招聘单位基本上都是要求应聘者能听懂外语日常对话，能用所学的外语同外国人进行简单的交流，能读懂职场工作中的往来文件，能用外语写出简单的商务文函等等。

这在招聘市场中已经形成了固定模式，学生在应聘面试中采用千篇一律的格式化应答模式，缺乏个人特征。

外语教学融入中华优秀传统文化，通过整合语言教学的知识目标和技能目标，把中华传统文化中宝贵的文化资源和向上的育人元素融入外语教学中，在培养中注重了语言的人文性。学生通过学习，不仅能具备一定的跨文化交际能力，同时成为兼具国际视野和中国情怀的、有一定人文素养的现代职业人。在应聘考查时，求职者能在外语表达中加入一些中华传统文化，如在自我介绍时加入中华汉字文化、在用外语描述产品时加入中华传统文化的元素等，这样的外语表达体现出来的不仅是应聘者的语言技能，还体现其人文情怀，较其他应聘者更具有优势，从而成功求职。同时，熟悉中华文化的外语人才，也将拥有更多的就职机会和岗位选择，就业空间更为广阔，求职竞争力上有明显优势。

二、在外语教学中融入中华优秀传统文化，能够提高学生职业生涯的可持续发展能力

持续发展能力就是个体自身具有的可持续发展态势的能力，即持续不断地获取运用和创新知识的能力、完善其个性的能力，这种能力能使个体有意识地自觉地按照人与自然、人与社会的发展规律，不断地调整自身的行为方式，提升自身生存发展质量与层次，

从而达到人与自然、个体与社会的持续和谐发展的目的，以真正实现人的全面发展。大学生可持续发展能力主要指大学生在成长过程中，不仅要掌握一项专业知识与技能，具有岗位适应能力，实现顺利就业，还要在未来的工作中具有潜在的发展后劲，成就自己事业的能力。可见，可持续发展能力的高低是学生进入职场后能否成为职业精英，实现持续就业的决定性因素。大学生职业生涯可持续发展能力除了基本专业能力外，还包括持续学习能力、创新能力，组织管理能力、协调沟通能力、团队工作能力等关键能力。

在外语教学中融入中华传统文化，能够完善外语课程的知识结构，能极大提高学生的跨文化交际能力。随着经济全球化及"中国伟大复兴梦"的快速推进，大量的中国企业会跨国发展，同时越来越多的外企也会进入中国。外资企业想在中国发展壮大，就必须要懂得中华文化；国企想在国外立足发展，就要使合作对方懂得自己的管理理念和企业文化。对当代大学生而言，与外国人共事将成为常态。而在职场交流当中，交际双方绝大部分是通过在语言交互中所涉及的文化内容来了解彼此，增进合作。只有了解相互的风俗习惯、生活方式、行为规范和价值观念等文化内涵，才能更好地实现职场沟通，提高工作效率。通过在外语教学中实施中华文化教育，让学生掌握运用外语表达文化，传播情怀的技能，有助于学生在国际环境中跨越文化障碍，游刃有余地进行双语交流，在工作中增进团队沟通和协作，最大限度地提供自己的智力和服务，从而有效保证自身的持续就业和发展。

融入中华优秀传统文化的外语教学使外语学习由侧重语言的工具性转向侧重语言的人文性，学生在学习过程中不断接受语言与语言、文化与文化、语言与文化的相互碰撞交融，在这种冲突中产生自主的思考和知识的整合，从而形成有个性的新的知识体系。这种学习能力又在语言工具的加持下会延伸到其他各个学科和行业，形成持续学习的能力。学生在"文化＋语言＋X专业"的持续学习中将会不断创新知识和思想体系，这种创新能力随着学生工作经验的不断积累，便会迁移到工作中，实现实践创新。

三、在外语教学中融入中华优秀传统文化，有助于培养学生正确价值观和优良品质

自从改革开放以来，外语教育，尤其是英语教育在我国一直得到非常高的重视。在外语教学中始终以学习西方语言文化为主要教学目标，大量西方文化的输入，使学生的价值观深受影响，甚至崇尚西方文化，而事实证明这些影响很多都是消极的。如深受大学生喜爱的《蜘蛛侠》《钢铁侠》等一系列玄幻英雄电影和其他相似的一些文学作品，在这些文化作品中，主人公往往会为了达到自我利益去突破社会道德、法律和伦理的束缚，做一些反传统、反权威的事情，这是与我国重视集体力量和团队精神的传统价值取

向背道而驰的。这种反常规的夸大个人主义以及不切实际的幻想会消解大学生应该具有的主流价值观。还有一些西方文化作品中大量充斥着享乐主义气息，从豪车、奢侈品、先进的科技产品到各种舞会及酒会，这种享乐的生活对于意志薄弱的大学生来说具有极大的吸引力，容易导致他们失去对务实生活的信念，陷入坐享其成、不劳而获的幻象中。这就造成有些学生在就业时出现利己主义，缺乏集体主义精神和历史责任感。还有的学生缺乏吃苦耐劳精神，贪图享乐，既想获得高薪报酬又不想付出辛勤的劳动，甚至有些学生不惜走上违法犯罪的道路。

在外语教学融入中华优秀传统文化，能有效地扭转外语教学中文化交互的不平衡和母语文化失语现象，学生能在充分的跨文化互鉴和比较学习中培养正确的价值观，养成优秀的职业素养。外语教学的特点是情境化，在教授不同情境的话题时融入相应的中华优秀传统文化。如：在就业创业情境中我们可以融入《大学》中所说的"修身正心齐家治国平天下"的核心思想；在职场沟通情境中融入孔子所说的"言必行，行必果"；在学习生活情境中融入韩愈所说的"业精于勤，荒于嬉；行成于思，毁于随"；等等。在学生欣赏国外文化作品时，同时引入反映中国优秀传统文化精神内涵的作品，如电影《战狼》等，引导学生挖掘两种文化的本质差异，在文化比较中认识到哪一种社会价值才是正确积极的。学生在这种正能量文化的熏陶下，会逐渐摒弃错误观念，形成吃苦耐劳、勇于担当、甘于奉献的优良品质。这些优秀的职业素养是学生在就业中充分实现个人潜能的关键性能力。

中华优秀传统文化的独特魅力在于，它对于人的影响不是一朝形成的，它是在语言学习中春风化雨式地浸润于学习的全过程。我们在学习外语的情境中融入中华优秀传统文化的精神内涵，学生通过潜移默化的学习，在将来工作中会不自觉地体现出来。就业人员懂文化会外语，有专业能力又有跨文化交际能力，能够做到吃苦耐劳、敬业奉献，又能做到彬彬有礼、言而有信，又如何不能成为职业精英呢！

大学生的就业形势严峻复杂并越来越走向国际化，而且未来的国际化必将有中国元素，所以就业者必须具备某些既能适应当前，又能适应将来各种变化的基本能力，以满足个体参与未来的社会生产与社会生活需要。既熟悉中华优秀传统文化又能用外语进行跨文化交流，是学生实现就业的竞争优势，是学生确保持续就业的有利条件，是学生不断提升就业质量的有力保障。

第三节　外语教学中学生跨文化交际能力培养

在我国，外语教学改革一直是外语界讨论的核心问题之一。在多元文化的社会背景下，传统的外语教学已不能够满足当代社会的发展需求。传统的外语教学以培养学生的语言知识（如语音、语法、词汇等）、语言技能（听、说、读、写）为主要目标，往往忽略对学生跨文化交际能力的培养。学生的语言知识水平以学生的考试分数来衡量，技能上的提高重在读与写，很少重视学生的听和说，这就形成了语言知识与语言技能发展不平衡的局面。当前，大部分的英语专业学生都是"90后"，他们的个性相对于"80后"学生来说比较突出，接受新鲜食物的能力较强，特别是随着科学技术的发展，他们可以通过更多的渠道来了解和认识更多的思想文化。在多元文化的社会环境下，他们可以接触的人际关系比较宽广，面对不同的国度的人，思想上的变化更大。因此，在外语教学中，如何激发学生的学习兴趣，培养学生的跨文化交际能力是当今外语界的主要问题之一。

一、理论支撑

随着教育改革的不断深入，我国各级教育部门都把培养学生的综合语言应用能力作为总体目标，注重学生的素质教育，培养全面发展的人。例如，2000年颁布的高等学校英语专业英语教学大纲在教学原则中首次提出了"注重培养跨文化交际能力"的内容，要求教师在专业课的教学过程中注重培养学生对文化差异的敏感性、宽容性及处理文化差异的灵活性。2001年颁布的新课标首次提出了注重学生的文化意识的培养。2007年颁布的大学英语课程教学的要求也在教学性质和目标、教学要求等方面涉及跨文化交际能力的培养。由此可见，我国的外语教学目标已经由语言能力转变为交际能力，再转变为跨文化交际能力。因此，跨文化交际能力的培养是当今时代外语教学的主要目标之一。

研究者肖仕琼认为，跨文化交际能力指的是交际者在特定语境下所表现出来的适当和有效的行为。徐航认为，跨文化交际能力是指一个人或群体与自己文化背景相异的另一个人或群体有效地得体交换信息的能力。在我国外语的教学过程中，跨文化交际是我国文化与外国文化之间的一种交流，学习者在学习外语的时候需要了解其所学外语的文化，并运用该语言进行有效的交流。在过去的外语教学中，一直追求以本族语为语言交际的目标。然而，在我国，由于受各种因素的影响，如地域、文化背景等的影响，大部分学习者要达到本族语的水平是不可能的。因此，nativespeakers 的教育目标对我国的外语教学来说是很难实现的。刘宇红提出，我们的教育目标应该从 nativespeakers 转变为 interculturalspeakers，从而达到一个真正有意义的交际。跨文化交际能力是外语交际能力的延伸与发展，教师应该充分利用外语教学的优势，注重培养学生根据不同语境灵活运用语言，特别是不同文化背景下的交际，注重交际的技巧以及交际当中的礼仪，从而达到有效的交际。

综合上述，笔者认为，跨文化交际能力是交际者在不同文化的背景下自己能够与他人进行有效交际所表现出来的一种行为，这种行为是交际者为达到一定的交际目的所采取的。

二、英语专业学生跨文化交际能力的现状

学习外语的人一般对文化都会有一定的敏感度，特别是英语专业的学生。世界上讲英语的国家有很多，因此要想学好英语，必须了解这些国家的文化。通过了解这些国家的文化，学生才能在交际的时候不会涉及这些国家中的文化禁忌，从而达到有效的交际。笔者通过观察发现，在新课标下，现在的外语教学中虽然跨文化知识在一定程度上得到改变，但关注学习者跨文化交际能力培养的学校为数不多，学生跨文化交际能力培养存在以下方面的问题。

第一，课程设置的限制。有的学校开设跨文化交际课程，而有的学校没有开设这门课程；有的学校是针对非英语专业的学生开设跨文化交际课程，目的是让学生修满学分，达到毕业要求的条件，而不是真正达到培养学生跨文化交际的能力。笔者认为，在英语专业的学生中开设这门课程比较重要，因为英语专业的学生与外国人的交流比较多，在他们之间容易产生文化冲击，根深蒂固的思想差异会阻碍有效的交流。

第二，很多教师认为，学生跨文化交际主要体现在课堂上，主要有学生与学生之间的交际，学生与老师之间的交流。例如，学生之间的角色扮演、小组讨论、合作学习等。又如，老师提出问题学生回答，学生能够听懂老师讲的知识点，或者学生能够听明白某一段听力材料，并复述给老师和同学听。英语老师没有意识到这仅仅是跨文化交际的一部分，并不是所谓真正意义上的交际。而且，课堂上的教学也仅仅是外语知识本身，特别是听、说、读、写技能的培养，很少涉及文化，有时甚至是忽略文化因素。例如，在听的方面，教师可以进行语音与文化的教学。学生要想有好的听力辨别能力，就要了解语音方面的知识。肖仕琼认为，语音具有鲜明的个性，不同语言的语音具有不同的文化气质。例如，美语英语发音和英语发音的区别：在美音中，fast，bath 发短元音的 [JB]。美国英语来源于英国英语，但由于美国的独立思想与创新精神，使得美国的英语与英国英语有一定的区别。民族思想上的差异会影响语言的发展，美音的发展是因为美国想摆

脱这一思想的束缚，美国想追求自己独特的文化，勇于创新的精神让美国建立了属于自己的文化体制。这也体现出了文化的差别性。

第三，教学内容的设置。对于文化方面的内容，教师安排不是很灵活，比较的孤立、零散。文化既可以说是没有国界的，又可以说是有国界的，在文化的交流中，我们视各国的文化都是世界的文化财产，而从文化的对比中，各国的文化又有自己的文化特点。因此，在教学中，教师要突出文化特色的比较，使学生进一步了解文化的不同点，掌握文化的精髓。例如，教师在上有关节日的课程内容时，仅仅是告诉学生有这样的节日、时间、历史来源等，而没有将这些知识点与中国特有的节日进行比较，学生接受就比较的被动。研究者胡青龙等认为，由于各种原因，目前的教学以讲解语法为主，许多教材要么以语法为体系，要么牵涉一些"交际"的功能。对外国文化处理不够深入、无体系，造成学生对文化了解甚少而且不够重视。

第四，外语活动设计比较单一。一般对于英语专业的学生来说，开设一个英语角是必需的，但这个英语角活动带来的效果如何，其目的是不是培养学生的交际能力，能否保证该活动的质量，也就是每次都是否邀请到外国人来与学生进行交流，邀请了学生是否有足够的交流时间，或者是学生与其交流的技巧是否把握得当，这些因素都会影响到学生跨文化交际能力的培养。学生在进行交际后没有对自己的交际进行反思，从而找不到自己交际存在的问题。同时，教师又不能时时刻刻监督学生进行交流，这样学生对自己的反馈也存在一定的盲点，不知道自己的优缺点，从而没有得到专业的培养。学习者跨文化交际的能力是建立在学习者对跨文化的学习有一定的意识基础上。因此，学习者的跨文化交际能力培养是受到各种因素影响的，要想培养学生的跨文化交际，就要对学生进行文化知识的输入，使学生在学习一定的文化的知识后，拥有一定的文化意识，这样文化意识就会通过行为表现出来，学生乐于与他人交流，从而进一步形成跨文化交际能力。

三、培养学生跨文化交际能力的策略

跨文化交际能力培养不等于工具性的目的语社会文化能力的培养，仅仅是简单地向学生输入一些有关英美国家的文化，这样的文化教学仅限于目的语与本族语使用的文化，但在我们是实际生活中，学习者需要与不同文化背景的人进行交际，我们只有让学生在学习目的语好本族语文化的同时，更多地了解其他国家的文化，才能在进行交际时灵活地采取适当的交际策略，实现有效的跨文化交际。面对社会的需求和目前外语跨文化教学中存在的问题，可采取以下方面的措施培养学生的跨文化交际能力。

（一）改善课程的设置

要培养学生的跨文化交际能力，就要培养学生的跨文化意识。笔者认为，在英语专业学生中开设跨文化交际这门课程是很有必要的，可以让学生了解什么是跨文化交际，从而在教学的过程中不断地深入了解该课程的教学目标，帮助他们正确理解学习文化以及学习语言之间的关系。跨文化交际本身就是对文化的一种接收、批判和继承，培养强烈的文化意识是培养跨文化交际能力重要的一步。注重跨文化交际课程的设置可以培养学生这一意识，同时，开设跨文化交际这门课程也是培养学生交际能力的一种策略，在真实的环境下让学生"亲身经历"文化的"冲击"，让学生在潜意识中慢慢接受这样的跨文化熏陶，让学生形成习惯。

（二）转变师生观念

外语教师对文化一般都比较敏感，有很强的文化意识。教师在进行跨文化交际能力培养时，应加强自身对跨文化交际的学习，转变原来的观念，由原来的简单的英美国家等文化的导入转变为各种不同文化的学习。当然，这对教师的要求就比较高，教师要通过大量阅读来丰富自己的外语文化知识，对跨文化交际和比较文化差异有较深刻的造诣。同时，教师应帮助学生改变已有的学习观念，并不是简单学习语法结构和语言知识，应该把学习外语作为一种文化学习。有专家指出，在学习外语时，当一个人把它看成是对其文化的了解时，这时的学习效果就比较好，而且学生会比较积极主动地去学习，在学习上会表现出一种积极乐观的态度，同时也愿意与他人进行交流。研究者肖仕琼指出，在中国，外语课堂上积极主动发言的学生比较少，原因有二：一是怕说错，在同学和老师面前"丢面子"。自古以来，面子涉及人的自尊，每个人都想保留那份自尊，不让他人侵犯自己的自尊。然而，也有学者说过，学习外语的人本来就是没有面子的，只有教师在充分尊重学生的情况下，给予学生更多的鼓励，学生才会不顾及自己的"面子"而乐于与你交流。二是怕别人认为"出风头"。中国人的"低调，有内涵"被认为是谦虚的表现，从而使得学生在学习方面都在保持"低调"，上课认真听讲，不和老师辩解，视老师为权威。英语专业的学生在学习外语的时候要敢于提出自己的见解，特别是与外国人进行交流时，要勇于表达自己的见解，外国人也是鼓励中国的学生多提出自己的见解。随着越来越多的学生出国留学，在一定意义上就是感受不同国度的风俗习惯。因此，在未来的教学中，学习者要达到有效的跨文化交际，必须了解他人的文化差异。对学习者进行文化差异比较教学，不仅能够加深学习者对文化的理解，同时也是继承和发扬我国的传统文化。

（三）进行文化对比差异教学

对比差异教学被认为是一种更能激发学生学习兴趣的教学技巧。教师在进行外语教学的时，最好是结合中国传统文化进行比较分析，寻找差异，激发学生的学习热情。各国的社会文化是不一样的。例如，在美国，个人主义思想占主导地位。而在中国，集体主义思想占主导地位。因此，当学生在进行英语写作特别是专四、专八类似的等级考试时，往往体现的是我国的传统思想。然而，笔者认为，专四、专八等级考试就是为了体现学生的英语能力，在一定程度上又体现出汉语文化的思想，评卷老师的依据也是判断学生是否具有一定的英语思维，在评卷的过程中，评卷老师的思想与学生的思想是有一定的交际过程的。因此，不同的社会文化思维对教师的教学以及教师的判断的影响也是不一样的，教师在进行文化教学时，应注重培养学生的文化意识，在与学生用文化进行交际时，注重思想上的交流，形成一定的交际习惯。同时，文化的对比性也能激发学生的学习兴趣。

总之，在今后的教学中，要改变传统的注重应试教育、忽略语言的实际运用的教学方法。教师要多鼓励学生进行有意义实际的交际，加强语言的运用实践，培养学生的交际策略，重视学生跨文化交际能力的培养。

第四节　高校外语教学中中华传统文化的融入路径

目前，全球经济发展联系日益紧密，高校外语教学不仅具备教授语言的功能，同时也起到了文化传播的作用。但是，高校外语教学将重心放在了西方文化和思想的传播与渗透，对于中国优秀传统文化教育的重视程度严重不足，使得很多高校大学生虽然对英语知识掌握度非常高。高校外语教学中需要意识到将中国优秀传统文化融入其中的必要性，以及具体有效的融入方法。

一、高校外语教学中传统文化的教育现状

（一）高校外语教学对人文教育的重视不足

随着全球经济向一体化方向发展，世界各国无论是在经济还是政治、文化方面，彼此之间有了更多密切的交流与合作，随之涌入的西方思想并不完全是好的，也存在很多坏的意识形态。其中的文化理念、价值观念、政治制度对高校大学生的影响非常大。大学阶段的学生思想尚未完全发育，缺乏完整的人生观和价值观，无法有效地对这些外来

思想进行甄别和判断，对西方文化的推崇存在盲目性。而且，应试教育使学生更注重成绩，人文教育程度不足，使大学生缺乏对中华优秀传统文化的理解。

（二）外语教师对中华优秀传统文化了解有限

学生对外语知识的学习是通过外语教师来实现的，学生的学习状况在一定程度上取决于教师的知识水平与结构。一直以来外语教师对外语教学缺乏正确的认识，在他们的个人观念中，外语教学的重点除了学习语言知识之外，还包括导入目的语国家文化，偏重于语言的使用性，忽视了语言的人文教育，特别是与母语文化的对比。有研究结果显示，外语教学除了学习语言知识以外，重点在于语言所包含的文化，即在语言文化中包含的目的语文化以及本土文化。进行文化交流过程中，外语和母语不存在地位上的差异，而应该是绝对平等的，如果只一味地重视外语输入，而忽视了对中华优秀传统文化的学习，是外语教学的缺失。因此，外语教师在导入目的语文化的过程中，要将母语放在同等重要的位置。

二、高校外语教学中融入传统文化的现实意义

（一）满足时代发展需求

在中华民族思想精神中，优秀的传统文化占据重要地位，为我国向现代化趋势发展贡献了主要力量。党中央对中国优秀传统文化的传承与发展予以高度重视，特别是近些年来越来越重视中华优秀传统文化的传播。国家重要领导人一再指出优秀传统文化对于国家发展的重要性。因此，中华优秀传统文化的发展与传承已经不单单影响个人价值观，更重要的是对民族精神的体现。高校的存在是为了培养高素质人才，学科教育要与党和国家的倡导一致，与时代发展趋势相适应，及时调整人才培养方案。基于此，高校外语教学要与时代发展要求相一致，将中华优秀传统文化融入日常教学中。无论是哪种学科，想要发展和生存都不能违背客观规律，想要紧跟时代发展步伐就要与时俱进，所传授的知识要满足时代的发展需求。

（二）承担外语教学的责任与使命，弘扬中华优秀传统文化

高校外语教学是为了让学生在以后的工作和生活中具备国际交往能力。但是，培养国际交往能力需要学生对西方文化有一定的了解，同时也要对中国文化有深刻的理解，所以文化交流要有互补性，学生只有具备一定的母语文化内涵，其跨文化交际能力才会不断得到强化，反之在实践过程中无法主动输入，输出也更加困难，这样的跨文化交际有失平衡。因此，高校外语教学在重视目标语文化学习的同时，也不能忽视在教学过程

中融入中国优秀传统文化，既让学生对西方文化有一定的了解，也对中国优秀文化进行了传承，这样的跨文化交际才更加有效。此外，中国的国际影响力日益加强，对学生在跨文化交流过程中的是否具备良好的输出能力有一定的要求，特别是对中国优秀文化的输出。在我国经济发展与进步的过程中，中国在国际上的地位得到提高，这种地位的提升需要强大的文化软实力与之相匹配，世界各国可以在文化交流过程中加深对中国的了解。中国传统文化沉淀了中华数千年的历史与智慧，可以真正彰显出我国的软实力，所以在对外交流过程中，要高度重视中国优秀传统文化向世界的输出。大学生是一群高素质人才，其中大部分从事跨文化交流，对于这部分人群的跨文化交流能力培养至关重要。

三、高校外语教学中中华传统文化的融入路径

（一）在外语教学中树立正确的思想意识

外语教学必须具备包容、开放、接纳的精神，汲取西方的先进文化，同时，也要将中华优秀文化作为主体，在跨文化交际活动中，让中国文化占据绝对地位。国际政治、文化、经济交流是高发性活动，西方思想和价值观念因此进入国内，高校大学生要在这些文化思想中甄别出有价值的部分，要有自己的理解和判断。全球经济正在朝一体化方向发展，我国对外开放力度不断加大，我们需具备包容、开放、接纳的精神，客观理性看待西方文化，取其精华去其糟粕。此外，要将中华优秀文化作为主体，以中华优秀文化的传承与弘扬为己任，对中华文化充满自信。

（二）确保中华优秀传统文化在教材和考试中的主体地位

在高校外语教学中融入中华优秀传统文化并不是简单的事情，影响因素可分为教材内容和考试内容两个方面。从教材内容看，高校外语教材，教学内容以目的语国家的文化为主，对于中华优秀传统文化的介绍少之又少。外语在高校学科中占据重要地位，课本是高校学生学习外语知识的主要途径，高校外语教学目标能否实现、授课内容是否能顺利实施在很大程度上取决于教材的编写和使用。高校外语教学的教材内容会影响教学成果以及学生的知识结构形成。所以，高校外语教材的编写要对中国文化与西方文化的比例进行调整，中国优秀文化要占据主体地位，这样教师和学生才能更加重视中国优秀传统文化，通过对比学习对中西方文化的精华进行更加深刻的了解，培养跨文化交际能力。就考试内容而言，我国长期以来都是应试教育，对于学生学习成果的检验大部分是通过考试来完成，考试内容在一定程度上引导了教学内容，甚至可以说前者决定了后者。大部分高校外语考试都是评价高校学生学习效果的标准和依据，尤其是像外语等级考试这些重要的考试。虽然在几年前对外语四六级考试的内容和提醒做出了整改，融入了大

量的中国传统文化有关的翻译内容，翻译的篇幅也更长，对促使教师和学生关注中国传统文化起到了一定的作用，也对中国文化的输出提供了帮助。然而，经过认真考察发现，段落翻译中关于中国传统文化的内容并未占据绝对地位，题目分值也偏低，在听力和阅读类题型中，分值高的题目还是以西方文化有关内容为主。所以，在外语考试中，应尽可能提高中国传统文化有关内容的占比，并不断拓展考试题型。

（三）培养外语教师的中华传统文化素养

教师在教学活动中占据领导地位，提高外语教师的语言基础，培养他们的中国传统文化素养，才能更好地将中国优秀传统文化融入高校外语教学中。首先，增加外语教师对中国传统文化知识的了解，有助于其有效传播。其次，外语教师要有效甄别传统文化，具备传统文化与现代文化的转换能力，通过现代理念将传统文化进行转换，帮助学生树立正确的文化价值观，将中国优秀传统文化发扬光大。

（四）培养学生的跨文化意识

培养学生的跨文化意识需要从以下内容出发：对跨文化交流过程中双方的文化地位有正确的认识，世界各国的文化各有特点和优势，因此地位要平等。在专业学习过程中，学生不仅要对西方文化有所了解，还要汲取其中的先进文化加以学习和利用。与此同时，也要对民族文化有足够的自信，充分意识到中华优秀传统文化中所凝结的民族智慧，以及其在民族发展中的重要地位。有了足够的包容精神和文化自信之后，在跨文化交流过程中，才能以绝对平等的目光看待对方以及自身文化，在国际文化交流中，让中国文化占据一定的位置，改变目前西方文化占据绝对优势的局面。

（五）开展学习和实践活动培养学生的传统美德

近年来科学技术迅速发展，高校要充分利用这个契机，通过移动网络平台、现代信息技术以及微信等实现中华优秀传统文化的发展与弘扬，这些渠道更容易被高校学生所接受。首先，通过对移动互联网和智能终端设备的应用，可以在各大网络平台上设置关于中华优秀传统文化的栏目，可以在这些专栏中上传一些关于传统文化的文章或者短片，通过学生最喜欢的网络平台逐渐影响他们的意识。也可以在网络平台策划传统文化节，吸引学生积极参与传统文化节目制作。其次，加大线下活动力度，比如传统书画竞赛、中华诗词朗诵比赛、传统文化知识比赛以及义教义工活动等。

综上所述，在外语专业教学中融入中华优秀传统文化，可以通过树立正确的意识观念，调整中华传统文化在教材和考试中的占比，提高教师团队的中华传统文化素养等逐步完善融入路径，以此来树立高校学生对中华民族文化的自信心，提高中国文化在国际上的地位，致力于中华优秀传统文化的发展与弘扬。

第五节　优化中华优秀文化融入英语课堂的教学模式

作为中华民族优秀精神宝库，中华优秀传统文化在现代教育中发挥着至关重要的作用，为实践中国特色社会主义的核心价值观奠定了良好的基础。在大学英语教学过程中，优良传统文化与具体教学的有效结合，是实现大学英语课程思政教育的有效材料和途径。在教学过程中，大学英语教师要充分发挥价值引领作用，积极整合中华优秀传统文化，优化大学英语教学效果，培养大学生正确的思想价值观，进而提高大学生的素质。

一、中华优秀传统文化教育融入大学英语课堂的必要性

（一）文化失语现象对于大学英语教学变化产生一定的影响

语言与文化的关系是息息相关的，语言是人类用来表达思想和传递感情的交际工具。语言反映出使用该语言的民族的地域特征、历史文化、经济发展、风土人情、社会习俗。语言是文化的重要载体和表现形式，语言的使用规则实际上就是这种语言所属文化的各种因素。语言实际上既是一种文化现象，也是一种社会现象。在语言自身的漫长发展中，文化因素每时每刻、无处不在地对语言进行渗透，语言中的语法、语用规则都积累了难以计数的文化沉淀。中华优秀传统文化是我国经过漫长历史而凝结来的宝贵财富，作为未来社会的建设者和担当者，大学生有责任、有义务把中华优秀传统文化传承下去，但经教师在教学一线长期观察发现，大多数学生的文化素养有待提高，主要存在以下两点文化失语现象：一是他们本身对传统文化所知有限；二是他们不知道如何用英语进行正确表达，以达到跨文化交际的目的。

（二）增强国际交往中跨文化交际能力的需要

语言与文化有着水乳交融的关系，学习和运用语言必须了解这种语言，也就是学习一种文化。用外语进行交际，其实质就是跨文化交际，这要求交际者不仅要有一定的外语应用能力，而且要对该语言使用国的社会、政治、经济、文化、习俗等方面有所了解。

二、中华优秀传统文化教育融入外语教育的意义

（一）世界范围内的多元文化价值凸显对大学外语教育工作提出了新的更高标准

多元文化背景下的大学外语教育应理解为语言教学和文化教学。大学英语课程的性

质也从"语言工具论"转变为"语言工具论"和"文化理解论"。教师机械化独白、学生被动学习等弊端逐渐显现。人们越来越意识到，大学外语教育除了需要指导学生学习语言知识、技能、策略等技能外，还需要文化力量共享实体来完成文化协商、文化内化、文化共生，并在相应的文化领域进行创新。

（二）实现"中国梦"为融入中华优秀传统文化提供价值支撑

《中共中央关于深化文化体制改革推动社会主义文化大发展繁荣若干重要问题的决定》指出："文化是民族的血液，是人民的精神家园。"中华民族五千年历史源远流长，在漫长的历史发展过程中，各族人民守望相助，融合并创造了灿烂辉煌的中华优秀传统文化，这在中华民族的发展历史长河中作用巨大，同时也为整个世界及人类文明的进步贡献了自己的力量。我国各族人民在生活生产实践中创造出的优秀传统文化既是中华文化的根基，也是中华民族精神的中流砥柱，为实现中国梦提供了强大的精神力量和价值支持。

三、中华优秀传统文化教育融入大学英语课堂的途径

（一）提升大学英语教师的中华传统文化素养

作为中华优秀传统文化的英语传授者，英语教师应该先成为一名传统文化的学习者，育人者必先育己，正如杜瑞清先生所说"为了培养学生对英美文化的敏感性和洞察力，我们还必须指导和帮助学生了解自己文化的传统、演变和各种表现形式"。作为英语教师，我们首先必须熟悉中国文化。在各个方面，了解和理解中华民族优秀传统文化中的道德价值观、礼节和生活理想，掌握中华地方文化的精髓。其次，必须认真阅读一些介绍我国国情的英语书籍，不断提高用英语表达中国传统文化的能力，以便可以用英语谈论中国文化的根源和演变的基本知识，并教授和引导学生用英语表达中华文化。

（二）在混合式英语课堂上，增加多模态资源的引入

很多英语微课、慕课资源，"学习强国"App中"中华文化专词双译"栏目中，都扩充了有关中华权威、地道的英文表达，例如"天人合一""阴阳平衡""讲信修睦""见贤思齐"等。在设计中国文化内容渗透时，可以推荐BBC系列纪录片《美丽中国》《中国春节》，中国文化对外宣传片Hello China等，另外，TED演讲中很多主题演讲也适于听力课素材补充。CGTN（中国国际电视台）实时新闻播报、China Daily（《中国日报》）和21st Centry（《21世纪报》）的网站和公众号，每天都会推出大量中国热点英文新闻，可以推荐给学生。

（三）建构丰富的中华传统文化大学英语课堂体系

完善英语课程体系的建构，比如在通识选修课中设置"英语话中华""中国传统文化概论"等课程。在后续课程中设置中华文化类必修课程"中华文明——传统与现代""中华优秀传统文化英文解读"等。课程目的是让学习者了解中国文化并能用英语自信地表达中国文化。围绕家国情怀、个人修养、文化自信三个方面确立课程育人的基本知识架构。能用英文对中国文化术语进行表达（知识目标），以中国优秀传统文化为引导"以德育德""以文化人"，弘扬中国文化核心价值观。通过线上课程开展自学培养学生的自主学习能力，通过线下思辨和讨论培养他们的思维能力，以中国文化实践作品创作为抓手，增强学生传承和传播中国文化的可持续发展能力（能力目标）。培养学生对中国和中国文化的热爱，增强文化自信和民族自豪感，通过课程实践培养学生的团结合作精神，通过社会公益服务培养他们的人文情怀和公益精神（育人目标）。

（四）开展丰富多彩的第二课堂活动

在第二课堂活动中，可以分为常规活动和专题活动进行，在常规活动中教师组织定期开展中华传统文化大讲堂活动。在专题活动中教师可以组织举办传统文化词汇习得策略讲座，开展英语读书会、英文电影赏析、英语角等丰富多彩的英语第二课堂活动。

（五）编撰专门教材，优化教学内容

当前，有关介绍中华优秀传统文化或英语语言的教材数量众多，但能用英语体现并介绍中华优秀传统文化的教材却很少，这在一定程度上妨碍了中华优秀传统文化教育融入大学英语和大学各学科全人教育的发展和实施。高校各职能部门和英语基层教学单位要组织教师和有关力量进行积极的教材编制。基于思想、科学、逻辑、实践的总原则，教材编写还需要把握两个问题：一是政治方向明确。将中华优秀传统文化教育融入大学英语课堂，是中国扩大国际文化影响力的必然要求，因此编写的统编制或校本教科书必须密切关注国家的大政方针和国家战略需要。二是贴近学生生活实际，力争做到教材生动实用。中国优秀传统文化内涵丰富，内容维度多、跨度大。英文应该尽量简洁明了，通俗易懂，不生涩。高校教材选用的内容要能立体呈现我国优秀传统文化的精髓之所在。

（六）创新教学策略和方法，完善文化教学体系

教学方法是教师传授知识、学生接受知识的具体形式。中华优秀传统文化英文解读课更应体现课程思政的教学设计理念，课程中的德融教学不仅要让学生通过语言学习掌握要义，更重要的是使学生能够真正做到内化于心；课堂教学和云实践相结合，真正做

到让思政元素外化于行，将规范意识、职业道德以及批判性思维融入实际生活和优秀作品中。课堂教学的教学评价主要依据"师生合作评价（TSCA）"理念，教师给学生提供评价标准，选择评价焦点和典型样本。课程内容要重点包括中国概况、中国哲学、中国文学、中国建筑等，旨在使学生全面掌握中国文化基本概况、基本文化术语，由表及里地理解中国文化，并能用英文正确表达。

参考文献

[1] 陈修铭，袁瑞姣 . 外语教学与语言艺术 [M]. 长春：吉林大学出版社，2017.

[2] 顾士才 . 外语教学与语言研究 [M]. 上海：华东理工大学出版社，2002.

[3] 郭纯洁 . 有声思维在外语教学研究中的应用 [M]. 北京：外语教学与研究出版社，2015.

[4] 郭鸿雁，周震 . 新时代外语教学改革 [M]. 银川：宁夏人民教育出版社，2020.

[5] 郭娟 . 外语教学与语言文化 [M]. 长春：吉林文史出版社，2017.

[6] 郭敏，余爽爽，洪晓珊 . 外语教学与文化融合 [M]. 北京：九州出版社，2018.

[7] 郭敏 . 外语教学与文化融合 [M]. 北京：九州出版社，2017.

[8] 韩思远 . 现代外语教学与文化融合研究 [M]. 北京：中国原子能出版社，2021.

[9] 韩选文，张丽丽，李慧 . 外语教学和文化交融 [M]. 长春：吉林文史出版社，2017.

[10] 江利华 . 语言文化与外语教学研究 [M]. 沈阳：辽宁大学出版社，2020.

[11] 姜毓锋 . 基于多模态话语理论的外语教学模式构建 [M]. 北京：北京理工大学出版社，2015.

[12] 李利芳，郭小华 . 信息时代高校外语教学理论与实践创新 [M]. 北京：北京工业大学出版社，2020.

[13] 李培东 . 外语教学原理与实践研究 [M]. 银川：宁夏人民出版社，2019.

[14] 李晓红 . 现代外语教学理论与实践 [M]. 长春：吉林文史出版社，2017.

[15] 李照国，卜友红 . 中国外语教学研究 [M]. 苏州：苏州大学出版社，2016.

[16] 梁乐乐 . 话语分析与外语教学 [M]. 长春：吉林人民出版社，2021.

[17] 刘莉 . 外语教学与语言文化 [M]. 北京：九州出版社，2017.

[18] 刘升民，邹智勇 . 外语教学研究 [M]. 武汉：武汉理工大学出版社，2014.

[19] 刘艳，曹艳琴，兰英 . 现代外语教学与语言文化研究 [M]. 北京：光明日报出版社，2016.

[20] 刘友春 . 外语教学与二语习得的关系研究 [M]. 延吉：延边大学出版社，2018.

[21] 骆洪 . 外语教学与语言研究 [M]. 重庆：重庆大学出版社，2019.

[22] 欧阳魏娜，侯飞亚，刘子涵 . 大学外语教学中的慕课和翻转课堂研究 [M]. 世界图书出版西安有限公司，2018.

[23] 束定芳，庄智象 . 现代外语教学理论、实践与方法 新修订版 [M]. 上海：上海外语教育出版社，2021.

[24] 王钢，周巍巍，胡春艳，孙岩 . 大学外语教学探索 [M]. 哈尔滨：黑龙江大学出版社，2013.

[25] 王佳 . 新思维下外语教学方法与策略研究分析 [M]. 长春：吉林大学出版社，2020.

[26] 王铭玉 . 现代外语教学多维研究 [M]. 上海：上海外语教育出版社，2015.

[27] 王倩 . 心理语言学与外语教学实践 [M]. 北京：九州出版社，2018.

[28] 王秀珍，徐江 . 外语教学理念与模式创新研究 [M]. 武汉：武汉大学出版社，2011.

[29] 王延香 . 文化生态下的外语教学研讨 [M]. 长春：吉林大学出版社，2016.

[30] 杨宏 . 跨文化交际与外语教学 [M]. 咸阳：西北农林科技大学出版社，2005.

[31] 杨静 . 现代信息技术优化外语教学研究 [M]. 西安：西北工业大学出版社，2019.

[32] 杨燕 . 高等学校外语教学研究与实践 [M]. 昆明：云南大学出版社，2016.

[33] 张惠玲 . 外语教学与文化 [M]. 北京：北京工业大学出版社，2018.

[34] 张美玲 . 中西文化认同与外语教学范式研究 [M]. 长春：吉林大学出版社，2017.

[35] 赵德全 . 民办高校外语教学研究 [M]. 上海：上海交通大学出版社，2018.

[36] 郑晶，魏兰，康添俊 . 图式理论与外语教学实证研究 [M]. 上海：上海大学出版社，2017.

[37] 朱红英 . 实用外语教学方法研究 [M]. 杭州：浙江工商大学出版社，2013.

[38] 朱晓申，邓天中等 . 交互性外语教学 理论与实践 [M]. 上海：上海外语教育出版社，2007.

[39] 左步雷 . 外语教学要素观 [M]. 世界图书出版广东有限公司，2013.